제2판

청소년육성제도론

임동호 · 김제원 · 류동수 · 이연수 · 장은석 · 조민식

KNOWLEDGE COMMUNITY 공동체

머리말

청소년기를 비유할 때 흔히 '질풍노도'의 시기로 표현하는데, 이는 청소년기에 수없이 많은 심리적 갈등과 혼란, 그리고 방황을 경험하기 때문이다. 청소년의 발달은 가정·학교·사회·국가 등 청소년을 둘러싸고 있는 사회환경과 상호작용하면서 진행되기 때문이다. 이에 국가와 사회는 청소년들이 자신에게 주어지는 문제들을 잘 극복하고, 발달과업을 충실히 이루어 궁극적으로는 덕(德)·체(體)·지(知)를 겸비한 인격을 갖추어 국가의 주역으로 성장하기 위한 사회환경을 구축해야 한다. 이러한 국가와 사회의 노력이 청소년육성정책과 법률체계의 구축이다.

이 책에서는 우리나라에서 시행되고 있는 청소년육성정책과 법률에 대해 고찰해 봄으로써 현행 정책과 법률의 체계적 이해와 더불어 발전적 방향 모색을 목적으로 한다. 이를 위해 집필자들은 청소년육성의 개념 정의를 시작으로 우리나라 청소년육성정책과 청소년 기본법을 기반으로 한 청소년관련법의 주요 내용에 대해 기술하였다. 특히 해외 청소년정책 사례는 최신의 내용을 담고자 노력하였고, 국제기부별, 국가별로 구분하여 독자들이 쉽게 이해할 수 있도록 노력하였다. 이 책의 집필과정에서 청소년정책과 각 법률의 해석에 있어 집필자들의 주관적 해석에 주의를 기울였으며, 내용 정리에 있어서 해당 법률의 제정 의의와 주요 내용을 체계적으로 기술하여 독자들로 하여금 해당 법률의 이념을 명확히 이해할 수 있도록 하였다.

이 책의 구성은 총 3부 13장으로 구성하였으며, 제1부에서는 청소년의 개념과 발달 특성, 청소년정책과 청소년육성 제도·변천과정·청소년육성정책 5개년 계획 등에 대해 정리하였으며, 국제 청소년육성정책에서는 국제기구와 외국의 청소년육성정책과 사례를 소개하였다. 제2부에서는 청소년육성제도 각론으로 청소년 기본법을 기반으로 청소년활동 진흥법, 청소년복지

지원법, 청소년 보호법, 아동·청소년의 성보호에 관한 법률, 즉 청소년육성 제도 5법을 중심으로 법률의 제정과정, 목적, 주요 내용에 대해 기술하였다. 제3부에서는 청소년육성 관련법 중 아동복지법, 아동학대범죄의 처벌 등에 관한 특례법, 학교폭력예방 및 대책에 관한 법률, 학교 밖 청소년 지원에 관한 법률, 소년법의 최근 개정내용을 중심으로 기술하였다.

이 책의 집필과정에서 집필자들은 보다 많은 자료를 담기 위해 노력하였으나 아쉬움은 여전히 남는다. 개정판에서는 청소년정책의 변화와 법률 적용에 있어 좀 더 다양한 사례의 보완을 독자들께 약속한다.

끝으로 이 책의 발간을 흔쾌히 맡아주신 공동체 대표님과 직원 여러분께 감사의 마음을 전한다.

2025년 8월

저자 대표 임동호

차 례

PART 03 청소년육성 관련법

PART

01

청소년과 청소년육성

CHAPTER

01 청소년의 이해

1. 청소년의 개념

청소년의 개념은 사회·문화·시대적 상황에 따라, 학문 영역과 학자에 따라 다르게 정의되고 있다. 청소년이라는 용어의 등장은 스탠리 홀(Stanly Hall, 1904)의 『청소년기(Adolescence)』라는 책에서 처음으로 등장하였으며, 그 어원은 라틴어 동사인 'adolescere'에서 유래하여 '성장하다(to grow up)', '성숙에 이르다(to come to maturity)'라는 의미를 갖고 있다.

청소년을 지칭하는 용어도 매우 다양한데, 흔히 아동(child), 미성년자, 소년, 10대(teens), 사춘기, 청춘기, 젊은이 등이 대표적이다. 그중 '아동'은 대체로 초등학교에 다니는 초등학생을, '10대'는 10~19세까지 20대 미만의 연령층을, '미성년자'는 주로 법적 용어(민법 제4조)로서 신체가 완전히 성숙하지 않아 성인으로 인정받지 못하는 연령층을 뜻한다. 이러한 용어들은 우리 사회에서 모두 청소년과 관련하여 사용되고 있지만, 서구권에서는 'adolescent'와 'puberty', 'youth', 'teenager'라는 용어들이 청소년과 관련하여 사용되고 있는데 그 의미는 조금씩 다르다. 대체로 'adolescent'와 'puberty'는 심리, 생리, 발달론적 접근으로 이해되고, 'youth', 'teenager'는 사회문화적 접근으로 이해된다(최윤진, 2000).

이처럼 청소년의 개념과 지칭 용어, 연령 구분은 적용 법률에 따라 다르게 정의·적용된다. 이는 청소년의 연령 범주에 대한 이해에 혼란을 주고 있으며, 경우에 따라서는 법 적용상의 중복과 누락 등의 문제가 발생하는 원인이 되기도 한다(천정웅 외, 2011).

현행 우리나라의 청소년관련법에서 규정하고 있는 청소년의 법률상 명칭과 연령 범위를 정리하면 <표 1-1>과 같다.

<표 1-1> 청소년의 구분과 적용 법률

분야	규정 법률	법률상 명칭	연령 범위	준용 법률
육성	청소년 기본법	청소년	9~24세	• 청소년활동 진흥법 • 청소년복지 지원법
유해 환경 보호	청소년 보호법	청소년	19세 미만	• 출판문화산업진흥법 • 방송법 • 정보통신망 이용촉진 및 정보보호 등에 관한 법률 • 옥외광고물 등 관리법 • 공중위생관리법 • 국민건강증진기본법
	영화 및 비디오물의 진흥에 관한 법률		18세 미만	
	공연법, 근로기준법, 직업안정법	연소자	18세 미만	• 헌법(제32조)
성 보호	아동·청소년의 성보호에 관한 법률	아동·청소년	19세 미만	
비행	소년법	소년(범죄소년, 촉법소년, 우범소년)	10~19세 미만	• 보호소년 등의 처우에 관한 법률 • 소년심판규칙(대법원)
복지	아동복지법	아동	18세 미만	
	청소년복지 지원법	특별지원청소년	9~18세 이하	
일반	민법	미성년자	19세 미만	2013년 7월 1일부터 19세 미만의 자로 시행

출처 : 이명숙(2013) 수정.

청소년의 연령과 관련한 국제 규정으로는 UN의 규정을 들 수 있다. UN은 1985년 이후 공식적으로 15~24세 사이의 연령 집단을 'youth'로 범주화하고 있으며, UN기구 중 국제식량기구(FAO)에서는 '10~24세 사이의 결혼 여부를 불문한 남녀 인구 부문'으로 규정하고 있다. 그러나 UN사무국이 UN회원국 및 비정부단체들을 대상으로 한 조사결과에 따르면, 하한 연령을 6세부터 규정하는 나라(예 콩고)가 있는 반면, 상한 연령도 30세(예 그리스, 브라질, 인도, 중국, 스페인 등), 35세(예 불가리아, 이집트, 헝가리 등), 40세(예 네팔, 아르헨티나 등), 45세(예 레소토)까지 각기 다르게 나타나고 있다(김성이 외, 2010; 이봉철, 1992).[1)]

세계 주요 국제기구의 청소년 대상과 연령 구분은 <표 1-2>와 같다.

<표 1-2> 국제기구의 청소년 구분

기 관	대 상	연령 구분
UN 세계청소년행동계획 (UN's World Program of Action for Youth)	청소년(youth)	15~24세
국제노동기구(ILO) 세계보건기구(WHO)	청소년(youth)	15~24세
	청소년(adolescent)	10~19세
	청소년(young person)	10~24세
세계은행(World Bank)	아동(child)	12세 미만
	청소년(youth)	12~24세
유엔아동권리협약(UNCRC)	아동(child)	18세 미만

출처 : 여성가족부(2024).

이상과 같이 우리나라뿐만 아니라 외국의 경우에도 청소년을 지칭하는 용어와 연령 범주는 상당한 차이가 있다. 그 이유는 청소년기에 나타나는 변화가 여러 영역에 걸쳐 매우 다양하기 때문에 관심 영역과 시각에 따라 다르게 규정되는 것이다.

청소년기를 생물학적 관점에서 보면, 사춘기의 시작에서부터 성적인 생식 능력을 갖추게 될 때까지로 규정하지만, 정서적인 관점에서는 청소년기를 부모로부터 정서적으로 독립하는 시기에서부터 자아정체감이 형성될 때까지로

1) 청소년의 연령을 14세 이상 18세 미만으로 규정하고 있는 국가로는 이탈리아, 스위스, 호주, 노르웨이 등이 있으며, 8세부터 17세 미만으로 보고 있는 나라로는 영국이 있다. 캐나다와 미국은 각 주별로 다르게 규정하고 있는데, 캐나다는 16세까지로 보는 주가 7개, 18세까지로 보는 주가 3개이다. 미국의 경우, 청소년과 관련한 각종 연령 규정에 대해 아직도 많은 논란이 이루어지고 있지만, 대부분의 주는 18세를 성인과 청소년을 구분 짓는 연령으로 보고 있다. 그러나 일부 주는 19세 또는 21세까지로 상향된 규정을 가지고 있다(이용교 외, 2009).

본다. 교육학자들의 관점에서는 지금 현재 몇 학년으로 재학하고 있는가에 관심을 두고 있으며, 검사나 경찰 등의 사법기관에서는 법에서 청소년을 어떻게 규정하고 있는가에 관심을 두고 있다. 만약 초등학교 1학년 아이가 생물학적으로 성인과 같이 성숙되어 있다면 아동으로 보아야 하는가? 아니면 청소년 또는 성인으로 보아야 하는가? 이것은 어떤 관점에서 보느냐에 따라 달라질 수 있기 때문에 단정적으로 아동 또는 청소년이라고 규정짓기 어려운 현상이 발생하는 것이다. 즉, 많은 젊은이들이 어떤 경우에는 아동이기도 하고, 청소년일 수도 있으며, 심지어 성인일 수도 있다(유진이, 2016).

이처럼 청소년이라는 개념을 통일하여 정의하기에는 상당한 어려움이 발생하지만, 이 책에서는 심리적 또는 생리적 발달과 관련된 것을 제외한 지칭 용어는 '청소년(youth)'으로 하며, 연령 범위는 청소년 기본법 제3조 제1항에서 규정하고 있는 '9~24세'로 하고자 한다.

2. 청소년기의 발달 특성

청소년기는 아동기를 거치면서 신체적, 심리적, 인지적 그리고 사회적 발달 과정을 통해 성인으로 성장해 가는 중요한 시기이다. 또한 부모의 보호가 절대적으로 필요한 아동기에서 성인기로 이행하는 과도기에 해당되는데, 이 시기는 의존적인 아동기와 독립적인 성인기의 심리적 특성을 함께 공유하여 아동도 성인도 아닌 양 집단 사이에 존재하는 주변인(marginal person)으로서의 특징을 갖는 시기라는 점에서, 인간발달 단계 중 가장 중요성이 많이 내포되어 있는 시기라고 할 수 있다. 이러한 이유로 청소년기는 제2의 탄생기, 부적응 시기, 제2의 반항기, 고민·고통의 시기, 초조·불안의 갈등 시기, 행동의 중용이 없는 시기, 질풍노도와 같은 어려운 시기 등으로 불린다(양석호, 1991).

청소년기의 발달 특성을 신체적, 인지적, 정서적, 사회적 영역으로 구분하여 살펴보면 다음과 같다.

1) 신체적 특성

청소년기에 나타나는 가장 핵심적인 신체적 발달은 성적으로 성숙하는 사춘기(puberty)라는 현상으로, 급속한 신체의 외향적 성장과 호르몬의 변화에 의한 생식능력의 획득이다. 인간의 발달주기에서 가장 빠른 신체적 성장 시기는 출생 후 1~2년이지만, 청소년기에 일어나는 신체적 성장 또한 간과할 수 없을 정도의 매우 빠른 성장을 보여준다(송은미, 2005; 허혜경 외, 2002).

특히 신장과 체중의 빠른 변화, 생식기관의 성숙과 2차 성징의 발달 등 매우 급격한 신체적 변화가 나타나며, 강한 성적 욕구와 많은 문제들이 대두되어 적응상의 부담을 갖게 되는 특성이 있다. 성별로 볼 때 12~14세까지는 여성이 더 빠른 성장을 보이다가 15세 이후로는 남성이 더 지속적으로 성장하는 양상을 보이며, 18~19세까지는 성장이 급격하게 이루어지고, 21~22세가 되면 성장에 의한 변화는 끝난다.

신체적 발달과 함께 청소년기 동안에 개개인이 보이는 성숙의 차이는 이 시기의 부적응 문제와 관계가 많은 것으로 알려지고 있는데(Davis & Palladino, 1997), 신체 발달의 개인차로 인한 우월감 혹은 열등감을 갖기도 한다. 또래집단을 향한 지향과 동조가 강한 청소년들은 자신의 변화에 또래들의 변화 정도를 비교하고 자신의 신체・생리적 변화의 정상 여부를 고민하게 되며, 발달이 더딘 친구보다는 빠른 친구를 선호하고 신체적 매력이 또래 인기의 척도가 되기 때문에 개인차로 인한 우월감이나 열등감을 크게 느낄 수 있다(오윤선・황인숙, 2019).

다음으로 신장이나 체중의 증가와 함께 내분비선도 급격하게 성장하는데, 여자의 경우 여성 호르몬인 에스트로겐(estrogen)이, 남자의 경우에는 남성 호르몬인 안드로겐(androgen)이 서서히 증가하기 시작한다. 그 결과 여자의 경우 첫 월경이 시작되고 남자는 성숙한 정자가 소변에서 검출된다. 이러한 일련의 변화는 유전, 영양 상태, 계절, 기후, 인종 등에 따라 어느 정도 영향을 받기도 하지만 거의 모든 청소년에게 보편적으로 일어나는 현상이며, 현대는 오히려 양질의 영양 상태 및 비만, 환경 호르몬, 유전적 요소, 스트레스 등이 증가하면서 성조숙증에 대한 예방과 치료가 대두되고 있는 실정이다. 이 시기 청소년들은 자신의 신체·생리적 변화로 인한 성적 충동의 증가에 어떻게 대응하고 적응해야 할지 몰라 당황하며, 수치심과 불안감을 느끼기도 한다.

특히 청소년기에 자신의 신체에 대한 감각, 느낌, 태도 등을 통해 형성되는 신체상(body image)은 청소년의 자아개념과 성격, 그리고 사회 적응에 많은 영향을 미치게 된다. 신체상은 평생을 통해 형성되지만 청소년기에 가장 많은 관심을 보인다는 점에서 특별함이 있는데, 이 시기에 자신의 신체상에 대한 부정적인 평가는 여러 가지 심리·행동적 적응 문제를 유발하기도 한다. 청소년기에 시작된 자신의 신체상에 대한 관심과 불만은 성인기에도 지속될 수 있다.

2) 인지적 특성

청소년기는 신체적 발달과 함께 인지적 발달이 이루어지면서 추상적 사고와 논리적 사고가 발달하는 시기이다. 청소년 전기에는 육체적 변화가 일어남과 동시에 새로운 사고방식과 인지적 능력이 확대된다. 따라서 이 시기의 청소년들은 아동기의 경험에만 의존하는 즉흥적인 사고체계에 더 이상 머물러 있지 않고 보다 수준 높게 사고하는 기술을 발달시키기 시작한다. 즉, 이상에 대해 생각하고 자신의 미래에 대해 생각하고 예측해 보며, 과거에 자신이 믿고 있었던 사실에 대해 의문을 제기하고 새로운 신념을 탐색하기도 하며, 성인들에 대한 비판을 시도하기도 한다(유진이, 2016).

인지심리학자인 피아제는 형식적 조작기에 해당되는 청소년들은 정신적 조작 범위와 대상이 넓어져서 추상적이고 광범위한 부분에까지 사고가 가능하다고 하였는데, 청소년들은 아동이나 성인과는 다른 독특한 인지적 특징을 보일 수 있으며(추상적 개념을 다룰 수 있고, 현실보다는 가능성의 세계를 중요시하며, 조합적 사고가 가능하고 상위인지가 발달함으로써 자기성찰에 몰두하고 정체감을 획득),

둘째, 양적 발달로는 정보처리 능력이 향상되어 정보를 처리하는 양, 속도, 방법 등에서 아동기에 비해 우수한 결과를 보인다. 이와 함께 기억 용량도 연령에 따라 점차 증가하여 청소년기의 시작인 12세경에 거의 성인 수준에 도달한다. 셋째, 사회인지적 발달로는 자신과 타인의 역할이나 관계, 감정, 의도 등을 관찰하고 추론하고 개념화하는 능력이 발달하여 타인의 생각을 추론하고 이해하는 능력이 더 정확해지고, 대인관계와 인간행동에 대한 이해의 폭도 넓어진다(김혜원, 2010).

이러한 인지발달은 청소년의 자아정체감 형성, 자기중심성 형성, 도덕성 발달, 그리고 사회적 상호작용에 영향을 미친다(홍봉선 · 남미애, 2010).

첫째, 청소년 시기에는 자아정체감이 형성되고 발전되는 동시에 정체감 형성의 위기를 또한 경험한다. 자아정체감은 자신이 평가하는 자신의 모습과 타인이 보는 나의 모습이 일관되게 통합을 이루는 것을 의미한다. 자아정체감의 형성에 따른 위기를 극복하지 못하는 경우에는 자신을 있는 그대로 수용하지 못하고 미래의 전망에 대하여 불안해지고 이에 대처할 자신의 잠재력에 자신을 갖지 못한다.

둘째, 청소년기는 자기중심적인 특성이 있다. 자아중심성(ego-centrism)은 가상청중(imaginary audience)과 개인적 우화(personal fable)의 개념에서 잘 나타난다. 가상청중은 청소년기에 나타나는 과장된 자의식을 반영하는 개념으로 자신이 타인의 집중적인 관심과 주의의 대상이 되고 있다고 생각하는 것을 말한다. 개인적 우화란 청소년이 자신을 대단히 특별한 존재로 지각하는 경향을 의미한다.

셋째, 청소년기의 도덕적 사고와 행동은 아동기와는 질적으로 다르며 그들의 인지적 성숙과 사회환경적 역할 변화에 의해 크게 영향을 받는다. 청소년기의 도덕성 발달은 콜버그(Kohlberg, 1969)의 도덕성 퇴행 문제, 도덕적 상대주의 개념으로 설명할 수 있다. 도덕성 퇴행은 청소년기의 최고 과업인 자아정체감 혼미로 인해 청소년이 사회적 규범과 법률을 절대적 도덕률로 받아들이고 이를 준수하던 단계에서 사회적 구속을 벗어나기 위해 규범을 배척하는 단계로 이행하게 된다는 것이다. 도덕적 상대주의란 모든 사람들이 준수해야 할 객관적이며 보편타당한 도덕률을 부정하고 개인적이며 주관적인 관점에서 도덕성을 판단하는 것을 의미한다.

넷째, 사회적 이해력이 발달함으로써 자신이 경험하지 않았더라도 상대방이 가지고 있는 감정이나 느낌을 어느 정도 파악하게 된다. 따라서 사회적 상호작용이 활발해진다. 청소년은 초기 청소년기의 자기중심적 사고에서 점차 벗어나 후기 청소년기에 이르러서는 타인에 대한 관심과 배려, 애정에 보다 집중하게 된다. 이러한 이타성은 이성과의 관계에서 두드러지게 나타나는 경향을 많이 보이는데, 동성친구와 이성친구와의 관계에서 균형을 유지하는 데 어려움을 겪기도 한다(김성이 외, 2010).

3) 정서적 특성

청소년기에는 생애주기의 어느 시기보다 급격하고 격렬한 정서적 변화를 경험하게 된다. 이에 따라 청소년들은 자신의 격렬한 정서를 외부적으로 표출하기도 하지만 반대로 내면화시키며 억제하고 은폐하는 모순된 모습을 보이기도 하며, 방어기제에 의한 변용으로 인해 주변 사람들이 핵심 정서를 쉽게 알아차리지 못하는 경우도 발생한다.

청소년기에 나타나는 정서 변화를 단계별로 살펴보면, 먼저 청소년기 초기(사춘기)는 성적 충동을 강하게 경험한다. 따라서 이들은 성에 대한 높은 호기심과 이성에 대한 관심을 갖지만 이와 동시에 수치심을 느끼고 이성에게 반발하며 주변 사람들에게 허세적인 반항을 하는 등의 이중적 정서를 표출한다. 따라서 이들의 정서는 일관성이 없고, 불안정하며, 정서의 기복이 격렬하다. 이런 가운데 주변 사람들에 대해 부정적인 태도를 보이고 자신의 공상 속에서만 만족을 추구하려고 하지만 현실적인 해결책을 찾지 못하여 불안이나 초조함에 사로잡히는 경우가 많다(임영식 외, 2000).

반면 청소년 중기(중학교부터 고등학교까지)에 이르면 초기보다 더욱 강렬한 정서를 느끼지만 의식적으로 억압하려는 경향을 많이 보인다. 이런 억압과정에서 자기혐오나 열등감을 가지고 내면적으로 침울하거나 정서의 불안정성이 고조되기도 한다. 이들은 또한 자아의식이 높아지면서 독선적이고 우월을 과시하며 현실을 부정하고 혐오하는 경향을 강하게 보인다. 이에 따라 기성세대, 사회구조, 사회의 도덕과 법률에 대해 의혹을 품고 자기 나름의 독특한 구조와 논리를 가지고 비판하게 된다.

마지막으로 청소년 후기(대학교 시기)에 접어들면 사회적으로 안정적인 방향으로의 정서경험을 하게 되는데, 이 시기에는 주관과 객관의 결합, 자신과 사회의 타협, 현실과 이상의 조화를 꾀하며 이를 통해 완성된 자아의식을 가지려 한다. 이와 함께 이성을 사랑하는 마음과 연애의 경험을 통해 더욱 풍부하고 윤택한 정서를 경험하게 된다.

4) 사회적 특성

인간은 전 발달단계를 거치면서 타인이나 주변 사람에 대한 친밀감과 대인관계 욕구를 갖지만 이러한 친밀감 욕구는 특히 청소년기에 가장 강한 것으로 알려져 있다. 청소년들은 자신의 사회적 지위와 역할에 따른 도덕적 책임과 의무를 중시하고 그 책무에 충실하려고 노력한다.

청소년기에는 또래집단이 급속히 중요해지는데, 이러한 과정을 통해 청소년은 부모로부터 점차 멀어지는 것을 경험하면서 독립성을 갖게 된다. 청소년 전기에는 같은 성(性)을 우선적인 친구로 삼는 것에서 다른 성과 친밀해지는 현상이 뚜렷하게 나타나는데, 이 시기에 남성과 여성의 관계에 대해 탐색하게 되고 학습하기를 시작한다(유진이, 2016). 또한 청소년기의 사회성 발달 중 두드러지는 점은 부모에게 의존하고 영향을 받던 패턴에서 벗어나 독립과 자립의 욕구를 느낌과 동시에 동년배 또래집단에게 강한 심리적 영향을 받는다는 것이다. 이는 또래집단에 대한 동조성으로 이어져 청소년기에는 친구에게 의존하고 친구의 언행에 동조하는 경향성이 눈에 띄게 커진다.

한편 청소년기의 가장 두드러진 사회적 특성은 친교이다. 사회적 본능의 하나로 친구와 어울리게 되고, 점차 사회생활에 대한 새로운 관심이 생겨나면서 새로운 본능과 취미를 기초로 하여 친구를 사귀게 된다. 또한 청소년들은 자기가 좋아하는 스타들에 대해 이야기하면서 또래와 친밀감을 형성해 간다. 대중음악 콘서트와 같은 기회는 청소년들에게 어른이 아닌 또래들과의 관계 속에서 다양한 역할을 실험해 보도록 해준다. 청소년들은 청소년 잡지나 대중음악, 텔레비전의 인기 있는 프로그램과 밀접한 관계를 갖는다. 특히 매스미디어(mass media)는 청소년들에게 생활에 필요한 안건을 제시해 줌으로써 그들의 사고와 판단에 크게 영향을 준다. 대중문화는 청소년들의 태도와 정서를 반영하여, 그러한 정서가 표출될 수 있는 표현적 영역을 제공해 주는 의미를 갖는다.

학습문제

1. 다음 청소년관련법과 청소년 연령 범주가 틀린 것은?
   ① 청소년 기본법 - 9~24세
   ② 청소년 보호법 - 19세 미만
   ③ 아동복지법 - 18세 미만
   ④ 청소년복지 지원법 - 9~18세 이하
   ⑤ 민법 - 19세 이하

2. 청소년기의 신체상에 관한 설명으로 옳지 않은 것은? 제27회 기출문제
   ① 자신의 신체에 대한 느낌, 감각, 태도 등을 포함하는 정신적 표상을 의미한다.
   ② 신체상 형성은 신체적 매력에 관한 사회·문화적 규준에 의해 영향을 받는다.
   ③ 남자청소년의 신체적 성숙이 더 일찍 이루어지므로 여자청소년에 비해 자신의 신체에 대한 불만족이 더욱 크다.
   ④ 대중매체를 자주 접함으로써 체중을 비롯한 신체상이 왜곡되기 쉽다.
   ⑤ 신체상의 긍정적 평가는 학업성취 및 심리적 행복감과 정적인 상관관계를 갖는다.

3. 청소년기에 관한 설명으로 옳은 것을 모두 고른 것은? 제32회 기출문제

ㄱ. 청소년기의 연령범위와 관련하여 다양한 기준이 존재한다. ㄴ. 형식적 조작기의 청소년은 가설적, 추상적 사고 양상을 나타낸다. ㄷ. 청소년기는 자아정체성을 확립하는 시기이다.

① ㄱ ② ㄱ, ㄴ ③ ㄱ, ㄷ ④ ㄴ, ㄷ ⑤ ㄱ, ㄴ, ㄷ

4. 청소년기 인지적 특성에 관한 설명으로 옳은 것을 모두 고른 것은? 제28회 기출문제

ㄱ. 추상적 사고	ㄴ. 가설연역적 사고
ㄷ. 가능성에 대한 사고	ㄹ. 불가역적 사고
ㅁ. 사고과정에 대한 사고	

① ㄱ, ㄴ, ㄷ ② ㄱ, ㄹ, ㅁ
③ ㄱ, ㄴ, ㄷ, ㅁ ④ ㄴ, ㄷ, ㄹ, ㅁ
⑤ ㄱ, ㄴ, ㄷ, ㄹ, ㅁ

정답 1. ⑤ 2. ③ 3. ⑤ 4. ③

CHAPTER

02 청소년정책과 청소년육성제도

1. 청소년정책

1) 청소년정책의 개념

청소년정책의 개념 정의에 앞서 정책의 개념에 대해 살펴보고자 한다. 일반적으로 정책이란 "특정 목적을 달성하기 위한 행동들의 원칙, 지침, 일정한 계획, 조직화된 노력"으로(박병현, 2003; 송근원 · 김태성, 1995; 원석조, 2006) '왜 그렇게 해야 하는가?', 그리고 '누가, 어떤 원리에 선택기준으로 행동하는가?' 하는 복잡한 질문이 함께 포함된 개념이다.

정책은 실천적 측면에서 표면적으로는 사회문제의 해결 또는 공익 달성이라는 추상적 성격을 보이나 구체적 실행과정에서 그 내용이 표출된다. 또한 정책은 의지의 표출을 내포하고 있는데, 바람직한 사회를 지향하는 선언적 의미만을 갖는 것이 아니라 실제 정책담당자의 실천을 통해 정책목표를 달성할 수 있도록 하는 표출된 행동지침으로 작용된다. 그뿐만 아니라 정책은 복합적 구성체로 대부분의 경우 사회의 여러 이해관계에 있는 사람들의 복합적인 경쟁과 타협을 거쳐 결정되며, 정부가 미래에 달성해야 할 행동지침이기 때문에 세부계획, 관련법규, 목표, 목적 의도보다 한층 포괄적이며, 추상적이고, 총체적인 성격을 갖는다.

정책의 일반적 특성을 살펴보면 다음과 같다.

첫째, 정책의 주체는 개인이나 사적인 집단이 아니라 국회, 대통령, 장관 등의 정책 결정권을 보유한 권위 있는 정부기관이다. 달리 말하면, 정책은 민간부문에서 이루어지는 어떠한 결정도 그 범주에 포함되지 않으며 반드시 정부라는 주체에 의해 이루어지는 결정을 지칭하는 것이다. 둘째, 정책은 당위성에 입각하고 있는 바 인간으로서 마땅히 실천해야 할 사항을 정부기관이 주도하여 미래에 달성하고자 하는 바람직한 상태를 실현하는 의미를 가진다. 결국 정책은 의도적인 변화를 핵심적 내용으로 담고 있다(고숙희, 2006).

이상과 같이 다양한 정책의 특성을 종합하여 정의하면, 정책은 '우리사회가 갖고 있는(또는 예측되는) 사회문제를 해결하기 위한 정책목표 및 정책수단에 관하여 정부가 공식적으로 결정한 기본방침'으로 개념 정의하고자 한다.

정책의 개념을 바탕으로 한 청소년정책은 국가가 청소년을 대상으로 펼치는 모든 정책을 의미한다. 구체적으로 "바람직한 청소년의 삶을 위해 수립한 정책목표와 이를 달성하기 위해 필요한 수단에 관해 권위 있는 정부기관이 공식적으로 결정한 기본방침" 혹은 "청소년의 연령 세대와 관련이 있는 시급한 문제들을 합법적으로 해결함으로써 청소년 삶의 질과 공익을 향상시키고자 하는 정부 및 공공기관의 미래지향적인 활동방침이나 활동목표"로 정의될 수 있다.

이러한 청소년정책의 개념에 따라 크게 광의적 범주와 협의적 범주로 구분할 수 있다. 먼저 광의적 범주의 청소년정책은 청소년을 대상으로 하는 모든 국가정책으로서 청소년정책 주무부처인 여성가족부를 비롯한 관계 중앙정부의 각 부처에서 추진되는 청소년 관련 정책 및 사업을 모두 포괄하는 개념이다. 실제로 1965년 '중앙청소년보호대책위원회'가 펴낸 청소년백서는 당시 청소년을 대상으로 하는 학교·사회교육 정책을 포함해 복지, 노동, 비행 및 농어촌 청소년지도 등 청소년과 관계된 범정부 차원의 정책 모두를 청소년정책의 범주로 포함하였다. 이러한 맥락에서 2019년까지 발간된 청소년백서도 청소년 관련 업무를 여성가족부 및 중앙정부 각 부처의 고유 기능과 연계한 정책영역별로 분류해 제시하고 있다. 이렇게 다양한 기관에 산재되어 있는 청소년정책을 적절히 수행하기 위해서는 국가 청소년정책의 총괄·조정이 중요한데, 현재 우리나라 청소년정책의 총괄·조정은 청소년 기본법(제9조 청소년정책의 총괄·조정)에 따라 여성가족부장관의 권한으로 부여되어 있다.

다음으로 협의적 범주의 청소년정책은 청소년의 권리와 참여, 청소년활동, 청소년복지, 청소년안전과 보호, 청소년의 교육, 청소년과 노동, 청소년의 비행 및 범죄, 청소년정책 추진체제 등 대체로 여성가족부가 주도하는 청소년정책들을 말한다. 물론 청소년 유관부처인 '보건복지부(청소년복지의 일부 업무)', '교육부(청소년의 안전과 보호, 청소년의 교육 중 일부 업무)', '고용노동부(청소년과 노동의 일부 업무)' 등이 청소년 관련 정책 및 업무 중 일부에 대해 여성가족부와 정책적 협력관계를 유지하면서 추진하고 있다. 이러한 협의적 범주의 청소년정책은 대체로 「청소년 기본법」을 근간으로 하여 「청소년활동 진흥법」, 「청소년복지 지원법」, 「청소년 보호법」, 「아동·청소년의 성보호에 관한 법률」, 「학교 밖 청소년 지원에 관한 법률」 등 관계 법령이나 중장기 청소년정책기본계획에 근거하여 추진된다.

한편, 정책대상을 아동과 청소년으로 구분하지 않고 아동정책과 청소년정책을 통합하여 접근하는 광의의 시각이 있는 반면, 아동과 청소년에 관한 근거 법률, 즉 「아동복지법」 및 '유엔아동권리협약'에 따라 아동(0~18 세 미만)과 「청소년 기본법」 등에 따른 청소년(9~24세)의 연령을 나누어 아동정책과 청소년정책을 구분하기도 한다. 이 가운데 정책대상으로 중복되는 만 9~17세 청소년이 포함되는 경우 각기 정책의 수립과 추진부처에 따라 아동정책 혹은 청소년정책으로 구분하기도 한다(여성가족부, 2024).

2) 청소년정책의 특성

우리나라의 경우 청소년정책에 대한 관심과 논의는 1948년 정부수립에서부터 시작하였으나, 1980년대까지는 그 개념이나 정부의 전담 부처가 명확하지 않은 가운데 주로 문제청소년에 대한 대책 중심으로 선도·보호·육성·지도·지원·교정 등의 이름으로 관련 부처별 필요에 따라 부분적이고 산발적으로 이루어졌다(조영승, 2000).

모든 청소년정책은 궁극적으로 청소년의 조화로운 성장・발달이라는 현실의 과제를 해결하는 데 뿌리를 두고 있으나, 그 구체적 기능이나 수행되는 공간을 고려하면, 먼저 학교를 중심으로 지적 능력 배양에 주력하는 학교 안의 청소년정책을 의미하는 교육정책을 생각할 수 있다(김애숙, 2010). 이는 학교교육정책이 학교 밖의 지역사회와 밀접한 관련성을 갖고 있으며, 그 기능에 있어서도 지적 능력 배양에 국한하는 것이 아니라 도덕적 능력 함양에도 깊은 관심이 있다는 것이다. 그러나 현실적으로 학교를 '중심'으로 하며, 지적 능력 배양에 '주력'하고 있다는 점은 부인할 수 없기 때문에(김애숙, 2010) 청소년정책과 교육정책에 차이가 있음은 분명한 사실이다.

청소년정책에 대한 정의는 정부수립 이후 정치, 경제, 사회, 문화, 교육 등 국가기능 수행에 따른 분야별로 청소년 연령층을 대상으로 한 제반 정책과 제도 측면이 아니라 '청소년문제(youth problem)'가 사회문제로 대두된 후 다양한 대응방안과 접근 정책들이 총체적이고 종합적으로 정책화되고 있다는 측면에서 '청소년육성업무'의 영역을 전제로 하고 있다. 따라서 일반적 의미의 '교육' 개념은 '학교를 중심으로 이해되고 청소년 대상의 교육'을 말하는 것이며, 청소년정책과는 다른 전통적인 별도의 고유영역을 가진 것으로 규정할 수 있다.

청소년정책과 교육정책의 의미를 비교하여 서술하면 다음과 같다(천정웅 외, 2014).

첫째, 청소년정책과 교육정책은 모두 주 대상이 청소년이라는 점에서는 공통점이 있으나 정책적 측면에서 볼 때 교육정책은 정해진 학제에 따라 6세부터 초등학교, 중학교, 고등학교, 대학교 등에서 재학하고 있는 청소년을 대상으로 하며, 청소년정책은 9세부터 24세까지의 전체 청소년을 대상으로 하고 있다.

둘째, 정책의 전달 목적과 목표의 면에서 볼 때 양자는 모두 전인적 성장 또는 전인교육 실시를 목적으로 하는 유사성이 있으나 교육정책은 지식과 정보의 습득을 중심으로 학업 활동을 통해 기초적인 덕성 및 체력의 함양을 목표로 하고 있다. 반면 청소년정책은 배움을 실천하는 체험 중심의 각종 활동을 통해 충분한 덕성과 체력 함양을 목표로 한다는 점에서 차이가 있다. 따라서 청소년의 균형 있는 성장이라는 측면에서 교육과 육성은 상호 보완적인 관계에 있다고 볼 수 있다.

셋째, 정책수행의 방법과 수단 면에서 비교하면, 교육정책은 학교를 중심으로 대상 청소년들에게 교과과정에 따라 정해진 학습 과목과 시간에 과목별 전문교사 또는 교수들이 가르치는 형태를 갖지만, 청소년정책에서는 사회를 주된 장소로 하여 청소년 관련기관, 단체 · 시설 등에서 운영, 실시하는 청소년 프로그램과 활동을 청소년 개개인의 희망과 적성에 따라 자율적으로 선택하며, 체험 · 숙달된 전문청소년지도자와 함께 참여하는 특성이 있다.

넷째, 정책의 구체적인 내용에서 청소년정책은 청소년들이 생활권 또는 자연권에서 심신단련, 자질배양, 취미개발, 정서함양과 사회봉사를 도모하는 '청소년수련활동'을 주요 내용으로 하고 있으나, 교육정책의 경우는 교육과정에 의해 암기 · 이해 위주로 학문을 수학하는 교과목 수업과 이를 바탕으로 한 부분적인 특별활동 등의 '학업활동'을 정책 내용으로 하고 있다.

2. 청소년육성제도

1) 청소년육성제도의 개념

청소년육성제도를 알아보기 위해서는 우선 청소년육성의 개념 정의가 선행되어야 할 것이다. 청소년육성은 1990년대 초반에 학교 공교육 제도와는 구별되면서, 청소년들을 대상으로 하는 별도의 독자적인 정책적 영역을 확보하고, 이를 제도화하기 위해 전략적으로 등장시킨 개념이다. 즉, 청소년육성은 학문적 · 이론적 필요로 의해 만들어진 개념이라기보다는 교육정책인 학교교육과의 충돌을 피하면서 학교 이외의 공간에서 청소년의 균형 있는 성장과 발달을 지원하고자 한 것이다.

청소년육성이 청소년의 성장과 발달을 도모하고자 하는 포괄적인 사회적 기능의 하나라는 것은 의문의 여지가 없으나, 학교교육과의 개념적 차이는 분명히 있다. 그 내용을 정리하면 다음과 같다.

첫째, 청소년육성은 청소년들이 사회와 자연 속의 수련터전에서 수련거리에 참여하여 체험과 숙달의 방법으로 수련활동을 전개함으로써 도덕적 능력을 함양하고 감수성을 계발하는 것을 궁극적인 목표로 하는 반면, 학교교육은 학교에서 교과서 중심의 암기 · 이해 · 실험 등의 방법으로 학업활동을 함으로써 지적 능력의 배양과 기술 습득을 목표로 한다. 학교교육이 도덕적 능력 함양을 위한 노력을 배제하는 것은 아니지만 청소년육성에서와 같이 덕목수련을 위한 정교한 장치(수련거리, 수련터전, 청소년지도사 등)를 가지고 시행하는 일까지 담당하는 것은 불가능하다.

둘째, 청소년육성은 철학적 · 역사적 · 심리적 지식과 인간적 감화력을 겸비한 사람 또는 고도로 숙련된 기능을 보유한 사람을 지도자로 하며, 연령과 생활경험이 다른 청소년들이 자발적으로 참여하는 데 비해, 학교교육은 과목별 전문지식을 갖춘 교사와 연령과 학력기준이 같은 청소년들이 교과과정에 의무적으로 참여하는 데 본질적으로 차이가 있다.

셋째, 청소년육성은 수련활동만을 의미하는 것이 아니라 청소년교류, 청소년문화, 청소년복지, 청소년환경, 청소년문제, 청소년상담 등 청소년과 관련된 발달주기에서 발생하는 다양한 욕구를 종합적 · 유기적으로 연결하는 기능이 있다.

이러한 맥락에서 청소년 기본법에서 규정하고 있는 청소년육성은 '청소년활동을 지원하고, 청소년의 복지를 증진하며, 근로청소년을 보호하는 한편, 사회여건과 환경을 청소년에게 유익하도록 개선하고 청소년을 보호하여 청소년에 대한 교육을 보완함으로써 청소년의 균형 있는 성장을 돕는 것'으로 정의하고 있는데, 이는 청소년육성정책에 대한 기본적 사항으로 청소년활동정책, 청소년복지정책, 청소년보호정책에 관한 개념과 범주를 정하는 개념이 되며, 이를 실행하기 위한 청소년활동 진흥법, 청소년복지 지원법, 청소년 보호법, 아동·청소년 성보호에 관한 법률 등에서 규정하고 있는 원리와 방대한 내용이 청소년육성제도의 핵심임을 밝히고 있다. 결국 청소년육성을 위한 법체계가 마련되기 시작한 것은 청소년 기본법(1991년)의 제정으로 보는 것이 타당할 것이다.

이상의 내용을 바탕으로 청소년육성의 개념을 정리하면, '청소년들이 학교교육 등을 통해 습득한 지적 능력을 바탕으로 도덕적 능력을 함양하고, 이러한 능력 함양에 영향을 미치는 유익한 여건을 조성하거나 유해한 요인을 개선함으로써 지·덕·체를 고루 갖추어 조화롭게 성장할 수 있도록 돕는 사회적 기능'이라고 할 수 있으며, 이러한 청소년육성을 지원하고자 하는 청소년 관련 사회제도와 법적 제도를 '청소년육성제도'라 할 수 있다.

2) 청소년육성의 내용

(1) 청소년수련활동

청소년수련활동은 학교교육의 수업활동과 구별되는 것으로 '청소년들이 조화로운 인격체를 형성하기 위하여 자발적으로 공동체를 구성하고, 생활권(청소년수련관, 청소년문화의집 등)이나 자연 속(청소년수련원, 청소년유스호스텔 등)에 마련된 수련터전의 수련거리에 참여하여 청소년지도사의 도움을 받아 심신단련, 자질배양, 취미개발, 정서함양, 봉사활동 등 배움을 실천하는 전문적·의도적·집단적·체계적 활동'이다.

청소년수련활동과 관련하여 수련거리·수련터전·청소년지도자·청소년단체·청소년의 활동 동기와 활동시간에 관한 이론과 정책에 대한 체계성과 안정성을 갖추는 것이며, 정부와 지방자치단체, 국책기관, 청소년단체 및 시설의 유기적인 협력체계가 뒷받침되어야 청소년육성이 실현될 수 있는 것이다.

(2) 청소년복지

청소년복지는 보통의 청소년들이 일반 사회생활을 하는 가운데서 인권, 건강, 근로가 보호되고 신장되도록 하는 기능과 장애·빈곤·가정불화 등 결손 청소년이 그 결손을 보완하여 보통청소년으로 자랄 수 있게 하는 기능이 포함된다. 즉, 모든 청소년의 안녕에 관심을 갖고 있으며, 청소년의 기본적 욕구 충족을 넘어서 주체적인 삶을 위해 청소년의 발달과 기능을 최적으로 촉진하고 발휘할 수 있도록 보장하는 것이다(천정웅 외, 2011).

(3) 청소년환경

청소년환경에서의 청소년육성은 청소년의 도덕적 능력을 함양하려는 사회적 기능이므로 도덕적 능력 함양을 직접적인 목적으로 하는 수련활동과 같은 내용만으로는 충분하지 못하며, 이에 간접적으로 영향을 미치는 환경적 요인에 적극적인 관심을 기울이지 않을 수 없다. 아무리 도덕적 능력을 함양하는 노력을 하더라도 주변 환경으로부터 받는 비도덕적 영향이 클 때에는 상쇄되고 말 것이기 때문이다(김애숙, 2010).

(4) 청소년문화

청소년문화는 청소년들이 공유하고 있는 가치관, 사고방식, 행동양식, 의식주 등 생활취향을 포함하는 복합적 총체로서 청소년 개인의 사고, 행동, 판단의 지침이 되는 것(전명기, 2006)을 의미하며, 청소년육성은 이러한 청소년문화를 정리하여 청소년을 이해하고 지도하는 기능을 담당한다. 이를 통하여 청소년의 조화로운 성장·발달을 지원하고 전통문화와 미풍양속을 전승하도록 함으로써 문화적 정통성을 이어가게 된다(김애숙, 2010).

(5) 청소년문제

청소년문제는 외부적으로 나타난 비행이나 일탈만이 아니라 고민·갈등·불만 등 내면적 문제까지 포함하여 구체적인 접근으로 사전에 문제를 해결하는 예방적 기능으로 추진되어야 한다. 특히 비행이나 일탈의 경우, 그 청소년을 사회에서 격리하기 전에 청소년육성의 이념과 방향으로 포용하여 올바른 삶의 길을 깨닫게 하는 방안을 제도화해 나가는 일을 수행하게 된다(한국청소년개발원, 2003).

(6) 청소년교류활동

청소년교류활동은 청소년들이 인간관계 조절능력을 함양하는 것이다. 도덕적 가치와 기준에 대하여 가장 민감하고, 도덕적 능력에 있어서 자율적 도덕 판단능력이 성숙되는 시기는 청소년기이며, 어른이 되어서는 이를 변화시키기 어렵다고 하는 것은 이론적으로 확인되고 있다(Conger & Galambos, 1977).

(7) 청소년상담

청소년상담 영역이 주로 일부 문제청소년을 대상으로 하는 것과는 달리 여기서의 상담은 전체 청소년을 대상으로 하여 갈등과 고민을 해결하고 개성과 자질을 개발하는 일들을 수행한다. 이것은 청소년육성의 모든 영역에서 필요로 하는 이론이며 기법이다(한국청소년개발원, 1993).

3. 청소년육성제도의 변천 과정

우리나라 청소년육성제도는 청소년정책의 변천 과정에서 중앙정부의 청소년정책 담당부처 및 청소년관련법의 제·개정과 맥락을 같이한다. 청소년정책의 변천 과정을 정리하면 <표 2-1>과 같이 7단계로 나눌 수 있으며, 각 단계별 주요 내용은 다음과 같다(여성가족부, 2016).

1단계는 1948년 8월부터 1964년 9월까지이다. 이 기간은 특별히 청소년정책을 조정하는 정부 행정기구도 없고, 전담하는 기구도 없던 시기로, 청소년정책은 각 부처별로 청소년과 관련된 정책이 산발적으로 추진되었던 것이 전부였던 시기다. 1949년에 처음 제정된 교육법은 학교교육을 규정한 법률이어서 청소년정책과는 괴리가 있었다. 물론 이 법에도 생활지도 대목이 들어 있었으나 각 시·도 교육위원회가 주관하도록 하고 있어 학교라는 울타리를 넘지 못했다.

1950년대에는 6·25전쟁의 여파로 청소년과 관련된 새로운 법률이 제정되지 않았는데, 당시 한국에는 전쟁고아와 전쟁미망인 자녀를 부축하는 외국 원조단체 서비스가 150여 개나 있었기 때문에 일반 청소년의 보호·육성에 대한 정부의 관심이 없었던 것으로 짐작된다(김만오, 2001). 1960년대 들어 학교교육만을 대상으로 한 교육정책이 정비되었으며, 미성년자보호법(1961년), 아동복리법(1961년)이 제정되면서 미성년자와 요보호 아동, 근로청소년의 보호를 비롯하여 법적 테두리를 이탈하는 문제청소년에 대한 교정과 처벌 위주의 정책(이민희 외, 2005)이 추진되었는데 이를 한국 청소년정책의 시작이라고 볼 수 있다. 그러나 1960년대의 청소년정책은 청소년의 전체적 삶을 아우르는 큰 틀 속에서 이루어졌다고 보기에는 많은 미흡함이 있다.

2단계는 1964년 10월부터 1977년 8월까지 약 13년간의 시기다. 이 시기에 내무부 및 무임소장관실에 청소년보호대책위원회를 설치·운영하였다. 주요 업무는 문제청소년에 대한 규제 및 보호 위주의 정책으로, 이 시기 청소년정책의 특징은 부처 차원의 조정과, 규제·보호 위주의 청소년정책으로 요약할 수 있다. 이 위원회의 성격은 청소년 선도 및 보호에 관한 종합대책을 마련하기 위한 자문기관으로써 청소년문제와 관련된 사안을 심의·건의하고 관계기관 및 단체의 연락, 협조, 조정기능을 맡았다. 지방조직으로는 시·도 위원회 11개, 시·군·구 위원회 169개가 설치되었다(김만오, 2001).

청소년보호대책위원회는 청소년정책의 주요 범위를 '청소년의 선도 및 보호에 관한 종합적인 대책'으로 한정하였고 청소년 전담부서와 같이 결정을 책임 있게 집행할 독립된 행정기구를 설치하지는 않았지만, '청소년 전반에 관한 사항을 심의·건의하고 이의 이행을 위한 관계 기관 및 단체와의 연락, 협조, 조정을 담당'하는 자문기관의 역할을 담당함으로써 청소년정책의 성격을 정하는 중요한 역할을 한 것으로 평가된다(김광웅, 2009).

<표 2-1> 청소년정책과 청소년관련법의 변천 과정

단 계	시 기	특 성	명 칭	주무부처(기구)	청소년 관련 주요 법령
1단계	1948. 8.~ 1964. 9.	부처별 산발추진	부처별 관련업무 추진	각 부처	교육법(1949) 소년법(1958) 아동복리법(1961)
2단계	1964. 10.~ 1977. 8.	부처 차원의 조정	청소년보호 대책위원회	내무부 무임소장관실	-
3단계	1977. 8.~ 1988. 6.	정부 차원의 조정	청소년 대책위원회	국무총리실 문교부	청소년육성법(1987)
4단계	1988. 6.~ 2005. 4.	정부 차원의 조정, 부처 차원의 총괄 집행	청소년 육성위원회	체육부/ 체육청소년부/ 문화체육부/ 문화관광부/ 문화관광부-국무총리실 (청소년보호위원회)	청소년 기본법(1991) 청소년 보호법(1997) 청소년의 성보호에 관한 법률(2000) 청소년활동 진흥법(2004) 청소년복지 지원법(2004) 학교폭력예방법(2004)
5단계	2005. 4.~ 2008. 2.	청소년 조직 통합, 단일 청소년 전담조직 출범	청소년위원회/ 국가청소년 위원회	국무총리실	-
6단계	2008. 3.~ 2010. 2.	아동정책과 청소년정책의 통합	보건복지 가족부	보건복지가족부	아동·청소년의 성보호에 관한 법률(전부개정, 2009)
7단계	2010. 3.~ 현재	여성가족부 개편 및 이관	여성가족부	여성가족부	학교 밖 청소년 지원에 관한 법률(2014) 2023 새만금 세계잼버리스카우트 지원특별법(2018)

출처 : 여성가족부(2020) 수정·보완.

3단계는 1977년 8월부터 1988년 6월까지 11년간 지속되었는데, 이 시기에 이르러 가장 큰 특징은 정부 차원에서 청소년 관계정책의 조정이 이루어지기 시작한 것이다. 즉, 국무총리실에 청소년대책위원회를 설치하여 범정부적 차원의 청소년정책 조정이 시작되었으며, 청소년정책 업무의 경우에도 1983년 4월부터 1985년 1월까지 문교부에서 추진하였다가 1985년 2월 국무총리실로 이전하였다. 이 시기에 청소년문제개선종합대책(1985~1987)이 수립되었으며, 1987년 11월 28일 청소년정책 발전의 모태라 할 수 있는 청소년육성법이 제

정 · 공포되어 1988년 7월 1일 시행되었다. 청소년육성법의 제정은 그동안 청소년정책이 요보호 중심과 청소년 일탈 및 비행 예방, 규제와 보호 등 청소년의 긍정적 개발보다는 이들을 부정과 비행의 대상으로 삼아 선도 · 보호하려는 관점과 달리 청소년에 대한 새로운 사회적 시각의 전환을 의미한다.

4단계는 1988년 6월부터 2005년 4월 청소년위원회가 설치되기 전까지의 시기로 청소년육성법의 시행과 함께 출발하였다. 청소년육성법이 본격 시행됨으로써 비로소 청소년에 대한 새로운 시각의 구축과 인식의 전환이 이루어졌다. 하지만 청소년육성법의 시행은 단지 선언적 의미로 그쳐 실질적인 청소년정책의 발전을 이루지 못한 한계도 동시에 가지고 있다는 비판도 있었다. 한편 이 시기에 청소년 관련 전담조직이 설치 · 운영되기 시작하였는데, 모든 청소년에 대한 종합적 · 장기적 정책을 수립하고 이를 추진하기 위하여 체육부가 관장하는 청소년육성위원회가 설치되었으며, 체육부 내에 청소년국이 신설되었다. 이는 곧 청소년정책조정실로 확대 · 개편되었으며, (구)청소년헌장이 제정(1990. 5. 12.)되었다.

그 후 1990년 12월 체육부에서 다시 체육청소년부로 부처명이 바뀌면서 청소년업무의 영역이 확장되고 청소년정책이 활성화되기 시작하였다. 특히 청소년정책 계획의 수립이 이루어진 시기이다. 대표적으로 우리나라 청소년정책의 근간이 되는 한국청소년기본계획이 수립(1991. 6. 27.)되었으며, 제1차 청소년육성 5개년 계획 수립(1993. 6.), 청소년육성법을 대체하는 청소년 기본법 제정(1991. 12.), 제2차 청소년육성 5개년 계획(1998~2002)이 수립, 1998년 10월 25일 새로운 청소년헌장을 제정하게 되었다. 이와 함께 청소년정책 전담기구 조정도 함께 단행되었는데, 문화체육부 청소년정책실 산하에 청소년보호위원회를 별도로 설치하였다. 그 후 청소년보호위원회는 1998년 2월 국무총리 산하로 이관됨에 따라 청소년정책은 청소년육성을 전담하는 문화관광부와 청소년보호를 전담하는 청소년보호위원회로 분리되었다. 이 시기는 청소년에 관한 주요 관계 법령의 제정과 시행이 이어졌고 중앙정부 차원의 청소년 중장기

기본계획이 수립·추진되면서 청소년에 대한 긍정적인 관점과 개발(참여와 권리존중)이 본격적으로 확산되었으며, 청소년정책에 대한 국가와 사회적 책임이 강조되기 시작한 시기로 볼 수 있다.

5단계는 2005년 4월 청소년정책 조직의 통합과 단일 청소년 전담조직이 출범한 이후부터 2008년 2월까지의 시기로, 그동안 이원화된 청소년 중앙행정조직은 체계적·종합적 정책수행의 곤란과 함께, 새로운 청소년정책 환경변화에 능동적으로 대처하는 데 한계를 갖게 되었고, 나아가 각 부처에 산재한 청소년정책의 총괄 조정 역할에도 어려움을 갖게 되었다. 따라서 이를 극복하기 위하여 2004년 12월 17일 정부혁신지방분권위원회는 정부의 청소년기능(육성 및 보호) 통합을 위해 국무총리소속 청소년위원회 설치를 확정·발표하였다. 그 결과 2004년 12월 20일 청소년위원회 설립 추진단을 구성·운영하였고, 2005년 4월 27일 국무총리 소속하의 청소년위원회를 공식적으로 발족하였으며, 청소년 기본법 개정에 따라 2006년 3월 30일 국가청소년위원회로 명칭을 변경하였다. 이 시기에는 위기청소년통합지원체계 등 기반이 조성되었고 청소년참여와 인권 등이 지속적으로 확대되었다. 아울러 이 시기에 청소년정책 전담부처의 통합 일원화 등 행정체계가 정비되었다.

새로 출범한 '국가청소년위원회'는 기존의 '청소년 육성과 보호 패러다임'에서 탈피하고 21세기 디지털시대의 새로운 통합적 청소년정책이 지향하는 가치와 이념을 '청소년 성장과 참여 패러다임'으로 전환하고, 새로운 통합적 청소년정책을 제시하게 된다. 새로운 통합적 청소년정책은 성장과 참여의 정책적 가치와 이념을 바탕으로 청소년이 성인이 되었을 때 성취해야 할 준비를 목표로 하고 있다. 이러한 정책적 패러다임의 변화는 청소년을 미성숙한 존재로 바라보기보다 사회변화의 동반자로 청소년을 바라보는 관점으로의 전환을 의미한다(이광호, 2005). 이와 같은 청소년정책 패러다임의 변화는 이후 제4차 청소년정책기본계획과 제4차 청소년정책(수정·보완) 기본계획에도 반영되어 그 방향이 일관되게 유지되었다.

6단계는 2008년 3월 정부조직 개편으로 아동과 청소년정책의 통합이 추진되면서 청소년정책이 보건복지가족부로 편입된 이후 2010년 2월 여성가족부로 이관되기까지의 시기를 말한다. 하지만 아동정책과 청소년정책의 통합 추진은 상당한 갈등을 겪으면서 결국 여성가족부로 이관되어 다시 분리되었다.

2008년은 청소년 분야에서 큰 변화가 있는 시기이다. 2008년 이전까지 아동과 청소년은 상당히 중첩되는 대상의 동일성이 있음에도 불구하고 마치 다른 대상인 것처럼 아동정책은 보건복지부에서, 청소년정책은 청소년의 보호 복지 및 활동을 중심으로 국가청소년위원회에서, 그리고 보육·아동성폭력·모부자복지 등은 여성가족부에서 혼란스럽게 정책이 추진되어 왔다. 이러한 문제점을 해결하기 위해 이명박 정부는 2008년 정부 출범과 함께 '생애주기별 접근'을 주장하며 아동정책과 청소년정책을 통합하여 보건복지가족부 아동청소년정책실을 신설하였다. 그리고 기능적으로 활동, 복지, 보호 체계를 유지하면서 대상별로 생애주기별 특성에 맞춰 '영유아(6세 미만)' 대상의 건강증진, 보육지원 중심의 정책, '아동(6~12세)' 대상의 건강·안전, 기초학습, 활동기회 보장 정책, '청소년(13~18세)' 대상의 비행·일탈 예방, 학력 향상, 청소년활동을 통한 잠재역량개발 지원정책, '청년(19~24세)' 대상의 취·창업 등 자립능력 지원 중심의 정책을 핵심적으로 추진하고자 하였다(보건복지가족부, 2009). 이러한 아동정책과 청소년정책의 통합은 첨예한 논란을 가져왔지만 2010년 보건복지가족부의 청소년정책 기능 및 다문화가족을 포함한 가족 기능을 여성가족부로 이관하면서 아동정책과 청소년정책이 분리되었고 이러한 논란은 잠잠해지기 시작하였다.

7단계는 2010년 3월 청소년정책의 업무를 보건복지가족부에서 여성가족부로 이관하면서 청소년정책의 내용에 청소년을 비롯한 다문화가족을 포함시켜 가족 기능 강화에 중점을 두고 있다. 이는 2010년 1월 18일 가족 해체 및 다문화가족 등 현안 사항에 적극 대응하기 위하여 정부조직법 개정을 통해 여성부가 여성가족부로 개편되면서 청소년정책 업무가 추가되었으며 현재까지 이르고 있다.

한편 2014년 5월 학교 밖 청소년지원에 관한 법률이 제정되어 학교 밖 청소년을 포괄하여 모든 청소년으로 청소년정책의 대상이 확대되었으며, 2013년 7월 18일 해병대 캠프 사고,[1] 2014년 4월 16일 세월호 참사 등의 안타까운 안전사고들이 발생하면서 청소년정책 및 사업 추진에 있어 무엇보다 청소년의 안전이 강조됨에 따라 「청소년활동 진흥법」을 개정하여 제9조의2에 의거한 '청소년 수련활동 신고제'를 시행하게 되었다. 2018년부터 2022년까지 추진된 '제6차 청소년정책기본계획'은 청소년의 참여를 활성화하고, 청소년이 주도하는 활동을 확대하고 내실화하는 과제 등을 통해 4차 산업혁명에 대처할 수 있는 역량을 신장하는 것을 목표로 이를 달성하기 위하여 다양한 과제가 추진되었다. 2023년부터 2027년까지 향후 5년간의 청소년정책을 주도할 '제7차 청소년정책기본계획'에서는 다양한 청소년의 목소리와 급변하는 정책 환경에 적극 대응할 수 있는 과제를 발굴하고 강화하기 위한 과제들을 추진하고 있다.

4. 청소년육성정책 5개년 계획

우리나라 청소년육성정책은 청소년문제 개선 종합대책(1985~1987)의 수립을 그 시작으로 볼 수 있으며, 청소년 기본법 제13조에 근거하여 청소년의 건강한 성장 지원을 위해 5년마다 수립되는 법정 국가 기본계획으로 1993년 9월 제1차 청소년육성 5개년 계획을 수립한 이래 제7차 청소년정책기본계획(2023~2027)을 수립하여 시행하고 있다.

각 차수별 기본계획의 흐름과 관점을 정리하면 다음과 같다.

제1차 기본계획에서는 그간 추진된 청소년정책에서 주를 이루었던 수련

1) 2013년 7월 18일 충남 태안군 안면읍에서 운영된 사설 해병대 캠프에서 공주사대부고 2학년 학생 5명이 파도에 휩쓸려 사망한 사건으로, 당시 청소년 관련시설의 운영상 문제점이 심각한 사회문제로 대두되기 시작하였다.

활동 위주의 계획을 보완하였으며, 무엇보다 문민정부의 신한국창조를 표방하고 있다. 특히 의식개혁, 문화·예술, 도덕성 제고를 위한 가정과 학교의 책무성 강조, 청소년의 보호 및 선도, 국민 참여의 포괄적 조정에 초점을 맞추고 있다. 제2차 기본계획은 기존 추진되었던 청소년의 선도·보호·교화 위주의 정책에서 벗어나 '미래의 주역', '오늘의 중요한 사회 구성원으로 인정하는 청소년'에 대한 기본인식의 전환(문화관광부, 1998)을 시도하였으며, 중점과제에 청소년복지 키워드가 처음으로 등장했다. 제3차 기본계획은 청소년이 권리와 정책의 주체가 되는 청소년 참여 기반 조성과 주 5일제에 대비한 활동과 여건 조성, 정책 수립과정에 청소년의 실질적 참여 보장, 과학적 근거에 입각한 정책 평가를 도입했으며, 청소년정책 추진체계를 추진과제에 포함하여 제시하였다. 청소년복지 영역에서는 취약계층에 대한 지원을 강화했다. 제4차 기본계획은 청소년 역량 개념을 도입하고 정책과제에서는 인권과 복지를 하나의 과제에 담았으며, 청소년 친화적 환경이라는 용어를 사용했다. 그러나 제3차 기본계획 추진 후 제4차 기본계획 수립 당시 사회적 화두였던 주 5일제 수업에 대비한 청소년의 '여가활용' 차원에 초점을 둠으로써 미래사회가 요구하는 청소년상과 필요 역량을 종합적 차원에서 제시하지 못하고, 청소년업무에 대한 잦은 행정 조직 변동으로 인해 시행 계획이 수립되지 못하면서(관계합동부처, 2010) 2010년 제4차 기본계획을 수정하였다(정경은 외, 2023). 수정된 제4차 기본계획은 비전을 재수립하고, 청소년의 활동 기반 보완 과제를 청소년의 자기 주도적 역량 강화로 수정하였다. 기본계획 수립으로 인한 우리사회의 변화를 객관적인 수치로 제시했다는 특징이 있다. 제5차 기본계획은 제4차 기본계획보다 청소년의 역량을 보다 강화하였는데, 청소년의 권리와 복지를 분리하여 세부추진과제를 제시했다. 제6차 기본계획은 청소년 참여 및 권리의 중요성에 대해 우리 사회의 이해와 관심이 저조함의 한계를 지적하며 청소년 권리를 과제1로 제시하였다. 그간 분리되었던 복지와 보호 과제를 통합 구성하고, 환경 조성 과제가 별도로 제시되지 않았다.

청소년육성정책의 변천과 내용을 정리하면 | 그림 2-1 | 과 같다.

구 분	정책기조	주요 성과
청소년대책 관련 사업 추진계획 수립 (1977~1984) 청소년종합대책 세부추진계획 수립 (1985~1987) 청소년육성종합계획 (1988~1990)	• 사후교정보다 사전예방 강조 • 정서적 · 문화적 공간 제공 • 빈곤의 세습화 방지	• 종합적 청소년정책 계획의 기본 틀을 마련 • 청소년 건전활동 지원 강화 • 대통령 주재 청소년대책 확대회의 개최(매년)
한국청소년정책 기본계획 (1992~2001)	• 일반 청소년의 자질 함양을 위한 수련활동 체제 마련 • 청소년 수련활동 중심의 청소년육성제도 기반 조성	• 청소년정책의 법 · 제도 · 기반 시설 확충 • 수련시설 건립 및 수련활동 제도화
제1차 청소년육성 5개년 계획 (1993~1997)	• 청소년을 학생, 미래의 주역으로 • 선도, 보호, 교화 위주의 청소년정책	• 독자적 국가정책 영역 설정 • 93종의 수련 프로그램 개발 • 청소년지도사 자격제도 시행 • 청소년수련시설의 양적 증가
제2차 청소년육성 5개년 계획 (1998~2002)	• 동반자적 청소년 지위 부여 • 소수문제 청소년보호 위주의 다수 청소년육성정책 시도 • 청소년을 정책의 참여 및 파트너로 인식	• 청소년을 사회 구성원으로 독립된 인격체로 상정 • 청소년을 참여 · 정책주체로 인식 • 다수의 청소년활동지원 • 지역 · 현장 중심의 자율과 열린 운영 시도
제3차 청소년육성 5개년 계획 (2003~2007)	• 주 5일제 대비 창의적 청소년활동 기반 조성 • 참여, 인권과 복지의 지속적 확대	• 청소년행정체계의 통합 일원화 • 위기청소년 통합지원 등 청소년복지 기반 조성 • 청소년정책과 사업 추진체계 정비
제4차 청소년정책기본계획 (2008~2012)	• 생애주기적 접근 • 수요자 맞춤형 접근 • 전문영역 간 체계적 연계 • 보편적, 통합적 청소년정책 추진	• 청소년체험활동 기반 확충 • 청소년의 정책 참여기회 확대 • 지역사회 청소년 안전망 기능 강화 • 인터넷 게임 중독 예방 법 · 제도 개선
제5차 청소년정책기본계획 (2013~2017)	• 가족 · 여성 정책과 연계발전 전략 지향 • 모든 청소년으로 대상 확대 • 신체적 · 균형적 청소년정책 추진	• 학교 밖 청소년 지원을 위한 법적 근거 마련 및 인프라 구축 • 청소년 수련활동 신고 인증 및 수련시설 종합 안전점검 평가 의무화 • 청소년정책 분석평가 기반 마련을 통한 정책 실효성 제고
제6차 청소년정책기본계획 (2018~2022)	• 청소년 참여 및 권리증진 • 청소년 주도의 활동 활성화 • 청소년 자립 및 보호지원 강화 • 청소년정책 추진체계 혁신	• 다양하고 안전한 청소년 활동 기반 마련(활동) • 위기청소년 및 학교 밖 청소년에 대한 맞춤형 지원체계 구축(복지) • 청소년 보호환경 조성 및 치유인프라 확충(보호) • 지역단위 청소년 참여 기반 확대 및 권익증진 제고(참여 · 권리) • 유관기관 협업체계 강화 및 지역중심 전달체계 확대(추진기반)
제7차 청소년정책기본계획 (2023~2027)	• 플랫폼 기반 청소년활동 활성화 • 데이터 활용 청소년 지원망 구축 • 청소년유해환경 차단 및 보호 확대 • 청소년의 참여 · 권리 보장 강화 • 청소년정책 총괄 조정 강화	

| 그림 2-1 | 청소년육성정책의 변천과 내용

1) 제1차 청소년육성 5개년 계획

(1) 기본 이념

우수한 전통문화를 바탕으로 건강한 청소년문화를 창달하고 덕 · 체 · 지 · 예를 고루 갖춘 전인적 민주시민의 자질을 함양하여 청소년들이 신한국의 주인으로서 개혁의 성과를 계승 발전시켜 나가도록 한다.

(2) 목표

- 투철한 윤리의식을 가진 정직한 청소년
- 산업사회 역군으로서 근검 · 절약하는 청소년
- 신한국 건설을 계승할 진취적인 청소년
- 통일조국의 미래를 끌고 갈 유능한 청소년

(3) 기본 방향

- 청소년이 각자의 취미와 능력에 따라 자발적으로 심신을 단련하며 소질을 계발할 수 있는 여건 조성
- 청소년의 활동공간을 확보하고 우수한 프로그램을 개발 및 보급하며, 청소년단체와 지도자 육성
- 청소년이 밝고 건강하게 성장할 수 있도록 건전한 사회환경 조성
- 청소년에 대한 가정 · 학교 · 사회의 관심 제고 및 청소년대책에 대한 범국민적인 참여 분위기 확산

(4) 정책과제별 주요 사업

- 가정과 학교의 역할 증대
- 청소년보호 및 선도
- 건전한 청소년활동 지원
- 청소년 교류 확대 지원
- 국민 참여 확산 및 추진체계 강화

2) 제2차 청소년육성 5개년 계획

(1) 청소년정책의 비전

청소년이 '오늘의 사회 구성원'으로서 행복을 추구하며 스스로 생각하고 활동하는 주체적인 삶을 영위하도록 하고 '내일의 주역'으로서 21세기 사회가 필요로 하는 인성과 자질을 함양하고, 건강한 정신과 체력을 가꾸어 건전하고 책임의식 있는 민주시민으로 성장해 나갈 수 있도록 한다.

(2) 청소년정책의 목표

- 청소년 삶의 질 향상과 건전한 민주시민의식 함양
- 21세기 사회를 주도할 수 있는 자질과 능력 배양

(3) 중점 추진과제

- 청소년 권리보장과 자율적인 참여기회 확대
- 청소년이 주체가 되는 문화·체육 중심의 수련활동체계 구축
- 국제화·정보화시대의 주도능력 배양
- 청소년의 복지증진과 자립 지원
- 가정과 지역사회의 역할 강화와 참여 확산

(4) 청소년정책의 방향 전환

- 오늘의 사회 구성원으로서 독립된 인격체 형성
  - 미래의 주인공으로 권리 유보 → 오늘의 사회 구성원으로 권익증진
  - 성인주도·정책대상의 청소년 → 청소년참여·정책주체로서의 청소년
  - 소수문제 청소년의 지도 보호 → 다수 건강한 청소년의 활동지원
  - 공급자·시설 위주의 양적 성장 → 수요자 프로그램 중심의 질적 향상
  - 중앙 중심의 규제와 닫힌 운영 → 지역 및 현장 중심의 자율과 열린 운영

(5) 추진과제

① 청소년의 권리보장과 자율적인 참여 확대

청소년의 정책참여 기회 확대, 청소년의 자생·자율 활동 지원, 공동체의식을 함양하는 청소년봉사활동 생활화, 청소년의 권리와 시민권 신장

② 청소년이 주체가 되는 문화·체육 중심의 수련활동 체제 구축

청소년이 활동주체가 되는 공간 확충과 운영 활성화, 특성화·차별화된 수련 프로그램 개발 및 보급, 청소년단체의 자율화 및 자기 특성화, 전문화된 청소년지도사 양성·배치

③ 국제화·정보화 시대의 주도능력 배양

청소년의 창조적 문화감수성 함양, 지역 간·국가 간 청소년 교류의 내실화, 남북 청소년 교류 기반 조성, 청소년 정보능력 향상과 정보문화 육성

④ 청소년의 복지증진 및 자립지원

청소년 상담활동의 강화, 소외 및 농어촌 청소년을 위한 복지증진, 장애청소년의 자활지원, 청소년의 직업 및 자립능력 향상

⑤ 가정과 지역사회의 역할 강화와 참여 확산

올바른 자녀지도를 위한 부모교육, 도덕성 회복을 통한 시민의식 함양, 문제청소년 선도 예방, 청소년 유익환경 조성과 유해환경 정화

(6) 추진체제의 정비

청소년육성 기금의 조성 확대, 법령제도의 개선과 협의기능 강화, 청소년 관련 조직의 보강

3) 제3차 청소년육성 5개년 계획

(1) 청소년육성 5대 추진과제

- 청소년 권리신장 및 자발적 참여 기반 구축
- 주 5일제 대비 창의적 청소년활동 여건 조성
- 취약계층 청소년복지 지원 강화
- 청소년건강 보호 및 유해환경 정화
- 추진체제 정비 및 범국민적 참여 확산

청소년정책의 목표를 이행하기 위한 접근방법은 참여, 소통, 체험을 기조로 한다. 즉, '효과적인 청소년 참여'를 통하여 '적절한 정보제공과 지원(소통)'을 하고, '지속적인 역량강화(체험)'를 통하여 '양질의 계속적 관계 유지(소통)'를 하며, 다시 '효과적인 청소년 참여'라는 순환구조를 형성한다.

(2) 정책 방향

① 국가 청소년육성정책 총괄 기능 강화

- 제1차 및 제2차 청소년육성 5개년 계획이 지향했던 문화관광부(청소년국) 고유사업 위주의 정책에서 탈피하여 전 부처 청소년육성정책을 포괄하는 종합적인 국가 청소년육성정책 수립

② 문화예술 · 관광 · 체육 등과의 연계를 강화하여 시너지 효과 극대

- 문화예술 · 관광 · 체육 분야의 다양한 인적 · 물적 자원을 활용, 연계 · 협력 사업 개발
- 지역문화 기반시설 및 학교교육과의 연계를 통한 협력 사업 추진

③ 청소년과 함께하는 청소년정책 추진

- 청소년정책 수립 · 집행 · 평가의 전 과정에 청소년의 실질적 참여 보장
- 청소년의 인권과 권리를 보장하며 기성세대와의 파트너십 형성

④ 과학적 정책 입안 및 관리 시스템 도입

- 청소년개발 지표 등 객관적 근거에 입각한 정책입안 및 평가의 정례화
- 시범 사업제 도입, 사업 지속 여부 판단 및 시행착오 예방
- 청소년을 포함한 국민적 참여를 통한 정책을 입안, 청소년정책의 적시성, 현장성 확보

(3) 추진전략

- 주류화(mainstreaming) 전략 : 청소년의 권익과 지위를 향상하고, 그들의 에너지를 국가발전과 성장의 동력으로 활용
- 지역화(localization) 전략 : 중앙정부 중심의 청소년정책 개발과 시행에서 탈피하여 지방자치단체와 지역사회의 역할 및 역량 강화
- 차별화(differentiating) 전략 : 정책 대상을 연령별, 집단별, 성별로 세분화하여 각각의 요구와 필요에 적합한 맞춤형 정책과 프로그램 발굴 및 추진
- 파트너십(partnership) 전략 : 청소년과 기성세대 간의 파트너십, 지역사회의 청소년 관련기관 · 자원 간의 파트너십, 중앙부처 및 지방자치단체 상호 간의 파트너십 형성

4) 제4차 청소년정책기본계획

(1) 비전 : 꿈을 키우는 청소년, 희망을 더하는 가족, 밝은 미래사회

- 청소년은 자기주도적 역량을 바탕으로 꿈을 키우고 실현
- 꿈이 있는 청소년으로 성장하면서 건강한 가족 구성원으로 자리 잡고, 행복하고 안정적인 가족관계 형성
- 함께 키워낸 청소년과 행복한 가족을 통해 지속 발전하는 미래사회 구현

(2) 기본 방향

① 통합적 청소년정책

- 가족, 학교, 지역사회가 함께 청소년을 보호·지원하는 정책 구현
- 청소년정책과 가족·여성정책을 연계하여 시너지 효과 창출
- 범부처적으로 교육·고용·복지 등 청소년을 둘러싼 모든 정책영역과의 연계발전을 위한 실효성 있는 방안 모색

② 보편적 청소년정책

- 모든 청소년의 '역량 강화' 및 '기회 균등'을 통한 미래 성장 동력 양성
- 성, 인종, 문화, 국적, 지역, 계층에 관계없이 소외되거나 배제되지 않는 보편적인 서비스망 구축

③ 수요자 중심 청소년정책

- 중앙부처 중심에서 청소년·부모의 정책 체감도 제고를 위한 지역 수요 맞춤형 정책 추진
- 청소년·부모, 교사·청소년지도자 등 중간수요자, 지방자치단체 등 다층적 수요자의 수요 충족

5) 제5차 청소년정책기본계획

(1) 수립방향

① 기본 성격 : 선제적 청소년정책

- 급변하는 청소년 관련 사회·경제적 환경을 미리 예측하고 선제적으로 대응할 수 있도록 청소년정책의 국가정책 우선순위 부여
  ⇒ 환경변화에 적극적으로 대응하고 범부처 및 지역사회 연계·발전과 주관부처의 총괄·조정 기능 강화

② **정책대상** : 포괄적 청소년정책

- 문제 중심의 청소년정책이 아닌, 모든 청소년을 대상으로 정책수요자인 청소년의 요구와 참여에 기초한 정책 수립

⇒ 청소년 기본법에서 명시하는 청소년(9~24세)을 모두 포괄하고 청소년이 직접 참여하는 정책 추진

③ **정책내용** : 균형적 청소년정책

- 미래 국가 성장 동력으로 균형 있는 성장을 위해 청소년 활동·복지·자립·보호 등 정책영역 전반에 걸친 정책 추진

⇒ 청소년 개인의 역량 강화뿐만 아니라 청소년의 성장에서 자립에 이르기까지 세심한 정책서비스 지원

④ **정책효과** : 실질적 청소년정책

- 정책 수요자인 청소년을 최우선적으로 고려하여 실질적으로 청소년을 위하고 국민이 공감하는 체감도 높은 정책 추진

⇒ 정책 추진체계를 효율적으로 정비하고 정책 성과평가 및 환류체계 강화

(2) 비전 및 목표

비전 청소년이 행복한 세상, 청소년이 꿈꾸는 밝은 미래

⬆

목표
- 청소년의 역량 함양 및 미래 핵심인재로 양성
- 청소년의 자기주도적 참여와 권리증진
- 청소년의 균형 있고 조화로운 성장
- 청소년의 안전하고 건강한 생활환경

⬆

정책과제 5대 영역 15대 중점과제(75개 세부과제–신규 30, 보완 45)

청소년의 다양한 역량 강화	1. 청소년 역량증진 활동 활성화 2. 글로벌·다문화 역량 강화 3. 청소년의 인성 및 민주시민 교육 강화
청소년 참여 및 권리증진	4. 청소년의 참여 활성화 5. 청소년의 건강권 보호 6. 청소년의 권리증진 기반 조성
청소년 복지 및 자립 지원	7. 대상별 맞춤형 서비스 강화 8. 위기청소년 보호·지원 강화 9. 청소년(청년) 진로체험 및 자립 지원
청소년 친화적 환경 조성	10. 건강한 가정 및 지역사회 조성 11. 안전한 생활환경 조성 12. 건전한 매체환경 조성 및 의식제고
청소년정책 추진 체계 강화	13. 범부처 정책 총괄·조정 기능 강화 14. 청소년 지원 인프라 보강 15. 청소년정책 추진 기반 강화

6) 제6차 청소년정책기본계획

(1) 제6차 청소년정책기본계획의 특징

구분	제5차 기본계획(종전)		제6차 기본계획(추가·강화)	
비전	청소년이 행복한 세상 청소년이 꿈꾸는 밝은 미래		현재를 즐기는 청소년 미래를 기대하는 청소년 청소년을 존중하는 사회	
분야별 중점 방향 (중점 과제)	청소년의 다양한 역량 강화	• 청소년시설 인프라 확대 및 활동 활성화	청소년 참여 및 권리증진	• 청소년의 시민의식 함양 및 양성평등의식 제고 • 청소년 참여방식의 다변화
	청소년 참여 및 권리 증진	• 청소년 참여기구 운영 확대를 통한 참여 활성화	청소년 주도의 활동 활성화	• 청소년이 기획·운영하는 자기주도 활동 확대 • 디지털플랫폼을 통한 활동 성과 및 정보 공유기반 마련
	청소년 복지 및 자립 지원	• 지역사회 청소년 통합지원체계(CYS-Net) 확대	청소년 자립 및 보호지원 강화	• 지방자치단체 중심의 지역 단위 컨트롤타워 기능 강화 • 아웃리치·거리상담 등 찾아가는 서비스 강화 • 표준화된 진단도구 개발 및 유형·특성별 맞춤형 지원
	청소년 친화적 환경 조성	• 청소년 사회안전망 구축 및 건전한 매체환경 조성		
	청소년정책 추진체계 강화	• 청소년정책 총괄·조정 기능 강화	청소년정책 추진체계 혁신	• 지역 특성을 고려한 효율적 사업모델 개발 및 확산 • 수요자 중심으로 청소년시설 자율적 개편 • 청소년사업 디지털화기획위원회(가칭) 설치·운영

| 그림 2-2 | 제6차 청소년정책기본계획의 특성(2018~2022)

출처 : 여성가족부(2018).

(2) 수립방향

- 공정하고 안전한 사회환경에서 청소년들이 자기주도적 참여와 활동을 통해 현재를 즐기고, 미래사회에 필요한 역량을 갖추어 자립할 수 있도록 하는 종합적 지원 추진
  - 가족, 교육, 성평등, 고용, 주택과 보건 정책 등 다양한 정책과 상호 연계되어 시너지를 발휘하는 청소년정책 수립
- 청소년 참여 및 권리증진 : 사람 중심의 국정기조를 반영하여 청소년의 참여를 확대하고, 청소년을 존중하는 사회적 기반 강화
  - 청소년이 스스로 기획하고 도전하는 활동을 통해 민주시민으로 성장할 수 있도록 더 많은 기회를 제공하는 사회적 여건 마련
- 청소년 주도의 활동 활성화 : 환경변화에 청소년이 도전·적응하며 협력하는 창의 융합 인재로 성장할 수 있도록 지원하는 청소년정책으로 패러다임 전환[지원적(支援的)·협업적 청소년정책]
  - 청소년 스스로가 기획하고 도전하는 수요자 주도 청소년 활동으로 프로그램 개편 및 수요자 중심의 청소년 인프라 구축
- 청소년 자립지원 : 사회적 격차와 빈곤 등 어려운 여건에 있는 청소년이 차별 없이 성장할 수 있도록 사회적 안전망 강화(기회균등 보장)
  - 청소년의 권리이며 사회적 투자라는 관점에서 위기청소년 사회적 안전망 연결, 지속적이고 충분한 지원 아래 성인기로 이행될 수 있도록 하는 종합적 보호·지원체계 마련
  - 내방형 서비스 위주에서 위기청소년에게 찾아가는 서비스를 확대함으로써 사회적 서비스 안으로 연결 강화

(3) 비전 및 목표

구분				
비전	현재를 즐기는 청소년, 미래를 여는 청소년, 청소년을 존중하는 사회			
정책 목표	청소년 참여 및 권리증진	청소년 주도의 활동 활성화	청소년 자립 및 보호지원 강화	청소년정책 추진체계 혁신
	청소년 주도의 지원적·협업적 청소년정책으로의 전환			
중점 과제 (12)	청소년 참여 확대	청소년활동 및 성장지원 체계 혁신	청소년 사회안전망 확충	청소년정책 총괄·조정 강화
	청소년 권리증진 기반 조성	청소년 체험활동 활성화	대상별 맞춤형 지원	지역 중심의 청소년정책 추진체계 강화
	청소년 민주시민 성장 지원	청소년 진로교육 지원 체제 강화	청소년 유해환경 개선 및 보호지원 강화	청소년지도자 역량 제고

7) 제7차 청소년정책기본계획

(1) 제7차 청소년정책기본계획의 특징

제7차 청소년정책기본계획은 다양한 청소년 목소리와 급변하고 있는 정책 환경변화에 적극 대응할 수 있는 과제 발굴 및 강화에 중점을 두고 있는 것이 특징이다. 제7차 기본계획은 2020~2022년 코로나19 등의 영향으로 디지털 일상화를 반영한 정책 등의 필요성(관계부처합동, 2023)으로 전 계획의 공급과 수요에서 디지털 활용과 역량 확대가 부각되고 있다.

첫째, 디지털 네이티브인 청소년 특성과 정책 여건 변화를 반영하여 청소년 디지털 관련 활동 기반 확대 및 역량 제고를 위한 과제 확대

둘째, 학교 밖, 가정 밖 등 유형별 청소년 복지 지원을 강화하고, 신 소외대상 발굴 등 정책대상 범위를 확대하여 관련 지원 과제 추진

셋째, 디지털 매체 유해환경·사이버 폭력, 도박, 마약류 문제 등 최근 이슈되고 있는 유해환경에 적극적으로 대처하기 위한 정책과제 발굴

넷째, 청소년 참여활동의 실효성 제고를 위한 참여 역량 강화, 참여기구 간 교류 활성화 등 참여활동 지원체계 강화

다섯째, 청소년정책의 현장 체감도를 높일 수 있도록 지역사회 청소년시설, 지자체, 교육청 등 유관기관 간 협업 강화를 위한 과제 추진

(2) 수립방향

- 청소년의 역량 강화를 위한 플랫폼 기반 청소년 활동 활성화
  - 청소년의 수요 다양화와 디지털 역량 중요성 확대에 따라 관련 청소년 역량 제고와 활동을 적극 확대하고, 청소년활동이 활성화될 수 있도록 학교 안팎 연계 강화
- 지원이 필요한 청소년을 촘촘히 지원할 수 있도록 데이터를 활용한 청소년 지원망 구축
  - 청소년의 새로운 위기 심화와 복지 수요 증가를 반영하여, 데이터를 기반으로 한 기존 정책대상 지원은 더욱 촘촘하게 하고 사각지대 해소를 위해 새로운 위기 유형 발굴 및 지원 추진
- 증가하는 유해환경으로부터 청소년을 안전하게 보호할 수 있도록 유해환경 차단 및 보호 강화
  - 디지털 환경 확산에 따라 유해환경 접근 가능성이 높아지고 있어 다양한 유해환경과 행위로부터 청소년 보호를 강화하고, 근로형태 다양화에 따른 보호 내실화
- 청소년이 건강하고 균형 있게 성장할 수 있도록 참여 권리 보장 강화
  - 청소년의 주도적 참여를 위해 다양한 참여기회를 확대하고 청소년의 건강 증진 및 권리 보장 강화

- 청소년정책의 효과성과 실효성을 높일 수 있도록 총괄조정 기능 내실화
  - 청소년정책이 효과적으로 작동하기 위해 정책 인프라를 개선하고 현장감 제고를 위한 지역 맞춤형 청소년정책 활성화

(3) 비전 및 목표

비전	디지털 시대를 선도하는 글로벌 K-청소년	
목표	청소년 성장기회 제공	안전한 보호 환경 조성

정책과제	대과제(5개)	중과제(14개)
	① 플랫폼 기반 청소년활동 활성화	1-1. 청소년 디지털역량 활동 강화 1-2. 청소년 미래역량 제고 1-3. 다양한 체험활동 확대 1-4. 학교 안팎 청소년활동 지원 강화
	② 데이터 활용 청소년 지원망 구축	2-1. 위기청소년 복지지원체계 강화 2-2. 청소년 자립 지원 강화 2-3. 청소년 유형별 맞춤형 지원
	③ 청소년유해환경 차단 및 보호 확대	3-1. 청소년이 안전한 온・오프라인 환경 조성 3-2. 청소년 범죄 예방 및 회복 지원 3-3. 청소년 근로보호 강화
	④ 청소년의 참여・권리 보장 강화	4-1. 청소년 참여 활동 강화 4-2. 청소년 권익증진
	⑤ 청소년정책 총괄 조정 강화	5-1. 청소년정책 인프라 개선 5-2. 지역 맞춤형 청소년정책 추진체계 구축

5. 지방자치단체의 청소년육성 시행계획

1) 지방자치단체의 영역별 추진과제 현황

청소년 기본법 제14조 및 제16조에 따라 청소년정책기본계획을 토대로 시・도는 연도별 세부 시행계획을 수립하여 시행하여야 한다. 2024년 17개 시・도의 추진과제는 5개 대과제, 14개 중과제, 39개 소과제 및 108개 세과제, 1,259개 사업을 추진하고 있다.

대과제별 사업 수는 ① 플랫폼 기반 청소년활동 활성화(379개), ② 데이터 활용 청소년 지원망 구축(412개), ③ 청소년유해환경 차단 및 보호 확대(156개), ④ 청소년의 참여・권리 보장 강화(165개), ⑤ 청소년정책 총괄 조정 강화(147개)로 총 예산은 약 1조 9,071억 원(국고보조 등 포함)이다.

2024년도 대과제별 지방자치단체 청소년사업 규모는 <표 2-2>와 같다.

<표 2-2> 2024년도 대과제별 지방자치단체 청소년사업 규모 (단위 : 개, 백만 원)

대과제	사업 수	전체 예산	자체예산*
1. 플랫폼 기반 청소년활동 활성화	379	696,875.57	461,563.61
2. 데이터 활용 청소년 지원망 구축	412	432,371.62	345,025.33
3. 청소년유해환경 차단 및 보호 확대	156	61,996.49	52,856.91
4. 청소년의 참여・권리 보장 강화	165	520,323.30	501,763.05
5. 청소년정책 총괄 조정 강화	147	195,627.50	131,506.58
합계	1,259	1,907,194.48	1,492,715.48

* 자체예산 : 전체 예산에서 시・도, 시・군・구, 기타예산의 합

<표 2-3> 2024년 지방자치단체 청소년정책 시행계획 자체예산 (단위 : 백만 원)

지자체명	시행계획 과제 수	자체예산*
서울특별시	56	95,913
부산광역시	109	92,844.96
대구광역시	90	239,053.96
인천광역시	73	36,573.1
광주광역시	70	87,495.8
대전광역시	82	189,489
울산광역시	25	8,975.5
세종특별자치시	58	31,677.3
경기도	100	410,606
강원특별자치도	24	12,919
충청북도	105	30,882.53
충청남도	28	4,090
전북특별자치도	100	38,452.43
전라남도	82	79,503.80
경상북도	105	55,930.92
경상남도	57	17,487.20
제주특별자치도	95	60,820.98
합계	1,259	1,492,715.48

* 자체예산 : 전체 예산에서 시・도, 시・군・구, 기타예산의 합산

2) 지방자치단체의 시행계획 주요 내용

<표 2-4> 지방자치단체별 2024년 청소년정책 주요 추진계획

구분	주요 추진계획

서울	• 청소년 활동 다양화·활성화로 풍성한 체험기회 제공
	  * 지역특성을 반영한 센터별 대표 프로그램 운영(로봇체험, 천문과학 등)
	• 청소년 자기 주도 축제 문화예술 활동 지원
	• 위기청소년 예방 및 지원을 위한 안전망 강화
	  * 위기 유형별 교육(상담·대안교육 등), 청소년 활동, 인턴십 등 지원

부산	• 신기술·신산업 및 환경 분야 청소년 활동 지원
	  * 청소년 극지 탐험대 파견(북극 탐험)
	• 청소년 부모 사례관리·학업 및 양육비 지원 강화
	  * 청소년 한부모 아동양육비 지원(35만 원), 청소년 산모 의료비 지원
	• 사이버폭력, 학교폭력예방 강화 및 회복조정 기능 활성화
	  * 청소년경찰학교 운영(체험형 학교폭력 예방프로그램)

대구	• 청소년 신체적·정서적 건강 회복을 위한 지원 확대
	  * 고위기청소년 집중심리클리닉, 자살·자해 청소년 대상 맞춤형 프로그램
	• 청소년 참여 활성화 및 맞춤형 수련시설 운영
	• 청소년의 창의인성 개발을 위한 지원 강화
	  * 청소년 창의인성 프로그램, 청소년 진로직업체험, 우리마을 교육나눔사업

인천	• 다양한 체험활동 및 문화예술 프로그램 공연
	  * 인천청소년문화대축제(공연마당, 체험마당, 경연대회) 개최
	• 진로탐색 프로그램 및 지역 기업과의 연계를 통해 진로체험 기회 제공
	  * 진로체험기관(청소년수련관, 청소년문화의집) 운영 지원
	• 청소년 자립 및 보호지원 강화를 위한 활동, 캠페인 전개

광주	• 정서행동문제 청소년 치유인프라 확대 및 지원
	  * 국립광주청소년디딤센터 건립 추진
	• 놀이·체험·교육 등 복합문화공간 조성으로 청소년정책 인프라 확대
	• 학교 밖, 가정 밖 등 유형별 청소년 복지 지원을 강화
	  * 미인가 대안교육기관, 학교 밖 청소년 작업장 등 운영 지원

대전	• 지역 내 자원을 활용한 청소년 활동 확대를 위한 학교연계협력 사업 운영
	• 청소년 심리·정서 문제 치료 및 고위기청소년 사회심리적 외상지원체계 마련
	  * 청소년 동·식물 매개치료 제공
	• 현장체험형 과학대중화 프로그램 운영
	  * 청소년 대상 첨단 연구인프라에 대한 실험·체험을 위한 '엑스사이언스' 운영

울산	• 청소년의 체험기회 확대 및 삶의 질 향상을 위한 국제교류 실시 　* 울산광역시 청소년국제교류단 구성 • 청소년 활동 활성화 기반 조성을 위한 지역네트워크 협력사업 구축 • 청소년 간 소통 강화 및 공동체 역량 함양을 위한 프로그램 지원 　* 청소년 브랜드 사업, 원탁토론회, 청소년 전국가요제 · 한마음 대축제
세종	• 청소년 문화교류와 휴식 공간 제공을 위한 청소년 특화거리 조성 • 청소년 주도의 환경 실천 활동 기획, 환경개선 활동 모델 마련 　* 청소년환경위원회 발족, 다양한 식물 및 작물 재배 강의 개설 • 금융 · 경제 문제에 대한 사고력, 해결능력 함양을 위한 프로그램 운영 　* 청소년 경제캠프 '경제야!' 프로그램 운영
경기	• 위기청소년 발굴에서 상담, 지원까지 맞춤형 지원을 위한 안전망 구축 　* e-청소년안전망 '채움' 운영 • 청소년 활동공간 확충 및 문화 · 활동 지원(독도디지털체험관 등) • 취약계층 청소년 맞춤형 학습지원으로 기회 형평성 제고 　* 저소득 취약계층 청소년 대상 해외연수 및 문화체험 제공 '청소년 사다리' 운영
강원	• 도내 학교폭력 예방을 위한 '청소년또래상담자 한마음 축제' 개최 • 취약계층 청소년 대상 다양한 체험활동 기회 제공을 위한 프로그램 지원 • 건전한 성정제성 확립을 위한 청소년 성문화센터 운영 　* 상설체험관, 찾아가는 성교육, 청소년 성문화 캠프 운영
충북	• 청소년 대상 다양한 문화 · 체험활동 등 청소년을 위한 '청소년 복합문화센터' 건립 • 청소년 지역명소 탐방 및 문화활동 확산을 위한 프로그램 제공 　* 청소년추진단 구성, '걸어서 충북 속으로' 운영 • 청소년 특기적성교육을 위한 청소년 방과후 활동 지원
충남	• 학교 밖 청소년 드론파일럿 양성과정 사업 추진 • 청소년 사회심리적 외상 지원사업 확대 및 내실화 　* 청소년 트라우마 전문상담인력 양성 및 보수교육 • 미디어 리터리시 · 민주시민 교육을 통한 정보 판별력 향상
전북	• 전북형 청소년 성장지원 사업 등을 통한 청소년 활동 활성화 　* 청소년성장지원협의체 운영 강화 및 청소년 지원기관 발굴 · 연계 • 교육과정과 연계한 청소년 스마트체험 활동 지원 　* 새만큼메타버스, 신재생 에너지 테마파크, 한옥마을 메타버스 • 지방소멸 위기대응을 위한 도시권 청소년의 농촌유학 활성화 도모
전남	• 청소년 디지털역량 및 학교 안팎 청소년 활동 지원 강화 　* AI비전캠프, 과학영재 키움, 수산계 고교 특성화, 항만물류고 취업 지원 • 전남 새천년 으뜸인재 발굴 및 성장 지원 • 청소년정책 인프라 개선 및 지역 맞춤형 정책 추진체계 구축 　* 전남 청소년 행복성장지원 협의체, 전남 청년 마을로 프로젝트

경북	• 청소년 진로정보 제공 및 교육을 위한 프로그램 제공
	  * 청소년 희망토크콘서트, 청소년신문제작 캠프
	• 학교 안팎, 방과후 청소년 활동 지원 강화를 위한 환경 조성
	  * 마음돌봄터 운영 및 상담자원봉사자 구축
	• 지역 내 특성과 후기 청소년 취업 활성화 도모를 위한 활동기회 제공
	  * 무역실무교육, 무역현장탐방, 취업박람회 개최

경남	• 맞춤형 직업 훈련 및 인턴십·직장체험을 통한 자립·취업지원 서비스 • 청소년 마음건강을 위한 찾아가는 청소년 마음건강 지킴이 버스 지원 사업 실시 • 위기 특성별 맞춤형 프로그램 제공을 위한 정서지원 프로그램 보급 * 초기청소년 신규프로그램 개발(공감교육)
제주	• 일시청소년쉼터(고정형) 신규 설치 • 학교 밖 청소년 자립 동기 부여를 위한 장학금 지급(1백만 원/1인) • 청소년참여기회 확대를 위한 다양한 활동 지원 * 제주특별자치도 청소년의 날 조례 제정(2023년 5월)에 따른 청소년 정책제안대회 추진

6. 청소년육성정책 추진 기관

1) 한국청소년활동진흥원

한국청소년활동진흥원은 청소년활동 진흥법 제6조에 의하여 2010년 8월 한국청소년수련원과 한국청소년진흥센터를 통합하여 새롭게 설립된 정부 산하기관이다. 과거 한국청소년수련원(1998년 10월 12일 설립)은 청소년활동 진흥법 제41조에 의하여 국가가 설치하는 수련시설의 유지·관리·운영, 국가 및 지방자치단체가 개발한 주요 수련거리의 시범운영, 청소년활동시설이 행하는 국제교류 및 협력사업에 대한 지원, 청소년지도자 양성을 위한 연수 및 보건복지부장관이 지정하는 정부위탁업무 수행 등의 기능을 담당하였으며, 한국청소년진흥센터(2005년 3월 11일 설립)는 2004년 2월에 공포된 청소년 관련 3법(청소년 기본법, 청소년활동 진흥법, 청소년복지 지원법)을 기반으로 청소년수련활동 인증제 시행, 청소년활동 및 복지, 보호에 관한 종합적인 정보안내 및 서비스 제공, 청소년복지지원을 위한 사업 및 서비스 영역 개발과 보급 등의 기능을 담당하였던 기관이었다.

현재 한국청소년활동진흥원이 수행하고 있는 주요 정책지원 사업으로는 청소년활동 프로그램을 인증하고 그 기록을 유지 · 관리 · 제공하는 '청소년수련활동 인증제', 청소년 자원봉사활동의 지원과 기록 관리, 청소년들이 신체단련 · 자기개발 · 자원봉사 · 탐험활동을 고르게 지속적으로 수행하여 꿈과 끼를 개발할 수 있도록 하는 '국제청소년 성취포상제', 수련시설 종합 안전점검 지원 및 안전 관련 컨설팅 홍보, 그리고 국내외 청소년 및 청소년지도자의 글로벌 역량 강화를 위한 교류활동의 진흥 및 지원 사업 등이 있다. 이와 함께 청소년활동 활성화의 근간이 되는 국립 청소년수련시설의 운영과 청소년지도자 양성 및 전문성 제고를 주된 기능으로 하고 있다(여성가족부, 2017).

이렇듯 한국청소년활동진흥원은 한국청소년수련원의 청소년활동 관련 업무와 한국청소년진흥센터의 청소년복지지원 등에 관한 업무 등을 통합 추진함으로써 청소년활동과 관련하여 우리나라의 중추적 역할을 하고 있으며, 주요 기능은 다음과 같다.

청소년 관련 청소년의 다양하고 창의적인 체험활동 활성화, 청소년활동 프로그램의 개발 · 보급 · 평가 및 시범운영, 청소년육성에 필요한 정보 등의 종합적 관리 및 제공, 청소년 관련 제 기관 및 시설과의 상호 연계지원 · 지도 · 평가, 국가 · 지방자치단체가 설치하는 청소년시설의 위탁유지 · 관리 및 운영, 청소년지도자의 양성 · 교육 및 교류 진흥, 국내외 청소년 교류활동의 진흥 및 지원, 청소년자원봉사 활동 및 참여 · 권리증진활동의 활성화 지원, 여성가족부장관이 지정하거나 청소년활동진흥원의 목적을 수행하기 위하여 필요한 사업을 주요 기능으로 하고 있다.

2) 한국청소년상담복지개발원

한국청소년상담복지개발원은 1993년 재단법인 청소년대화의광장으로 개원하여 1999년 한국청소년상담원으로 명칭 변경 후 2020년 정부출연기관으로 전화되어 2025년 현재 전국 600여 개의 청소년상담복지센터, 학교밖청소년지원센터(청소년지원센터 꿈드림), 청소년복지시설(청소년쉼터, 청소년자립지원관, 청소년회복지원시설)을 총괄하는 중추 기관으로서 청소년의 건강한 성장과 행복한 꿈의 실현을 위해 다양한 상담복지사업을 수행하고 있는 여성가족부 산하 공공기관이다. 특히 학교 밖 청소년, 미디어 과의존 청소년 등 위기청소년 지원과 함께 청소년 정책연구 및 프로그램 개발, 상담복지 전문인력 양성 등 다양한 사업을 수행하고 있다.

한국청소년상담복지개발원의 주요 업무는 청소년복지 지원법 제22조에 따른다.

- 청소년 상담 및 복지와 관련된 정책의 연구
- 청소년 상담·복지 사업의 개발 및 운영·지원
- 청소년 상담 기법의 개발 및 상담 자료의 제작·보급
- 청소년 상담·복지 인력의 양성 및 교육
- 청소년 상담·복지 관련기관 간의 연계 및 지원
- 지방자치단체 청소년복지지원기관의 청소년 상담·복지 관련 사항에 대한 지도 및 지원
- 청소년 가족에 대한 상담·교육
- 청소년에 관한 상담·복지 정보체계의 구축·운영
- 그 밖에 한국청소년상담복지개발원의 목적을 수행하기 위하여 필요한 부수사업

특히 한국청소년상담개발원은 경제적·환경적 어려움으로 학업을 중단하고 진로를 포기하거나 보호시설 등에 입소된 학교 밖 청소년들을 대상으로 자립의지를 심어주고, 학교복귀, 진로 및 취업을 지원하는 등 학교 밖 청소년 지원사업을 운영하고 있으며, 인터넷·스마트폰을 과다하게 사용하여 건강한 생활이 어려운 청소년들을 위해서 인터넷치유캠프(11박 12일, 중고생 대상), 가

족치유캠프(2박 3일, 초등생 및 보호자 대상)를 전국 청소년상담복지센터와 연계하여 지원하고 있다. 그리고 국립청소년인터넷 드림마을을 위탁 운영하여 인터넷·스마트폰 중독 예방·해소사업을 수행하고 있다. 이 외에도 정서·행동장애 청소년들의 조화로운 성장을 위하여 상담·치료, 대안교육, 자립지원 등의 장·단기과정을 수행하고 있으며, 청소년들이 쉽게 접근하고 이용할 수 있도록 개인상담·집단상담·심리검사 등의 전문상담과 사이버상담 등 청소년상담 사업을 운영함으로써 청소년들의 건강한 성장을 돕고 있다(여성가족부, 2020).

3) 한국청소년정책연구원

한국청소년정책연구원은 청소년의 올바른 인성 함양과 잠재력 계발, 청소년의 디지털·글로벌 역량 강화, 청소년 인권과 참여를 위한 사회환경 개선, 소외계층 청소년 복지·지원 등의 정책 개발에 필요한 기초연구와 자료 축적을 통하여 미래사회의 새로운 국가발전 동력 창조에 기여함을 목적으로 1989년 청소년육성법 제19조에 의거 한국청소년연구원으로 설립되었다. 그 후 1993년 청소년 기본법 제50조에 의해 한국청소년개발원으로 명칭을 변경하였으며, 2007년 정부출연 연구기관 등의 설립·운영 및 육성에 관한 법률 개정에 따라 현재의 한국청소년정책연구원으로 명칭이 변경되었다.

한국청소년정책연구원은 기초이론연구, 현안정책개발, 프로그램 개발, 정책평가지원 등 국책연구기관으로서의 역할을 수행하고 있다. 또한 청소년단체·시설 및 청소년지도자 관련 사업 등 민간부문에서 이루어지는 청소년정책 사업의 방향을 설정하고, 각종 사업의 원활한 추진을 위한 지원 및 자문을 제공하는 등 청소년정책 사업 추진의 중추기관으로서의 역할을 수행하고 있다. 한국청소년정책연구원의 주요 기능은 다음과 같다. 첫째, 청소년의 육성 및 보호를 위한 기초조사 및 이론연구를 수행하고, 그 결과를 바탕으로 미래를 전망한다. 둘째, 청소년정책 연구와 평가분석을 통한 고객만족을 실현한다. 셋째, 국내·외 교류협력과 결과 홍보를 통하여 청소년정책 관련 국가전문연구기관으로서의 위상을 제고한다.

이와 같은 한국청소년정책연구원의 주요 기능에 따른 한국청소년정책연구원의 주요 업무는 크게 다섯 가지로 구분된다. 첫째, 청소년 생활·의식 실태와 변화양상에 대한 종합적 조사연구를 통해 청소년정책 수립의 시계열적 기초자료를 축적한다. 둘째, 국가·지방자치단체의 청소년관련 정책 수립을 위한 연구 및 정책 현안에 대한 대응방안과 프로그램을 개발한다. 셋째, 국가·지방자치단체의 청소년정책 효과분석을 위한 평가 사업 추진 및 자문 등을 지원한다. 넷째, 국내·외 청소년 전문기관 및 관련기관과의 국제 교류 및 학술심포지엄을 개최하는 등 교류·협력활동을 수행한다. 다섯째, 청소년 연구 및 정책 개발에 대해 방향을 제시하고, 관련 의견을 수렴하기 위한 세미나·협의회 등을 개최하며 정책연구 자료 및 관련 정보를 제공한다.

4) 한국청소년단체협의회

한국청소년단체협의회(The National Council of Youth Organizations in Korea)는 "국제연합헌장과 세계인권선언의 정신에 입각하여 국내·외 청소년단체의 상호연락과 제휴 협조를 도모함으로써 청소년활동의 발전에 기여함"을 목적으로 1965년 12월 8일 국내 15개 민간 청소년단체의 협의기구로 창립되었다.

청소년문제에 대한 공동연구, 정보교환, 청소년단체 간의 상호 협력을 도모하고, 청소년 관련 정부부처, 유관 사회단체, 각급 학교 및 세계청소년기구와의 연계적인 협력체계를 구축하여 활동하고 있다. 1966년 8월 10일 '세계청소년단체협의회(WAY : World Assembly of Youth)'에 가입하였으며, 1972년 8월 15일 '아시아청소년단체협의회(AYC : Asian Youth Council)'의 창설 멤버가 되어 우리 청소년들이 세계 속으로 발돋움하는 데에 일익을 담당하는 등 청소년육성 운동을 확대·발전시키기 위한 노력을 하고 있다.

한국청소년단체협의회의 활동은 우리나라 「청소년육성법」과 「청소년헌장」 제정 등 청소년정책이 추진되는 데 크게 기여하였다. 1988년 「청소년육성법」에 따라 사단법인으로서의 조직과 기능을 새롭게 정립하였으며, 2005년 특수법인으로 전환하였다. 이에 「청소년 기본법」 제40조에 근거한 "국가발전에 이바지할 수 있는 바람직한 청소년육성과 국내·외 청소년단체 상호 간의 협력 및 교류와 지원"을 목적으로 하여 우리나라 청소년단체들의 협의체 역할 및 기능수행을 위한 활동을 하고 있다.

현재 한국청소년단체협의회는 설립목적에 따라 다양한 사업을 수행하고 있는데, 대표적으로 청소년단체 활성화를 위해 회원단체가 행하는 사업과 활동에 대한 협조·지원, 지방청소년단체협의회에 대한 협조·지원, 청소년지도자의 연수와 권익증진, 청소년 관련 분야의 국제기구(WAY, AYC, UN Youth Unit, AUN 등) 활동 및 외국 청소년단체와의 교류, 청소년육성을 위한 홍보 및 실천운동, 청소년 관련 도서출판 및 정보지원, 청소년활동에 관한 조사·연구지원, 우수 청소년단체와 모범 청소년지도자 및 청소년의 포상, 국제청소년센터의 운영 및 관리, 기타 청소년 및 단체의 육성을 위하여 필요한 사업 등을 추진하고 있다.

회원단체 협력활동 프로그램 공모사업을 진행하여 22개 회원단체를 선정하여 단체활동 활성화를 지원하였고, 다양한 지역의 청소년단체 현황을 파악하고 지역별 청소년조례 제·개정 지원 및 청소년단체 활동 활성화 의견 수렴을 통한 제7차 청소년정책기본계획 수립에 반영을 위해 '지방청소년단체협의회 네트워크 강화 및 활성화 지원' 사업을 추진하였으며, 청소년정책 현장에서 헌신하고 있는 지도자들에 대한 격려와 청소년지도자들의 소통을 통한 화합과 교류의 장인 '제18회 전국청소년지도자대회'를 개최하였다.

한국청소년단체협의회는 현재 9개의 지방청소년단체협의회를 포함하여 64개 청소년단체가 가입되어 있으며, 2022년 기준으로 262만여 명의 청소년 회원과 26만여 명의 청소년지도자 등 총 287만여 명이 소속되어 활동하고 있다.

5) 한국청소년수련시설협회

한국청소년수련시설협회(The Korea Association Of Youth Centers)는 전국의 790여 개 공공 및 민간 청소년수련시설(청소년수련관, 청소년수련원, 청소년문화의 집, 청소년야영장, 청소년특화시설, 유스호스텔)의 발전을 위한 지원, 청소년수련시설 간 연계 협력을 위한 협의와 조정, 청소년수련시설 운영 활성화 정책 제안 등을 위해 1989년 10월 1일 민간 청소년수련시설을 중심으로 창립되었다. 1994년 6월 사단법인(문화체육관광부)으로 승인받았고, 2002년 공공 청소년수련시설을 포함하여 조직과 기능을 재정립하였으며, 한국청소년수련시설협회로 명칭을 정하여 2004년 2월에 공포된 청소년활동 진흥법 제40조 의거 2005년 9월 특수법인(국가청소년위원회)으로 재출범하였다.

한국청소년수련시설협회의 주요 기능으로는 청소년활동 기반 확대 및 운영 활성화를 위한 지원기구로서 역할을 수행하며, 시설협회의 회원인 청소년수련시설 설치·운영자 및 위탁운영단체가 실시하는 사업과 활동에 대한 협력 지원, 청소년지도자의 연수·권익증진 및 교류사업, 청소년수련활동의 활성화 및 수련시설의 안전에 관한 홍보 및 실천운동, 청소년수련활동에 대한 조사·연구·지원사업, 청소년활동에 대한 범국민적 인식 제고를 위한 적극적인 홍보활동, 청소년활동 참여 극대화를 위한 지역사회 및 학교 등과의 연계사업 개발·운영지원, 청소년활동을 통한 지역문화 기반 조성을 위해 다각적인 실천 방안 수립, 청소년과 함께하는 지역공동체 조성을 위한 지방협회 구성 및 지역단위 청소년활동 지원체제 구축 등이 있다.

한국청소년수련시설협회는 다양한 청소년활동 욕구 수용을 위한 청소년수련시설 특성화 지원, 청소년활동 기반 확대를 위한 청소년수련시설 설치 및 운영 컨설팅, 청소년수련시설의 안전 운영 여건 개선 및 안전관리 능력 향상, 청소년수련시설이 행하는 사업과 활동에 대한 협력 및 지원, 청소년지도자의 연수·권익증진 및 교류 사업, 수련활동의 활성화 및 수련시설의 안전에 관한 간담회 개최 및 홍보, 수련활동에 대한 조사·연구·지원 사업과 국제교류사업, 청소년 진로교육 프로그램 개발 및 전문지도자 양성사업, 청소년수련시설 운영 및 사업의 우수사례를 발굴해 시설 간 벤치마킹의 기회를 제공하기 위한 우수사례 공모전, 청소년수련시설 운영자 및 지도자들의 역량 강화를 위한 오픈 강좌 등 청소년수련시설의 질적 향상을 위한 사업 추진과 청소년수련시설의 정책 개발 및 추진체제 구축 등 청소년활동 활성화를 위해 노력하고 있다.

또한 청소년수련시설의 주인인 청소년이 직접 자문・평가・참여토록 하는 청소년운영위원회 활성화 지원 사업으로 우수 청소년운영위원회 선정 및 사례 발표, 전국 청소년운영위원회 대표단 구성・운영, 청소년운영위원회 청소년 대표자 워크숍 등을 추진하고 있다.

한국청소년수련시설협회는 급변하는 사회환경 변화, 안전성 강화를 요구하는 시대적 환경에 선제적・능동적으로 대응하기 위하여 변화와 혁신으로 청소년수련시설의 가치를 제고하고자 한다. 또한 청소년활동의 전문화 및 활성화를 통하여 청소년들이 건강하게 성장해 국가 성장 동력이 됨은 물론, 그들과 함께 땀 흘려 헌신하는 청소년지도자들이 좀 더 좋은 환경에서 활동할 수 있도록 지원하고 있다.

학습문제

1. 청소년정책 변천 과정에서 국무총리실 청소년보호위원회와 청소년정책 업무를 분담하여 추진했던 정부조직은? 제25회 기출문제

① 국가청소년위원회
② 보건복지가족부 청소년정책실
③ 문화관광부 청소년국
④ 여성가족부 청소년정책관
⑤ 체육부 청소년국

2. 1964년 10월부터 1977년 8월까지 문제청소년에 대한 규제와 보호 위주의 청소년정책을 담당했던 위원회는? 제26회 기출문제

① 청소년위원회
② 청소년보호위원회
③ 청소년보호대책위원회
④ 국가청소년위원회
⑤ 청소년육성위원회

3. 제6차 청소년정책기본계획의 4대 정책목표가 아닌 것은? 제30회 기출문제

① 가족 기능 및 사회안전망 강화
② 청소년 주도의 활동 활성화
③ 청소년 자립 및 보호 지원 강화
④ 청소년정책 추진체계 혁신
⑤ 청소년 참여 및 권리증진

4. 다음에 해당하는 용어로 옳은 것은? 제27회 기출문제

> 청소년의 건전한 성장에 유해한 물질·물건·장소·행위 등 각종 청소년유해환경을 규제하거나 청소년의 접촉 또는 접근을 제한하는 것을 말한다.

① 청소년교육
② 청소년활동
③ 청소년복지
④ 청소년보호
⑤ 청소년치료

5. 제7차 청소년정책기본계획(2023~2027)의 중과제 "청소년 참여활동 강화"의 세과제에 해당하지 않는 것은? 제32회 기출문제

① 청소년 자치활동 참여 확대
② 지역사회 청소년 참여활동 확대
③ 청소년정책 참여활동 지원
④ 청소년 도박문제 예방 및 치유 지원
⑤ 청소년 간 소통 강화 및 공동체 역량 함양

정답	1. ③	2. ③	3. ①	4. ④	5. ④

CHAPTER

03 국제 청소년육성정책[1]

1. 국제기구의 청소년육성정책

1) 경제협력개발기구(OECD)

경제협력개발기구(OECD : Organization for Economic Cooperation and Development)는 회원 각국의 상호 정책조정 및 협력을 통해 경제사회 발전을 공동으로 모색하고 나아가 세계 경제문제에 공동으로 대처하기 위한 정부 간 정책연구 협력기구로서, 회원국(2025년 기준 회원국은 38개국이며, 우리나라는 1996년 12월에 29번째 회원국으로 가입)의 경제 성장과 금융안정의 촉진, 세계 경제발전에 기여, 개발도상국가의 건전한 경제 성장에 기여, 다자주의와 무차별주의에 입각한 세계무역의 확대 기여 등을 목적으로 한다.

OECD는 최고 의사결정 기구인 각료이사회(MCM : Ministerial Council Meeting)를 비롯해 상주대표이사회, 정책 대화 기구인 부문별 26개 전문위원회와 사무국 등으로 구성되어 있는데, 그중 청소년정책 및 교육정책과 유관된 조직은 고용노동사회문제위원회(ELSAC : Employment, Labour and Social Affairs Committee)와 교육정책위원회(EPC : Education Policy Committee)이다.

고용노동사회문제위원회는 전통적으로 고용증진을 위한 종합적 정책연구, 노동시장 정책 및 외국인 고용 등 이주정책 분야, 직업훈련 및 여성고용 확대, 연금 및 사회보험제도, 생활보호제도, 장애인 보장제도 등 복지 및 사회통합 분야 등을 다루고 있으며, 매년 OECD 고용전망보고서(Employment Outlook)와

1) 국제 청소년정책의 내용은 2016 · 2017 · 2020 청소년백서(여성가족부)의 내용을 참고하여 재구성

한눈에 보는 사회상(Society at a Glance) 등을 발간하고 있다. 특히 OECD 건강통계 지표를 기초한 건강실태 조사, 고용 및 노동 관련 세미나를 개최하고 있다.

교육정책위원회는 회원국들이 당면하는 교육정책 과제들을 공동연구하며, 각 회원국의 교육정책을 평가하고 혁신방안을 권고하여 교육체제의 사회・경제적 목적을 달성하고자 설치되었다.

주요 사업 내용은 다음과 같다. 첫째, 교육체제지표 사업으로 교육의 성과, 자원, 기회, 환경 등 각국의 교육체제를 국제 비교하는 데이터 수집과 지표개발 사업이 있다. 둘째, 국제학생 성취도 측정사업으로 15세 학생들의 읽기, 수학, 과학, 문제해결 능력을 측정하여 회원국의 의무교육체제의 효율성과 형평성을 향상시키는 사업이 있다. 셋째, 고등교육 성과 측정사업으로 대학졸업반 학생들을 대상으로 일반역량, 경제학, 공학 분야의 역량을 측정하는 사업으로, 우리나라는 미국, 핀란드, 멕시코, 노르웨이, 쿠웨이트 등과 함께 일반역량 분야에 참가하기도 하였다. 넷째, 교육 측정평가 검토사업으로 학생평가, 교원평가, 학교평가, 시스템 평가 등 교육의 효율성 제고를 위해 각국이 실시하고 있는 다양한 평가 시스템에 대한 검토사업, 고등교육기관 관리 프로그램, 교육시설 프로그램 등의 사업을 추진하고 있다.

한편 OECD가 발간하는 교육정책 보고서 중 회원국 교육체제의 다각적인 측면을 수평 비교하여 매년 9월 발간되는 '교육지표(Education at a Glance)'는 각국 정부와 국제기구에 의해 널리 활용되고 있는 자료로 OECD가 교육부문과 관련해 어디에 초점을 맞추고 있는지를 살펴보는 데 의미 있는 시사점을 제공한다. 예컨대, 2011년 1월에는 OECD 국가의 청년고용에 대한 정책과 그 시사점에서 청년고용 문제의 중요성을 강조하였고, 청년고용 문제에 대한 OECD의 정책 제언으로 의무교육 연령(school-leaving age)의 상향, 일과 학습 병행, 의무적 인턴십과 견습제도(apprenticeship training), 이원직업교육(dual vocational education) 등을 통해 학교에서 일터로의 원활한 전환, 아웃리치 프로그램, 프로파일링, 상호의무 부과 등 청년층의 특성에 맞는 적절한 수단으로 구직 지원, 채용상 차별 해소, 고용비용 감소, 노동시장 이중성 완화 등을 통해 청년층에 대한 노동수요 측면의 장벽을 낮추어야 한다고 제안하였다. 또한 회원국들의 고용현황과 청년실업 등에 관한 전망을 담은 보고서인 'OECD 고용전망(OECD Employment Outlook)'을 매년 발표한다.

2012년 1월에는 OECD 국가의 학교폭력(school violence) 현황 및 대응방안으로 학교폭력에 대한 종합적 접근이라 할 수 있는 무관용(zero tolerance) 원칙을 제안했는데, 이것은 퇴학이나 정학 등의 조치가 일시적 안도감을 줄 수 있겠지만, 폭력의 재발 등 후속 문제를 야기할 가능성은 더 크다고 가정한 것이다. 학교폭력에 대한 OECD 국가의 대응방안은 학교 안전문제의 다면성 및 예방적·장기적 계획의 필요성을 인식하고, 학교(교사, 학생, 직원), 학부모, 청소년단체, 보건 및 사회복지 서비스, 주택, 고용, 경찰 등의 다양한 기관과 연계한 장기적·종합적 전략이 많다는 특징이 있다.

2) 유엔(UN)

유엔(UN : United Nations)은 1985년을 '세계 청소년의 해'로 결의하면서 '각 회원국이 청소년정책을 국가정책의 우선순위로 두어야 한다'고 권고하였다. 당시 유엔은 청소년의 연령을 15~24세로 정의하고, 청소년을 '어른이 될 세대, 미래를 이끌어 갈 세대'만이 아닌, 지금 현재 일을 하며 가정과 공동체, 사회와 경제에 기여하는 현 세대의 중요한 일부로 간주할 것을 권고하였다.

유엔의 청소년 관련 정책 방향 및 이념은 '2000년 이후의 청소년을 위한 세계 행동 프로그램(The World Programme of Action for Youth to the Year 2000 and Beyond)', '브라가 청소년 행동 계획(Braga Youth Action Plan)', '리스본 청소년 정책 및 프로그램 선언(Lisbon Declaration on Youth Policies and Programmes)', '새천년개발목표(MDGs : The Millennium Development Goals)', '청소년정책에 대한

바쿠선언(Baku Commitment to Youth Policies)' 등에 나타나 있다.[2)]

유엔에서 지향하는 청소년정책 분야는 '2000년 이후의 청소년을 위한 세계 행동 프로그램'에 나타난 바와 같이 교육, 고용, 기아 및 빈곤, 건강, 환경, 마약, 청소년 비행, 여가활동, 여성 및 청소년, 사회생활과 의사결정에 있어서의 청소년들의 참여와 같은 10개 분야가 있으며, 그중 청소년사업으로는 '청소년 세계 행동 프로그램(World Programme of Action for Youth)', '세계청소년 보고서 2013(World Youth Report 2013)', 'UN CSD(Conference on Sustainable Development)' 및 'Cyber School bus 홈페이지 운영', 다양한 유엔 산하 전문기구 및 보조기구와 유엔사무국 산하기구 등에서 진행하는 청소년 관련 사업 등이 있다.[3)]

2018년 9월 24일 유엔은 뉴욕에서 '청소년 2030 전략(The Youth 2030 Strategy)'을 공식 발표하며 평화와 안전, 인권, 지속가능발전이라는 세 가지 핵심에 걸쳐 청소년의 역할에 주목하며 청소년 지원의 포괄적인 틀을 제시하였다. 이 전략을 통해 전 세계의 다양한 청소년의 요구에 부응하고, 청소년 권리 증진을 위한 영향력 및 세계·국가·지역 수준의 행동을 확대하고, 2030 지속가능발전 의제를 이행하고, 검토 및 후속 조치를 포함한 글로벌 의제 및 프레임워

2) • 2000년 이후의 청소년을 위한 세계 행동 프로그램(The World Programme of Action for Youth to the Year 2000 and Beyond) : 1995년 세계 청소년의 해 10주년을 기념하여 채택
- 브라가 청소년 행동 계획(Braga Youth Action Plan) : 1998년 8월 세계 150개국 청소년리더, 청소년단체 대표 등이 참석하여 포르투갈 브라가에서 열린 제3회 UN 세계 청소년 포럼에서 채택
- 리스본 청소년 정책 및 프로그램 선언(Lisbon Declaration on Youth Policies and Programmes) : 1998년 8월 158개국 청소년업무 담당 장관, 관련 국제기구 및 민간단체 대표 등이 참석하여 리스본에서 열린 제1회 청소년업무 담당 장관 회의에서 채택
- 새천년개발목표(MDGs : The Millennium Development Goals) : 2000년 9월 밀레니엄 서미트에서 채택
- 청소년정책에 대한 바쿠선언(Baku Commitment to Youth Policies) : 2014년 10월 아제르바이잔 바쿠에서 열린 '청소년정책을 위한 글로벌 포럼(Global Forum for Youth Policies)'에서 채택

3) 청소년 세계 행동 프로그램에서는 15개의 청소년 우선순위 영역을 다루고 있으며, 각 영역에서는 활동을 위한 제안을 포함하고 있다. 청소년 세계 행동 프로그램 채택 이후 대두된 관심사들은 세계화, 정보통신기술(ICT), HIV/AIDS, 청소년과 분쟁(갈등) 예방, 세대 간 관계가 있다. 「세계청소년보고서 2013」에서는 이주 청소년과 개발(youth migration and development)을 다루었다. 즉, 국제이주 청소년의 삶의 경험을 살펴보고, 이주가 청소년에게 미치는 영향을 전망하고 분석하였다.

크에 청소년참여를 보장하고자 한다. 특히 청소년 권한 부여(empowerment), 개발 및 참여에 집중하며 청소년이 주도하는 과정을 강조하여 청소년 중심의 유엔으로 거듭날 것을 표명하였다.

한편 유엔은 청소년과 관련하여 산하 전문기구 및 보조기구를 두고 있는데, 그중 유엔아동기금(UNICEF), 유엔문명간연대(UNAOC), 유엔식량농업기구(FAO), 유엔사무국 공보실(DPI), 유엔사무국 경제사회국(UN DESA), 유엔개발 계획(UNDP), 유엔봉사단(UNV), 유엔인구기금(UNFPA), 유엔교육과학문화기구(UNESCO), 세계노동기구(ILO), 유엔난민고등판무관실 유엔난민사무국(UNHCRUN Refugee Agency) 등이 대표적이다.

또한 최근 ESG(Environmental, Social and Governance)[4]가 환경과 사회참여 관련하여 가장 중요한 글로벌 이슈로 등장했는데, UN 역시 청소년과 관련하여 ESG 활동을 전개하고 있다. 2015년 9월 25일 지속가능발전 정상회의를 통해 지속가능발전목표(SDGs : Sustainable Development Goals)를 채택하였으며, 2030년까지 교육 보장, 평생교육 기회 증진, 지속가능한 도시 조성, 지속가능한 소비와 생산 등 17개 주요 목표, 169개 세부 목표를 통해 전 세계의 지속가능성을 목적으로 하고 있다.

ESG는 청소년에게 매우 중요한 가치로 미래 세대를 이끌어나가면서 살아갈 청소년에게 ESG는 지속가능한 성장 밑바탕을 지원함과 동시에 세상을 살아갈 수 있게 하는 주요한 근간이기 때문이다. 우리나라에서는 한국청소년활동진흥센터에서 ESG 경영체계를 수립하여 청소년활동과 관련하여 비전, 목표, 방향, 전략을 수립하여 ESG 기반 가치 창출을 위한 청소년활동 기반을 조성하고 있다.

---

4) ESG란 환경(Environmental)과 사회(Social), 지배구조(Governance)의 앞 글자를 딴 것으로 투자자, 기업 등이 기업 성과 및 영향을 평가하는 데 사회적 책무에서 더 나아가 기후위기 심각성 등 환경에 대한 부분도 포함하여 평가하는 기준이자 기업 경영에서 지속가능성을 달성하기 위한 핵심 가치이다.

ESG 이슈는 청소년의 시민의식 또는 청소년 소비 등과 관련하여 자주 등장한다. 예를 들면, 청소년 소비 패턴의 특징으로 일컬어지는 '미닝 아웃'이 대표적이다. 즉, 의미를 뜻하는 'Meaning'과 드러내기를 뜻하는 'Coming Out'의 합성어인 '미닝 아웃'은 청소년이 기업의 윤리나 사회적 책임 등을 고려하여 소비함으로써 자신의 신념을 표출할 뿐만 아니라 새로운 형태의 사회참여라고 할 수 있다. 미닝 아웃을 잘 드러내는 사례로는 '돈쭐문화'[5], '제로 웨이스트 챌린지'[6] 등이 있다.

3) 세계은행

세계은행(World Bank)은 1944년 브레튼 우즈 협정(Bretton Woods Agreement)에 근거해 1946년 6월에 창설된 유엔 산하 금융기관으로 전후 각국의 전쟁피해 복구 및 개발자금을 지원해 줄 국제부흥개발은행(IBRD : International Bank for Reconstruction and Development)이 그 출발이었다.[7]

오늘날 세계은행은 개발도상 가맹국에 대한 개발자금 지원과 개발정책 수립 및 집행에 관한 기술지원, 개도국으로의 재원 및 기술이전에 관한 조정 역할, 경제개발 담당자에 대한 연수 실시 등을 주요 업무로 하며, 인적 자원의 개발과 강화 및 유지 전략의 일환으로 이들에게 도움을 주기 위해 교육, 건강, 에이즈, 사회적 보호라는 4개 전략적 목표를 달성하고자 노력하고 있다.

세계은행은 청소년을 개발도상국의 미래를 이끌어갈 핵심 인재로 보고 청소년의 교육, 고용, 건강, 안전 등 다양한 분야에서 지원정책을 추진하고 있으며, 다음 세 가지 주요 목표를 제시하고 있다.

---

5) '돈쭐'이란 '돈으로 혼쭐낸다'는 표현으로, 선행을 베푼 업주나 업체에 소비자가 적극적으로 '팔아주기 운동'을 하는 것을 의미

6) Zero와 Waste(쓰레기)가 합쳐진 용어로, 일회용 컵이나 플라스틱 용기 등을 사용하지 않음으로써 쓰레기 생산을 줄이거나 친환경 제품들을 구매하는 시도를 의미

7) 일반적으로 국제부흥개발은행(IBRD)과 자매기구인 국제개발협회(IDA), 국제금융공사(IFC), 국제투자보증기구(MIGA), 국제투자분쟁해결본부(ICSID) 등을 합쳐 세계은행그룹이라고 하는데, 이 중 IBRD와 IDA를 합쳐 흔히 세계은행이라 부른다.

첫째, 청소년의 교육과 역량 강화 : 청소년이 양질의 교육을 받고, 필요한 기술과 지식을 습득할 수 있도록 초등교육부터 고등교육에 이르기까지 다양한 수준의 교육 지원 프로그램을 제공하고 있으며, 기술 훈련 프로그램, 인턴십 프로그램 등을 통해 청소년이 취업에 필요한 기술과 경험을 쌓을 수 있도록 지원하고 있다.

둘째, 청소년의 고용 창출과 안정 : 청소년이 양질의 일자리를 찾고, 안정적으로 일할 수 있도록 하기 위해 청년 고용 창출 프로그램, 청년 창업 지원 프로그램 등을 제공하고 있다. 또한 노동법 준수, 노동안전보건 교육 등을 통해 청소년이 노동시장에서 차별과 착취로부터 보호받을 수 있도록 지원하고 있다.

셋째, 청소년의 건강과 안전 증진 : 청소년의 건강과 안전을 증진하기 위한 정책을 추진하고 있으며, 청소년의 성 건강, 정신 건강, 약물 남용, 폭력, 학대 등 다양한 문제에 대한 예방 및 대응 프로그램을 제공하고 있다. 또한 청소년의 건강과 안전에 대한 인식 제고를 위한 교육 및 홍보활동을 진행하고 있다.

세계은행이 청소년의 교육과 역량 강화를 위해 제공하는 주요 활동은 교육활동, 고용지원활동, 건강 및 안전활동으로 요약할 수 있다. 교육활동은 크게 세 가지가 있다. 첫째, '초·중등학교 교육'은 개발도상국의 초·중등학교 교육의 질 개선을 주목표로 하고 있으며, 청소년의 기초적인 학습 능력 및 사회 적응 역량을 습득할 수 있도록 지원하고 있다. 둘째, '고등교육'은 개발도상국의 고등교육 시스템 강화를 주목표로 하고 있으며, 청소년이 고급 기술과 지식을 습득하고 미래의 고용시장에 진출할 수 있도록 지원하고 있다. 셋째, '기술 훈련 지원'으로 개발도상국의 청소년이 취업에 필요한 기술과 지식 습득을 할 수 있도록 기술 훈련 프로그램을 운영하고 있다. 이를 통해 청소년이 노동시장에서 경쟁력을 갖추고 양질의 일자리를 얻을 수 있도록 지원하고 있다.

고용지원활동은 청소년의 고용 창출과 안정을 주목적으로 하고 있다. 크게 세 가지 활동이 있다. 첫째, '청년 고용 창출 프로그램'은 개발도상국의 청년 고용 창출을 촉진하기 위한 프로그램을 운영하는 것으로 청소년이 창업하거나 기업에 취업할 수 있도록 지원하는 것이다. 둘째, '청년 창업 지원 프로그램'은 개발도상국의 청년 창업가를 지원하기 위한 프로그램으로 청년들이 창업 아이디어를 실현하고, 성공적인 기업가로 성장할 수 있도록 지원하는 것이다. 셋째, '노동시장 진출 지원 프로그램'은 개발도상국의 청소년이 노동시장에 진출할 수 있도록 지원하기 위한 프로그램으로 기업이 청소년을 대상으로 노동법을 준수하고, 안전하고 건강한 노동환경에서 일할 수 있도록 지원하는 것이다.

건강 및 안전활동은 청소년의 건강과 안전을 증진하기 위한 것으로, 대표적으로 '성 건강 교육 및 지원 프로그램'을 통해 청소년들이 건강한 성생활을 할 수 있도록 성 건강 교육 및 지원 프로그램을 운영하고, 성병, 임신, 낙태 등의 문제로부터 보호받을 수 있도록 지원하고 있다.

그뿐만 아니라 세계은행에서는 다양한 청소년 관련 사업을 추진하고 있는데, 대표적으로 청소년단체를 위한 기금, 대화형 플랫폼(interactive platform) 구축, 청소년 대 청소년 커뮤니티(youth-to-youth community) 형성, 국제 에세이 대회(international essay competition), 청소년 자문 그룹(youth advisory groups), 세계화와 중등교육의 새로운 어젠다 등이 있다. 특히 청소년사업 블로그인 'Youthink!'는 청소년과 관련된 다양한 개발이슈들을 다루고 있으며, 이 중에서 장애, 교육, 갈등(해결), 고용, 성, 보건(HIV/ AIDS 포함) 등이 있다. 또한 정보통신기술(ICT : Information and Communication Technology)을 활용한 혁신적인 청소년 프로젝트,[8] 동남부 유럽 청소년 사회개발 이니셔티브 프로젝트, 아프

8) ICT를 활용한 혁신적인 청소년 프로젝트는 세계은행이 마이크로소프트와 함께 청소년의 정보통신기술 능력 함양을 위해 유스 솔루션(Youth Solution)이라는 프로그램을 남아시아 4개국(방글라데시, 몰디브, 네팔, 스리랑카)에서 실시한 것을 말한다. 이 프로젝트는 남아시아 지역 청소년들의 정보통신기술 능력을 함양시켜 궁극적으로는 그 국가 및 지역 청소년들의 고용 가능성을 높이는 데 초점이 있다.

리카 여성 및 여성 청소년을 위한 건강증진·역량개발 프로젝트, 루마니아 중등교육 프로젝트, 학교에서의 모바일폰 사용에 관한 각국 정책 동향 보고 등 다양한 청소년 관련 프로젝트를 실시하고 있다.

그중 정보통신기술의 확대에 따른 모바일폰 사용 문제가 심각한 청소년문제로 대두됨에 따라 2015년부터 실시된 '학교에서의 모바일폰 사용에 관한 각국 정책 동향 보고'는 세계은행의 대표적 청소년 프로젝트로 볼 수 있는데, 이 보고서에는 세계 학교에서 학생 대상의 모바일폰 정책을 크게 교내 모바일폰 사용 규제 도입, 교내 모바일폰 사용 규제 해제, 어린이의 모바일폰 사용 자체에 대한 규제 등으로 나누어 관련 국가들의 동향 소개와 모바일 사용 이슈와 관련된 교육계의 찬반론을 요약해 제시하고 있다.

4) 유네스코(UNESCO)

유네스코(UNESCO : United Nations Educational, Scientific and Cultural Organization)는 교육, 과학, 문화 등 지적 활동분야에서의 국제협력을 촉진함으로써 세계평화와 인류 발전을 증진시키기 위해 만들어진 유엔전문기구이다. 유네스코의 회원국은 정회원국(Member States)과 준회원(Associate Members)으로 구성되며, 2025년 기준 194개 정회원국과 12개 준회원국이 가입되어 있다. 우리나라는 1950년 6월 14일 제5차 유네스코 총회에서 55번째 회원국으로 가입했다.

유네스코가 청소년문제와 교육에 관심을 갖게 된 것은 1962년 제12차 유네스코 총회가 계기가 되었다. 1960년대는 제2차 세계대전 종결 이후 아시아, 아프리카 등의 식민지 국가들의 새로운 독립국 탄생과 과학기술, 교통, 미디어의 발달 등의 변화가 이루어진 시기로 새로운 사회에서 아직 제자리를 찾지 못하는 청소년문제 해결방안과 청소년교육의 새로운 방향을 모색하고자 국제청소년회의 개최를 제12차 유네스코 총회에서 결정하게 되었다.

그 결과 1964년 프랑스 그레노블에서 청소년문제에 대한 최초의 국제청소년회의가 개최되었다. 이 회의에서 각국은 청소년에 대한 관심과 투자가 사회발전의 필수 요소임을 확인하고 청소년활동을 진흥하기 위한 일련의 권고문을 채택하였으며, 그 해 10월 유네스코 총회는 이 권고문을 받아들여 청소년의 학교 외 교육(out of school education)에 초점을 맞추고 회원국들이 청소년에게 관심을 가지고 회원국 실정에 맞는 청소년활동을 전개할 것을 결의하였다. 이후 청소년은 여성, 아프리카 등과 함께 유네스코 주요 활동 분야의 하나로 자리매김하였으며, 유네스코는 청소년이 문제해결의 대상이 아니라 주체임을 명시하고자 '청소년과 함께, 청소년을 위해(Acting with and for Youth)'를 기본 방향으로 설정하고 다양한 청소년사업을 전개하였다.

우리나라에서의 유네스코 활동은 유네스코 한국위원회(Korea National Commission for UNESCO)를 중심으로 이루어진다. 유네스코 한국위원회는 유네스코 헌장에 따라 우리나라에서의 유네스코 활동을 촉진하고, 유네스코와 대한민국 정부, 교육·과학·문화 등 관련 분야 전문기관·단체 간의 연계협력을 원활하게 하기 위하여 「유네스코 활동에 관한 법률」에 의해 1954년 1월 30일 창립되었다. 유네스코 한국위원회 역시 유네스코의 정책 방향에 부응해 1960년대부터 한국의 청소년 및 학생 문제에 대한 사회적 관심과 연구가 이루어졌다. 1960년대 청소년문제연구협의회 및 유네스코 학생활동 지도교수협의회 창설을 주도하였으며, 1967년 유네스코학생협회 출범, 1977년 청소년 연구·협력·교육에 관한 전문 기구인 유네스코 청년원을 설립하여 운영하였다. 유네스코청년원은 2006년 유네스코평화센터로 개칭하여 운영 중에 있다. 이 밖에도 교육, 자연과학, 인문사회과학, 문화, 정보·커뮤니케이션, 청년 등의 분야에서 각각 아동·청소년, 청년을 대상으로 하는 다양한 교육·활동 프로그램으로 진행되고 있다.

5) 유럽연합(EU)

유럽연합(EU : European Union) 유럽 내 국가 연합체로서 유럽의 정치·경제 통합을 실현하기 위하여 1993년 11월 1일 발효된 마스트리히트 조약에 따라 출범한 연합기구이다. 유럽연합의 정부 형태는 국가연합이며, 유럽의회(EP), 각국 정상들의 모임인 유럽이사회(European Council), 회원국 간 문제를 해결하기 위한 각국 장관들의 회의체인 각료이사회(CEU : Council of the European Union), 각종 정책 입안 및 집행을 담당하는 유럽연합 집행위원회(European Commission) 등 4개 기관이 유럽연합의 핵심기구를 형성한다. 이 외에도 유럽사법재판소, 유럽회계감사원, 유럽경제사회위원회, 지역위원회, 유럽중앙은행, 유럽옴부즈맨, 유럽투자은행 등의 기관을 두고 있다.

유럽연합의 청소년 관련 정책은 청소년을 비롯해 교육과 문화 등 유관된 분야의 정책과 긴밀히 연계되어 있는데, 유럽연합 회원 각국의 교육 및 문화, 청소년 관련 정책은 유럽위원회(European Commission) 소속 23개 전문국 중 하나인 교육 시청각 문화집행국(EACEA : Education, Audiovisual and Culture Executive Agency)에서 담당하고 있다. 유럽위원회에서 교육 문화 청소년 프로그램과 관련된 예산을 선정하고 지원하면, 교육 시청각 문화집행국은 교육, 문화, 청소년, 시민성 함양 프로그램 등의 네 가지 영역에서 관련 프로그램을 운영한다.[9)]

유럽연합의 청소년정책은 청소년의 참여, 교육, 고용·직업훈련·사회통합, 복지·개인의 자율성·문화, 유럽의 가치관·이동의 자유·국제관 등에 주안점을 두고, 새로운 프로그램을 개발하면서 발전해 가고 있는데, 이는 유럽연합 각 회원국마다 다양한 문화를 가지고 있기 때문에 인종차별, 언어, 빈곤층 등의 각종 사회문제 해결과 관련된 여러 가지 숙제를 안고 있기 때문이

---

9) EACEA는 네 가지 영역에서 평생교육(Life Long Education), 에라스무스 문두스(Erasmus Mundus), 템푸스(Tempus), 문화, 청소년행동(Youth in Action), 시민과 미디어를 위한 유럽(Europe for Citizens and Media), 고등교육 분야의 국제협력 협약의 7개 핵심 지역 프로그램을 지원·운영하였다.

다. 이에 청소년정책도 다양한 유럽 내 문화와 관련하여 중점적으로 다루고 있으며, 이러한 다양한 문화를 수용하기 위한 청소년정책이 핵심을 이루고 있다. 대표적인 청소년정책으로는 청소년들이 직접 정책에 의견을 반영할 수 있는 포럼이나 홈페이지를 개설하여 운영하는 것 등을 들 수 있다.

유럽연합의 청소년정책은 이미 완료된 청소년행동 프로그램(2007~2013)과 현재 추진 중인 유럽연합 청소년 전략(Youth Strategy : 2019~2027)이 대표적이다.

청소년행동 프로그램은 유럽연합에서 유럽 내 청소년을 위해 고안한 프로그램으로, 적극적인 유럽 시민권, 젊은 유럽인들 간의 연대감 및 관용의식을 장려하고 유럽연합의 미래 형성에 청소년층의 적극 참여를 목표로 삼는다. 청소년의 교육적·사회적·문화적 배경에 상관없이 모든 젊은 층을 포함하여 유럽연합 간의 이동을 촉진하고자 하였다. 이에 유럽연합에서는 매년 청소년행동 프로그램으로부터 재정적 지원을 얻기 위해 제출되는 수천 개의 프로젝트를 선별하여 이 중 선정된 프로그램들을 적극 지원하고 있다. 대표적인 청소년행동 프로그램은 유럽의 청소년(Youth for Europe), 유럽봉사활동서비스(EVS : European Voluntary System), 세계의 청소년(Youth in the World), 청소년지원시스템(Youth support system), 청소년 분야에서 유럽협력을 위한 지원(Support for European cooperation in the field of youth) 등 5개의 행동주제로 구성되었다.

유럽연합 청소년전략은 2018년 11월 26일 결의된 것으로 청소년정책에 관한 협력을 위한 기본틀을 말한다. 청소년전략은 청소년의 삶에 있어 민주적인 참여를 촉진하고, 사회 및 시민참여를 지원하며, 모든 청소년이 사회참여에 필요한 자원 확보 보장을 강조하고 있다. 이에 청소년전략은 '참여(Engage), 연결(Connect), 권한부여(Empower)'라는 세 가지 핵심 행동 영역에 중점을 두고 있으며, 각 부문 간 공동 이행을 위한 노력을 강조하고 있다. 이를 위해 2017년부터 2018년까지 유럽 전역의 청소년들의 참여와 토론을 통하여 11가지 유럽 청소년 목표가 수립되었다.

최근 영국의 유럽연합 탈퇴라는 변화가 있었으나 유럽연합의 청소년정책 기조가 크게 바뀔 영향은 현재로서는 크게 나타나지 않고 있다. 청소년 협력의 향후 진로를 통해 유럽연합은 기본적으로 청소년정책은 따로 분리되어 진행될 수 없으며, 청소년정책은 필수적으로 고용, 교육, 훈련, 건강, 문화, 디지털미디어, 지속가능한 개발, 시민권, 스포츠와 같은 정책들과 협력되고 상호 보완되어야 함을 강조하고 있다.

6) 국제노동기구(ILO)

국제노동기구(ILO : International Labour Organization)는 1919년 6월 베르사유 평화조약의 일환으로 설립되었으며, 노동 문제를 다루는 UN의 전문기구이다. 국제노동기구 헌법은 1919년 초 미국, 영국, 프랑스, 이탈리아, 일본, 체코슬로바키아, 벨기에, 쿠바, 폴란드 등 9개국 대표로 구성된 노동위원회에서 초안이 만들어졌으며, 그 과정에서 정부, 사용자, 근로자 대표를 집행 기관으로 모으는 삼자 조직이 탄생했다. 국제노동기구 창설의 원동력은 안보, 인도주의적·정치적·경제적 고려에서 비롯되었으며, 국제노동기구 창립자들은 당시 산업화 국가의 노동자 착취 문제를 평화적으로 해결하는 데 있어 사회정의의 중요성을 인식했다. 또한 세계의 경제적 상호 의존성과 시장 경쟁을 하는 국가 간의 근로조건의 유사성을 확보하기 위하여 협력의 필요성을 더욱 높게 인식함에 따라 국제노동기구의 중요성을 더 인식하게 되었다.

1944년 5월 미국 필라델피아에서 개최된 제26차 회의에서 기구의 설립 취지와 목적을 확인하는 선언문을 채택하였는데, 선언문은 ① 다수 국민에 대한 고난 및 궁핍 등을 수반하게 하는 노동조건을 개선하여 사회정의를 확립하고 나아가서 세계평화에 공헌할 것, ② 이를 위하여 생활수준 향상, 완전고용, 단체교섭권의 승인, 노사의 협조, 사회보장 및 복지입법 실현, 교육 및 직업의 기회 균등 조장 촉진 등을 목적으로 하는 내용을 규정하고 있다.

국제노동기구는 1946년 12월 UN과의 협정을 통해 UN 산하 노동 분야 전문 국제기구로 편입되었으며, 현재 187개 이상의 국가가 회원국으로 가입되어 있다. 우리나라는 1991년 UN에 가입하면서 회원국이 되었다. 국제노동기구는 UN에서 유일하게 노동자, 노 · 사 · 정 3자로 구성 · 운영되는 조직이며, 주요 기능은 국제 노동기준의 수립 및 이행 · 감독, 양질의 고용 확산을 위한 정책 자문과 회원국의 기술협력 활동 지원, 고용노동 관련 연구와 교육훈련 등과 같은 각국의 노동조건 개선이다.

국제노동기구는 전 세계 노동자들의 권리와 복지를 보호하고 증진하기 위해 설립된 국제기구임과 동시에 청소년을 노동자의 구성원으로 보고, 청소년의 권리와 복지를 보호하기 위한 정책을 수립 · 시행하고 있다. 국제노동기구의 청소년정책은 다음과 같은 네 가지 목표를 갖고 있다.

① **아동노동의 근절** : 국제노동기구는 18세 미만의 아동노동을 금지하고 있다. 국제노동기구는 아동노동이 청소년의 건강, 교육, 안전에 부정적인 영향을 미친다고 보고, 아동노동의 근절을 위해 노력하고 있다. 이를 위해 아동노동, 청소년 노동권, 청소년 교육 등과 관련된 국제노동협약을 제정하고 있으며, 회원국이 이러한 협약을 이행할 수 있도록 지원하고 있다

② **청소년의 노동권 보장** : 국제노동기구의 이러한 협약에는 청소년의 최저임금, 근로시간, 휴식시간, 안전보건 등과 관련된 권리가 규정되어 있다. 또한 전 세계 청소년 노동 실태를 조사 · 연구하고 있으며, 조사와 연구를 통해 청소년 노동에 대한 이해를 높이고, 청소년 노동 문제를 해결하기 위한 정책을 수립하고 있다.

③ **청소년의 직업훈련 및 교육 기회 확대** : 국제노동기구는 청소년이 양질의 직업훈련과 교육을 받을 수 있도록 지원하고 있다. 국제노동기구는 청소년이 자신의 잠재력을 개발하고 사회에 기여할 수 있도록 교육과 직업훈련을 제공한다. 또한 청소년의 노동권을 보호하기 위한 국제노동협약을 제정하고 있다.

④ **청소년 노동 프로그램의 개발 및 지원** : 국제노동기구는 아동노동 근절, 청소년 노동권 보호, 청소년의 직업훈련 및 교육 기회 확대 등을 위한 프로그램을 개발·지원하고 있으며, 전 세계 청소년의 권리와 복지를 향상시키는 데 기여하고 있다.

국제노동기구는 청소년의 권리와 복지를 보호하고, 청소년이 안전하고 생산적인 노동 환경에서 일할 수 있도록 지원하고 있으며, 청소년이 미래 사회를 이끌어갈 역량을 갖출 수 있도록 지원하기 위해 지속적으로 노력하고 있다. 청소년 대상 주요 프로그램은 크게 세 가지로 분류할 수 있다.

① **교육과 직업훈련 프로그램** : 청소년이 교육과 직업훈련을 받을 수 있도록 지원하고 있는 프로그램으로 청소년이 미래의 직업과 사회에 필요한 기술과 지식을 습득할 수 있도록 도와주고 있으며, 학교, 직업훈련기관, 기업과 협력하여 청소년을 위한 다양한 교육과 직업훈련 프로그램을 제공하고 있다.

② **청소년 고용 프로그램** : 청소년이 안전하고 생산적인 노동 환경에서 일할 수 있도록 지원하는 프로그램으로 청소년 고용 촉진, 노동권 보호, 직업 안정 및 사회 보호 등에 대한 프로그램을 운영한다. 또한 청소년을 위한 일자리 창출, 노동법 준수, 노동안전보건 교육 등을 지원하고 있다.

③ **청소년 권리 보호 프로그램** : 청소년의 권리 보호를 위하여 아동노동, 강제노동, 차별, 성폭력 등 청소년을 위협하는 다양한 형태의 인권 침해에 대한 대응 프로그램을 운영하고 있다. 그리고 청소년 인권에 대한 인식 제고, 정책 개발, 법적 구제 등에 대한 지원을 제공하고 있다.

2. 외국의 청소년육성정책

1) 영 국

영국의 청소년정책은 1988년 교육개혁 이전, 1988년 교육개혁과 국가교육과정, 1988년 교육 이후부터 현재까지로 구분할 수 있다. 1988년 교육개혁 이전의 청소년정책은 다소 보수적이었다. 그래서 1988년 이전까지의 청소년정책 중 대표적인 정책은 양성평등교육, 여자청소년을 위한 교육, 직업에 관한 교육들이 주류를 이루었는데, 특히 1980년대 이후 미국의 신자유주의와 진보주의 교육관은 영국 청소년교육의 흐름을 좀 더 자유롭고 평등한 것으로 전환하였다.

영국 정부의 교육 및 청소년 관련 주무 담당부처는 교육부(DfE : Department for Education)로 2010년 5월 12일 교육과 아동 · 청소년 서비스를 주 업무로 하는 정부 부처로 조직되어 오늘에 이르고 있다. 과거 영국에서 교육 및 아동 · 청소년정책을 담당하는 부처명은 교육기술부였으나, 2007년 6월 교육기술부가 아동 · 학교 · 가족부로 변경하면서 기존의 교육기술부에서 다루던 고등(대학)교육, 기술교육, 직업교육을 새로운 부서인 혁신 · 대학 · 기술부로 이양하면서, 아동과 청소년의 교육에 집중할 수 있었다.

아동 · 학교 · 가족부에서 추진한 청소년정책에서 주목할 점은 새로운 부처의 개편과 더불어 청소년국이 신설되었다는 점이다. 아동 · 학교 · 가족부가 새로 개편되기 전만 해도 영국에서는 청소년정책을 교육기술부의 평생교육 관련 부서에서 담당했고 실질적으로 청소년 전담부서가 있었던 것은 아니었다. 아동 · 학교 · 가족부의 출범으로 인하여 청소년에 관한 모든 정책이 '청소년국'으로 이양되어 청소년정책의 전문성과 확실성을 기대할 수 있었으나, 영국 정부조직이 2010년 5월 12일에 개편되면서 아동 · 학교 · 가족부에서 교육부로 관련 업무가 다시 이관되었다. 아동 · 학교 · 가족부에서 청소년국이 신설되어 청소년정책이 상대적으로 활성화된 것에 비해, 교육부에서는 과거 아동가족국과 학교국은 그대로 존치하였지만 청소년국을 폐지하여 상대적으로 청소년정책이 위축되었다는 평가가 나왔다. 반면 성인교육, 기술, 평생학습국이 신설되어 평생교육이나 기술에 대한 관심은 증가되었다.

현재 영국의 교육부가 지향하는 비전은 '아동과 청소년이 그들이 가지고 있는 사회적 · 가정적 배경과는 상관없이 높은 수준의 교육을 받을 평등한 기회를 주는 사회'를 만드는 데에 있으며, 학교에 더 많은 자율권 주기, 부모에게 선택권 주기, 극빈아동에게 더 많은 지원을 하기, 전체적인 교육 체계를 향상시키기 등에 주력하고 있다.

영국의 청소년(14~18세)을 대상으로 한 정책의 특성을 살펴보면, 우선 영국은 전통적으로 중앙정부는 물론이고 다양한 청소년 관련 민간단체와 지방정부가 함께 주도해 왔지만, 1970년대 초기 지방정부의 행정개혁과 경제침체로 인해 지방수준보다는 중앙정부가 더 큰 책임을 맡아 왔음을 알 수 있다. 아울러 청소년정책 및 사업의 대상자인 청소년의 연령이 최근에는 확장되고 있는 추세이다. 특히 영국의 청소년정책에서 16세는 중요한 의미를 가지고 있는데, 영국의 의무교육이 16세에 끝나기 때문이다. 그러므로 16세 이전에는 교육이나 기술, 보호의 측면에서 청소년정책이 이루어지는 반면, 16세 이후에는 자립, 고용, 직업, 평생학습의 측면에서 청소년정책이 전개된다고 할 수 있다. 특히 영국 교육부가 추구하는 비전과 더불어 영국 정부는 16세 이상 청소년의 교육 기회 평등을 위한 학비보조금 지원정책을 강화하고 있는 추세이다. 이를 위해 의무교육기간이 지난 청소년들 중 재정적 어려움으로 인해 추가적인 교육 및 훈련에 참여할 수 없는 청소년들을 지원하기 위해 2011년 9월 16~19세 취약청소년 대상 학비보조금 지원정책인 '16~19세 버서리 펀드(16 to 19 bursary fund)'를 도입한 바 있다.

영국의 청소년시설의 유형은 우리나라의 생활권시설과 자연권시설의 유형 구분과 유사하게 설명할 수 있다. 청소년들이 쉽게 이용할 수 있는 시설로는 마을의 청소년센터(youth center)가 있는데, 청소년클럽과 함께 청소년서비스의 가장 일반적인 형태이다. 청소년센터는 학교나 그 근처에 위치하고 있고 비공식적인 사회교육보다는 구체적인 활동에 치중하고 있으며, 대표적인 활동내용에는 스포츠, 음악, 연극과 공예 등이 있다. 다음으로 전국에 걸쳐 있는 숙박활동시설에는 숙박을 하면서 시내의 실내 청소년센터에서 할 수 없는 다양한 활동들을 경험하게 되는데, 대표적으로 야외모험활동, 봉사활동, 취미활동 등이 있다(Perkins & Miller, 2001).

끝으로 영국의 대표적인 청소년 관련 입법으로는 교육법(Education Act, 2011), 교육감사법(Education and Inspection Act, 2006), 아동법(Children Act, 2004), 아동·학교·가족법(Children, Schools and Families Act, 2010), 아동청소년법(Children and Young Persons Act, 2008), 아동빈곤법(Child Poverty Act, 2010), 교육기술법(Education and Skill Act, 2008), 도제·기술·아동·학습법(Apprenticeships, Skills, Children and Learning Act, 2009) 등이 있다.

2) 미 국

미국의 청소년정책은 기본적으로 교육부와 보건복지부가 담당한다. 교육부는 법제상 교육에 관한 권한이 주정부에 귀속되어 있는 현 상황에서 중앙부처로서 교육에 대한 재정지원과 교육 및 서비스 행정기관으로서의 기능을 수행하고 있으며, 실질적인 집행은 시나 카운티 등과 같은 지방정부 및 관련 서비스를 제공하는 민간기관들에 의해 실시되고 있다. 보건복지부는 소속 차관보조직인 아동가족실(ACF)에 의해 수행되고 있으며, 아동가족실에서는 도움이 필요한 아동과 청소년, 가족에게 실질적인 서비스를 제공하는 60여 개의 프로그램을 담당하고 있다. 더불어 모든 미국인의 건강을 보호하고 기본적인 인간서비스(human service)를 제공하며, 특히 그들 스스로를 돕기 위한 미국의 주요한 정부기관으로, 아동 및 청소년정책을 담당하는 대표적인 부서이다.

미국 연방정부 차원에서는 교육부와 보건복지부 이외의 부처에서도 청소년정책 및 프로그램 등을 다양하게 실시하고 있는데, 대표적으로 노동부는 청소년고용 및 실업대책, 미성년자 고용의 안전대책, 청소년을 위한 공정한 고용기회 제공 프로그램, 청소년 직업훈련 프로그램 등을 제공하고 있고, 농림부는 농촌청소년활동 등을 주로 제공하고 있다. 법무부에서는 교정국, 청소년사법과 비행예방사무국 등을 두어 청소년범죄의 예방과 치유역량을 제고하고 있으며, 미성년 재판 및 미성년 비행예방활동 등을 주 활동 내용으로 삼고 있으며, 국무부는 청소년단체 등의 지원을 다루고, 주택 및 도시개발부는 도시청소년 프로그램인 Youth Build 프로그램을 제공한다. 주정부 및 지방정부는 각 단위별로 독자적인 청소년정책과 다양한 제도들을 수립・시행하고 필요한 예산 및 인력 등 행정지원과 관리를 담당하고 있는데, 일반적으로 주정부는 주정부 산하에 청소년서비스국 및 복지국을 두어 아동 및 청소년 관련 업무를 담당하게 하고 있고, 카운티에서는 민간단체와 연계하여 각종 청소년서비스를 제공하고 있다. 비영리 민간단체의 경우, 규모가 거대하며 다양한 단체에서 청소년을 대상으로 통합적인 직접서비스를 제공하고 있으며, 대부분의 운영예산은 중앙 및 지방정부에서 지원을 받고 있는 실정이다. 대표적인 단체로는 청소년을 위한 국가협력단체(National Collaboration for Youth)와 미국학생협회(US Student Association) 등을 들 수 있다.

이처럼 청소년 관련 정책이 각 부처에 분산되어 실시되고 있는 미국의 경우 청소년관련법은 각 부처가 추진하는 청소년사업의 골격을 갖추고 있는 것이 특징이다. 특히 미국은 사회복지 서비스 민영화 정책에 따라 청소년 대상 복지 서비스 또한 민간기관 중심으로 제공되고 있으며, 연방정부에서는 제도적 기반 조성, 재정 지원 등의 형태로 지원하고 있다.

미국의 청소년 관련 법률 중 일부를 소개하면 다음과 같다.

첫째, 행정체계의 분산으로 인한 청소년정책 수행의 비효율성을 보완하기 위해 2005년 하원에 소개되고 2006년 법률로써 서명된 연방청소년 정책조정에 관한 법률(FYCA : Federal Youth Coordination Act)이 제정되었다. FYCA는 청소년을 위한 연방정부 및 주정부 간의 커뮤니케이션을 보완하는 기능을 한다.

그리고 청소년 프로그램의 목적에 따라 자원을 배분하며, 프로그램의 효율성을 높이는 기능을 한다.

둘째, 2001년 의회에서 통과된 낙오학생방지법(NCLB : No Child Left Behind)[10]은 미국의 모든 아이들로 하여금 성공적인 학교생활을 하고, 불이익을 당한 학생들과 여유 있는 가정의 학생들 사이에 존재하는 현격한 학업성취 격차를 줄이고자 마련되었다. NCLB는 초·중·고등학교 학생들의 실력을 향상시키기 위해 입법된 연방초중등교육법이며, NCLB의 담당국은 교육부 내 초·중등교육국이다.

그러나 NCLB는 교육부는 물론이고 미국 연방정부의 모든 교육 프로그램의 수립과 집행을 위한 기본 방향 역할을 하고 있다. NCLB는 보편적으로 생활수준이 낮으면서 낮은 교육성취도를 보이고 있는 소외계층의 학생, 소수민족 학생, 영어에 능숙하지 못한 이민자 학생 등을 포함한 모든 학생들이 각 주에서 정한 학업성취 기준을 달성하도록 함으로써 빈부격차에 의한 학력 격차를 줄이는 데 근본 목적이 있다.

그 밖에 2003년 개정된 가출·노숙 청소년 법은 집이 없는 청소년(homeless young people)에게 다양한 서비스를 직간접적으로 제공하고 이를 목적으로 설립된 기관들에 보조금을 지급하기 위한 목적으로 제정되었으며, 노동력투자법은 광범위한 청년취업 및 고용과 관련 직업교육 프로그램 제공 등을 활성화하기 위해 제정되었다. 노동부에 의해 제안된 공정노동기준법(FLSA : The Fair Labor Standards Act)은 청소년 노동자의 고용을 보호하기 위한 법으로 청소년 노동자의 기본급과 추가수당을 규정하고 있다.

---

10) NCLB는 책무성(accountability), 자율성(freedom), 방법론(methods), 선택권(choice)의 4대 원리를 채택하고 있다. 이로써 학생들의 학업성취도와 직결되는 학교의 책무성을 강화시킬 수 있고, 기본적인 학생의 학습능력을 향상시킬 수 있으며, 학부모 및 학생의 학교 선택권 보장을 통해 학생을 수용할 수 있는 교육여건을 마련할 수 있고, 교원들의 자질 역시 향상시킬 수 있다고 보았다. 그러나 NCLB가 제정된 지 10여 년이 지난 시점에서 학생들의 학업성취 향상이 만족스럽지 못하다는 결론에 이르면서 2012년 3월 초중등교육법에 다시 그 권한을 부여했다. 이것은 미국의 청소년정책에서 학업성취에 대한 관심이 더 많아지면서 이와 관련된 교육복지정책이 더욱 강조되고 관련 정책과 제도가 앞으로도 점증할 것임을 시사한다.

한편 미국 청소년정책의 방향을 살펴보면, 기존의 청소년문제행동의 예방과 치료, 교정 중심의 정책이 고비용 저효율이라는 진단에 기초하여 최근 긍정적인 청소년발달(positive youth development)을 강조하고 있으며, 방과후 시간에 다양한 긍정적 기회와 지원을 위한 방과후 지원 등에 정책적인 총력을 기울이고 있다. 이 밖에 소외 청소년에 대한 보다 나은 관리, 확실한 책임, 청소년과 가족의 연결, 가장 도움이 필요한 청소년에게 우선권 부여 등의 정책을 개발하고 있고, 이는 향후 연방정부 청소년정책의 기본 틀로서 작용할 것으로 예상된다. 또한 최근 미국의 청소년 관련 사항 중 관심을 가질 만한 새로운 변화는 사이버폭력에 대한 적극적인 대응, 청소년 멘토링에 관한 사회적 주목, 그리고 청소년 수감자 수의 감소를 들 수 있는데, 먼저 사이버폭력의 경우, 청소년들 사이의 학교폭력이 점점 심각해지고, 이것이 오프라인에서만 이루어지는 것이 아니라 점차 사이버상에서 이루어지는 경향이 강해짐에 따라 사이버폭력에 대한 관심이 증가하였다. 사이버폭력으로 인한 청소년의 피해사례가 급증하면서 주정부에서는 사이버폭력에 관한 법을 통과시키는 경우가 많아졌다. 뉴욕, 워싱턴, 일리노이, 미네소타 등의 주에서는 이미 2008년 이전에 사이버폭력에 관한 법을 통과시켰고, 사이버폭력을 법으로 규정한 주정부는 이후에도 증가하고 있는 추세이다.

미국의 전국청소년사법네트워크(National Juvenile Justice Network)와 텍사스공공정책재단(Texas Public Policy Foundation)이 2001~2010년 사이 청소년 수감자 수 변화 추이를 조사한 내용에 따르면, 미국 청소년 수감시설의 청소년 수는 2000년 10만 8,802명으로 정점에 달한 후 2010년 하반기에 6만 6,322명으로 39%가 감소한 것으로 나타났는데, 이는 2001년을 기점으로 정부가 커뮤니티 기반의 다른 징벌 또는 대안 프로그램을 제공하고 청소년들이 사소한 범죄로 시설에 수감되는 일이 없도록 정책을 변경하는 사례가 늘어나면서 청소년 수감자 수가 감소한 것으로 분석되었다.

특히 캘리포니아, 코네티컷, 일리노이, 미시시피, 뉴욕, 오하이오, 텍사스, 워싱턴, 위스콘신 등 9개 주에서는 2001년 대비 2010년 청소년 수감자 수가 38%나 감소해 전국 평균인 32%를 상회하는 성과를 달성하였다. 보고서에서는 이들 9개 주를 컴백주(Comeback States)라 명명하고 공통된 특성 등을 검토하면서 수감자 수 감소에 기여한 요인들을 분석하였다. 여기에는 다음과 같은 여섯 가지의 정책 특성이 보고되었다.

첫째, 증거기반의 저렴한 치료 대안(수감형 대체 목적)의 공식화 및 재정지원 제공, 둘째, 청소년 범법자들이 불필요하게 보호소로 보내지는 사례를 줄일 수 있도록 다양한 정책 및 프로그램(위험 평가, 맞춤형 교화 프로그램 등) 도입, 셋째, 수감시설을 폐쇄하거나 또는 규모를 축소하여 처벌 시 다른 대안을 고려하도록 유도, 넷째, 청소년 훈육과 관련하여 학교가 사법체계에 지나치게 의존하지 않도록 유도, 다섯째, 작은 범법행위에 대한 수감형 처벌 금지, 여섯째, 청소년 수감자와 관련한 예산체계 재정비, 수감시설보다는 대안 프로그램들에 더 많은 예산 편성 등이 그것이다. 특히 이번 보고서의 발간과 관련해 미국 법무부의 청소년 범법자 수 데이터와 민간전문가의 전문성을 바탕으로 청소년 수감자와 관련한 최신 경향을 분석하여 제시한 것이 특징이다.

끝으로 청소년 야외활동의 장려를 들 수 있는데, 2015년 2월 19일 버락 오바마(Barack Obama) 대통령은 2016년 국립공원관리청(NPS : National Park Service) 설립 100주년을 앞두고 미국 아동과 청소년들의 야외활동을 지원하는 에브리 키드 인 어 파크(Every Kid in a Park) 사업을 추진한다고 발표하였다. 이 사업은 모든 아동·청소년들에게 전국 각지의 국립공원 등 미국 고유의 뛰어난 자연환경에 방문해 즐길 수 있는 기회를 제공하기 위한 목적으로 이에 따라 2015~2016학년도(2015년 9월 시작)부터 전국의 모든 4학년 학생 및 그 가족들에게 국가가 관리하는 자연 및 역사 유적지에 입장할 수 있는 패스가 무료로 제공되기 시작하였다.

3) 독 일

독일 연방정부 청소년정책을 이해하는 데 있어서 핵심적인 개념은 '청소년지원(Jugendhilfe)'이다. 즉, 이 개념은 청소년들에게 자율적이고 독립적인 사회참여를 권고하고, 그들의 인권을 존중하여 성인들이 간섭하거나 통제하지 않고 청소년들을 지원해야 한다는 의미를 가지고 있으며, 청소년 지원의 내용은 가정과 학교, 그리고 직장 내외에서 청소년들을 돕기 위한 다양한 사회화, 교육과 훈련에 관련된 여러 대책들, 노력들과 그에 따르는 협력기관 및 시설들을 포함하고 있다. 그리고 이러한 청소년지원이라는 큰 개념을 실천하기 위해 다양한 청소년 관련 프로젝트들을 수행하고 있다.

독일의 청소년지원을 위한 다양한 청소년 관련 프로젝트와 이를 실현하기 위한 토대로 작동하는 청소년정책들은 아동・청소년지원법(KJHG : Kinderund Jugendhilfegesetz)에 기반하고 있으며, 법률에 명시된 여러 정부조직과 제도들은 다양한 청소년 관련 프로젝트들을 구체적으로 시행하는 주체들로 작동한다는 점이 주목할 점이다.

독일 연방정부의 청소년정책 지원구조와 관련하여 우선 연방공화국인 독일의 국가 최고 행정기구로서의 연방정부는 청소년정책과 관련하여 다음 세 가지 특징이 있다. 첫째, 독일 연방정부는 아동・청소년지원법에 근거하여 각 주(州)정부를 총괄하는 청소년지원의 장려와 고무의 역할을 담당한다. 둘째, 독일 연방정부는 아동・청소년지원법(제8조 제2항)에 따라 청소년전문가로 구성된 연방청소년자문위원회에 의해 청소년지원의 근본 문제해결을 위해 자문을 받는다. 셋째, 각 주정부는 임기 동안 연방정부의 아동・청소년보고서를 작성하여 연방의회와 상원에 제출한다.

독일의 청소년지원조직의 기본 골격은 아동・청소년지원법에서 정하고 있지만 그 이외의 상세한 사항들은 각 주의 관련 법규에서 보충적으로 다루어진다. 또 다른 법적 근거들은 주 자치단체법령에서 다루고 있는데, 이 세 가지 법적 근거에서는 청소년정책 업무에서 실질적인 실천적 기능을 가지고 있는 청소년청(Jugendamt)과 청소년지원특별위원회(Jugendhilfe ausschuss)의 과제와 조직을 규정하고 있다. 연방법은 청소년지원특별위원회와 행정관청으로 전국의 모든 지역에 청소년청(Jugendamt)이 설치되도록 정하여 자치단체 행정관청의 다른 영역들과 구별되게 하고 있다.

독일의 아동·청소년정책의 큰 특징은 아동·청소년은 물론 가족 및 노인 정책을 관할하는 부처인 가족·노인·여성·청소년부가 독립적으로 존재한다는 점이다. 여기서 독일은 아동정책이나 청소년정책을 여성정책 및 가족정책과 연관시킨다는 점을 알 수 있다. 이러한 점은 다른 유럽국가에서는 아동 및 청소년 관련 업무를 교육부 혹은 사회복지부에서 담당하고 있는 것과 비교하면 독일만이 가진 독특성이라고 할 수 있다.

독일 연방정부의 주요 청소년정책의 내용을 살펴보면, 먼저 중앙정부인 가족·노인·여성·청소년부에서는 크게 세계아동권리, 아동·청소년보호, 통합(integration), 관용과 민주주의, 참여의 5개 영역으로 나누어 정책을 수행하고 있다. 세부 정책영역은 다시 청소년복지, 범죄·극우주의·외국인 적대행위 예방, 아동·청소년보호와 폭력보호, 사회통합, '연방아동·청소년계획' 지원 및 학교 밖 청소년활동, 사교(邪交) 집단과 사이코집단 관리, 아동·청소년 지원, 아동보육관리, 중앙과 지방 연계 전국 청소년정책 공동사업, 지식정보사회에서의 청소년지원, 유럽청소년정책들과 같은 관련 청소년정책들로 나뉘어 있다. 이 외에도 독일은 1964년 이래 정부와 민간 협력사업으로 지금까지 지속적으로 수행되고 있는 독일 청소년지원 주간(Deutscher Jugendhilfetag)과 최근까지 범사회적 프로젝트로 기획된 국가행동계획(NAP : Nationaler Aktions Plan, 2005~2010) 등이 수립되어 실행된 바 있다.

독일의 청소년 프로젝트들은 대체로 아동·청소년지원법이 정한 범주 내에서 수행하지만, 많은 부분에서 주별 자치권이 인정되므로, 각 주별로 내용들이 상이하다. 그중에서 대표적인 청소년사업으로는 베를린의 사회공간 집중사업과 바이에른주에 속해 있는 지방자치단체인 아이히아흐-프리드베르그의 청소년사업, 드레스덴의 청소년사회통합사업 등이 있다.

베를린의 사회공간 집중 사업은 지원이 필요한 개인과 집단들이 마을별로 네트워크를 형성함으로써 주거지 중심으로 기존의 프로그램들을 운영하는 사업이다. 아이히아흐-프리드베르그의 청소년사업은 청소년청의 전문인력이 청소년들을 상담하거나 돌보는 일과 학교와 연계된 다양한 교육적 워크숍과 강연, 코스 등을 수행하는 것이다. 그뿐만 아니라 아이히아흐-프리드베르그 청소년청은 클릭(Klick) 프로젝트를 통하여 청소년문제를 예방하기 위한 노력을 기울이고 있는데, 이 프로젝트는 청소년 관련기관에게 워크숍이나 부모강연, 교사 보수교육, 체험 교육적 사례 등을 통하여 청소년들로 하여금 약물중독이나 폭력, 인종차별, 유해매체 등에 긍정적으로 대응할 수 있는 능력을 함양시키기 위한 예방 프로젝트이다.

드레스덴은 베를린, 라이프찌히 등과 함께 과거 동독의 핵심 지역임을 감안할 때 동서독 성장세대의 사회통합 프로그램을 오래전부터 수행하고 있으며 최근에는 이민청소년의 사회 적응 및 통합을 위한 지원 프로그램도 수행하고 있다.

4) 일 본

일본의 청소년정책은 청소년의 일반적 특성에 따라 기본 방향을 설정하고 있는데, 일본 청소년들의 일반적 특성으로는 개성이 풍부한 점, 개성을 대단히 중시하는 점, 제시된 일에 대해 확실히 수행하는 능력이 뛰어난 점, 자신의 가치를 인정받을 경우에는 열심히 노력하는 부지런함을 가지고 있다는 점 등이 긍정적 측면으로 지적되고 있으며, 참을성이 없고 친구와도 깊게 사귀지 못하는 점, 스스로의 생각으로 무엇을 해보려는 자발성의 결여, 물질 중심적인 사고 경향과 사회·공공적인 일에의 관심이 적다는 것 등을 부정적 특성으로 볼 수 있다(일본문화원, 2008). 이러한 청소년의 특성에 반영하여 일본의 청소년육성정책의 기본 방향은 고령화, 국제화, 정보화 등의 사회변화가 진전되는 가운데 창조적인 활력 있는 사회를 만들어 나가기 위해 이에 주체적으로 대응하는 자질과 의욕을 가진 활력이 충만한 청소년육성에 두고 있다(윤철경, 2008).

일본의 청소년정책은 다음과 같은 다섯 가지 특징을 가지고 있다.

첫째, 청소년정책의 종합적이며 체계적인 추진을 위해 조직을 정비하고 중장기 계획·관계법령 등을 지속적으로 마련하고 있다. 일본 정부는 2003년 6월에 보다 적극적인 청소년정책의 추진을 위하여 내각부(副)총리대신을 위원장으로 하고 각 부처 장관(대신)을 구성원으로 하는 '청소년육성추진본부(이후 「아동·청년육성지원추진법」에 의해 아동·청년육성지원추진본부로 변경)'를 설치한 바 있다. '청소년육성추진본부' 산하에는 부(副) 본부장(관방장관, 문부과학성대신, 법무대신, 후생노동대신 등)으로 구성된 회의, 청소년 관련부서의 과장급 회의, 청소년국제교류 관련 연락회의, 청소년 비행 대책을 위한 과장급 회의, 커리어 교육 추진회의 등을 설치하여 청소년정책을 정부 차원에서 종합적으로 추진하였다. 아울러 청소년정책의 중장기적 계획 마련의 일환으로 2003년 12월 '청소년육성시책강령'을 수립하였고, 이어 2008년 12월에 새로운 '청소년육성시책강령'을 수립하였다. 2006년 6월에는 청소년들을 비행 또는 범죄로부터 보호하기 위하여 '청소년 안전 및 안심 추진계획 – 비행, 범죄 피해로부터 아동의 보호'를, 2006년 12월에는 청소년들의 커리어 교육을 강화하기 위하여 '커리어교육추진계획'을 수립하고, 국무조정실 특명담당대신을 본부장으로 각 부처의 각료가 참가하는 커리어 교육 등의 추진회의를 설치하였다. 오늘날 일본 청소년정책의 기본 방향은 「아동·청년육성지원추진법(子ども·若者育成支援推進法)」(법률 제71호, 2010년 4월 1일 시행)에 그 법적 근거를 두고 있다. 이 법은 아동·청년육성지원시책의 종합적 추진을 위한 제도 정비와 원활한 사회생활을 영위하는 데 곤란을 겪는 아동과 청년을 지원하기 위한 네트워크 정비 등 정부의 체계적인 지원 대책을 마련하는 데에 그 목적이 있다. 동법 제8조 제1항의 규정에 따라 일본 정부는 '아동·청년비전(vision for children and young people)'을 수립(2010. 6.)하여 모든 아동과 청년의 적극적이고 행복한 삶의 영위 지원, 취약 아동・청년 및 가정 지원, 아동・청년의 건강한 성장을 위한 지역사회 환경 정비 등의 세 가지 우선 과제들을 추진하였다.

둘째, 정책대상인 청소년의 연령을 유아기에서 성인기 이전 단계까지 매우 폭넓게 설정함으로써 청소년정책을 보호, 지원, 육성, 개발 등 다양한 관점에서 접근하고 있다. 즉, '아동・청소년・청년정책'을 연계하여 총리 직속 '국무조정실(내각부)'과 '문부과학성' 등 별도의 부처에서 추진하고 있으며, 이의 법적 근거로 2010년 「아동・청년육성지원추진법」을 제정하였다. '국무조정실'은 청소년 기획, 지원, 환경정비, 국제교류 등 아동・청년육성지원에 관한 사항의 기획・입안 및 종합조정, 관계부처 사무의 연락조정 등에 관한 사무를 관장하고, '문부과학성'은 청소년 건전 육성 업무로서 청소년 체험활동, 독서활동 등의 지원, 유해환경 대책 및 각종 청소년 교육활동과 환경・시설 등을 관장한다. 특히 「아동・청년육성지원추진법」이 제정되면서 영유아기, 학령기 및 사춘기 아동・청소년, 청년기(약 18~30세 미만)와 포스트 청년기(청년기를 지났지만 원활한 사회생활에 어려움을 겪고 있는 30~40세 미만의 청년)에 놓인 청년 모두를 포함하는 종합적 추진계획을 수립・추진함으로써 국가정책 대상이 되는 청소년의 연령을 최소한 0~30세로 대폭 확대시켰다.

셋째, 청소년정책을 문제 상황별로 설정함으로써 정책과제 및 대상을 명확하게 설정하며, 이러한 과정을 통해 정책의 효과성을 높이고 있다. 문제 상황의 내용으로는 먼저 '학습장애(LD)'와 '주의력결핍・과잉행동장애(ADHD)' 등과 같은 문제로 인해 정상적인 학교생활이 곤란한 청소년에 대한 지원, 부모의 이혼으로 인해 심리적・경제적으로 어려움을 겪고 있는 청소년에 대한 지원(장학금제도의 확충, 생활보호, 다문화가정 출신 청소년에 대한 지원), 비행 소년들에 대한 사회 복귀 및 자립 지원, 가정폭력, 아동학대, 원조교제, 집단따돌림(이지메) 및 각종 재난으로부터의 예방 및 보호, 장애, 비행 및 학교 중도 탈락 청소년(학업 중단 청소년)에 대한 취업 지원 등과 같은 정책들이 있다.

넷째, 청소년정책을 원활하게 지원하기 위한 지원체계 정비에 관한 정책들을 들 수 있다. 구체적으로는 전문인력의 배치(의료, 복지, 심리상담, 진로상담 분야 전문가 등), 청소년 지원 및 상담기관 간의 네트워크 구축, 청소년들의 흥미와 관심을 끌 수 있는 환경 분위기 조성(학교 내 상담체제의 구축, 교사의 자질 함양을 위한 연수, 학교 재량권의 확대, 선택제 수업의 확충 등), 청소년들이 안심하고 생활할 수 있는 지역사회환경의 조성, 지역사회 내 청소년 활동공간의 확충 등과 같은 정책들을 들 수 있다. 아울러 정보사회, 소비사회에 적절하게 대응할 수 있는 능력 배양을 위한 다양한 프로그램을 마련하여 제공하고 있다.

마지막으로, 청소년정책 의사결정과정에 있어 당사자인 청소년들이 적극적·자발적으로 참여하기 위한 기회 및 제도적 장치로 '타운홀 미팅', '모니터링 제도' 등을 마련하여 실시하고 있다. 또한 매년 청소년들의 '생활 실태 및 의식 조사'를 실시하고 있으며, 청소년 인권에 관한 사회 계몽활동, 사회성 함양을 위한 캠페인, 청소년들도 이해하기 쉬운 정보 제공 시스템 구축 등과 같은 정책들을 실시하고 있다.

2023년 4월에는 일본 내 청소년정책 관련 사무부서의 조직 변화가 있었다. 청소년정책을 추진했던 내각부 내의 담당부서의 독립과 타 부서와의 결합을 통하여 청소년정책을 추진하는 별도의 부서인 '아동가정청'이 출범한 것이다. 새롭게 출범한 '아동가정청'은 내각부의 아동정책 관련 사무부서에서 담당했던 저출산대책, 아동·청년육성지원, 아동빈곤대책 등의 업무와 후생노동성의 아동가정국이 담당했던 모자보건대책, 한부모가정 지원, 아동학대방지대책 등의 업무를 총괄한다. 아동가정청에서 시행하는 청소년정책은 크게 두 가지로 구분할 수 있다. 첫째, 아동·청소년 성장 지원으로, 교육, 복지, 보건, 의료, 고용 등 다양한 정책에 관하여 관계부처와 협업하여 종합적으로 지원하는 것이다. 세부 정책으로는 아동·청소년과 관련하여 백서 제작, 정책 연구회 운영, 통계 작성 및 공개, 복지 지원, 사회참여 지원 등이 있다. 둘째, 청소년을 위한 건전한 환경 조성으로 청소년을 위한 안전한 사회환경 정비 정책을 관련부서와 협의하여 추진하는 것이다. 세부 정책으로는 유해매체로부터의 청소년 보호, 비행 청소년 예방 및 지원, 청소년육성지원 등이 있다.

이상의 청소년정책 특징에 기초하여 최근 일본의 청소년정책 및 사업으로는 2010년 5월 27일에 인터넷상의 아동포르노에 대한 블로킹(blocking : 열람방지조치) 도입을 골자로 한 아동포르노 근절 종합대책안을 공포, 청소년들의 건전한 인터넷 활용을 촉진하는 자녀용과 보호자용 두 가지 팸플릿의 발행을 통한 청소년들의 안전한 인터넷 환경 정비, 2011년 1월 7일 일본 문부과학성은 초·중·고교생에게도 커리어 교육을 도입하여 특정 직업에 필요한 지식과 기능 육성, 일본 문부성에서 지진피해 학생 지원책(지진피해 학생에게 장학금을 지급하고, 수업료를 감면) 시행, 일본 홋카이도에 청소년 자립을 위한 지원협의회를 출범시켜 비행과 등교거부, 은둔형 외톨이[11] 등 문제청소년들을 관계기관과 협력하여 지원한다.

5) 스웨덴

스웨덴에서는 다양한 부처가 아동 및 청소년정책을 담당하고 있는데, 그중 가장 중요한 역할을 하는 부처는 교육연구부(Ministry of Education and Research)와 보건사회부(Ministry of Health and Social Affairs)이다.

교육연구부는 취학 전 아동을 위한 교육, 방과후 학교, 초등교육, 특수학교 및 국가의 감독을 받는 자립학교 등과 관련된 일을 관장하며, 교사훈련, 학교행정 프로그램, 교재개발과 장애아동 교육 등도 담당하고 있다. 교육연구부 산

---

11) 은둔형 외톨이(히키코모리)는 일본의 고질적인 청소년문제 중 하나로 학교나 직장 내 인간관계에 어려움을 느껴 타인과의 교류를 피하고 집에서 나오지 않는 상태가 6개월 이상 지속되는 경우를 말한다. 일본 후생노동성의 2006년도 자료에 따르면 20~49세 국민 중 과거에 은둔형 외톨이였던 사람은 1.14%, 현재 은둔형 외톨이 자녀를 둔 가정은 0.56%(약 26만 가구)로 집계되었다. 2010년 내각부 조사(조사대상 15~39세)에 따르면, 연령별 비율은 15~19세 15%, 20~24세 20%, 25~29세 19%, 30~34세 22%, 35~39세 24%로 집계되었다. 은둔형 외톨이 해소를 위해 일본 후생노동성은 2009년부터 보조금을 지급해 광역자치단체(도·도·부·현)와 정령지정 도시(우리나라 광역시와 유사)에 은둔형 외톨이 상담창구를 설치하기 시작하였다.

하 행정기구 중 교육정책과 관련된 기구로 국립교육원(National Agency for Education), 국립학교개선위원회(Swedish National Agency for School Improvement), 스웨덴 특수학교 연구소(Swedish Institute for Special Needs Education) 등이 있다. 이러한 기구들은 보육기관과 학교에서 기본적으로 가르쳐야 하는 가치들과 기본 교육방향을 제시하고, 시설관리, 관련 인력 교육 및 재교육을 담당한다.

보건사회부의 사회보험 분과에서는 가족수당, 아동수당, 연금, 산재보험 등의 현금급여 및 아동이나 가족 관련 수당도 담당하고 있으며, 사회서비스분과에서는 일부 업무로 청소년보호시설의 관리를 담당한다. 보건사회부 산하 중앙행정기구 중 아동옴부즈맨(Children's Ombudsman)은 아동 및 청소년 이슈에 대해 전반적으로 감시하고 아동정책 이행을 평가하는 정부기구이며, 기초자치단체와 광역자치단체의 협약이행 여부를 정기적으로 파악한다. 그중 스웨덴 국제입양국(Swedish Intercountry Adoptions Authority)도 보건사회부 관할 아래에 있는 행정 기구로서 입양 관련 업무를 담당하고 있으며, 국립시설보호국(National Board of Institutional Care)은 업무의 일부로 아동 및 청소년 관련시설 업무를 담당한다.

더불어 지방자치단체는 아동 및 청소년정책의 직접적인 정책 및 사업서비스 제공자이다. 지방자치단체 중 아동·청소년정책을 담당하는 기구에는 아동보육 및 청소년위원회(Child Care and Youth Committee), 사회복지이사회(Social Welfare Board) 혹은 지역위원회(District Committee) 등이 있다. 스웨덴에서는 지방자치단체가 아동 및 청소년 관련 서비스에 대한 재정을 자체적으로 충당하는 지방이양 형태를 띠고 있으나, 장애아동을 위한 특수교육의 경우 재정은 중앙정부에서 담당하고, 실질적인 서비스는 지방자치단체가 제공한다.

스웨덴 정부의 청소년정책에는 모든 공공서비스의 계획 수립단계에서 주요한 출발점이 되어야 할 원칙으로 자원(resource), 권리(right), 독립과 자립(independence and self reliance), 다양성(diversity)의 네 가지 원칙을 제시하고 있으며, 그 내용은 다음과 같다.

첫째, 청소년들이 '자원'이라는 원칙은 이들이 지속가능한 사회・경제 성장의 동력이자 동인이라는 점을 분명히 명시한 것이다. 특히 청소년 자신들의 독특한 지식과 경험, 그리고 가치관이 현재와 미래사회 생산의 주요한 원천임을 천명하는 것이다. 이런 자원의 관점은 비단 특정 성별에 치우치지 않는 양성 평등의 관점에 서서 청소년 자신의 경제적인 활동과 대중운동 등을 통해 다양한 민주적 과정과 공공분야 등에서 발달을 경험하고 참여하여야 함을 의미한다. 즉, 청소년들도 사회 내의 다른 구성원들과 마찬가지로 서비스가 계획되는 과정에 참여하고 그 영향력을 행사할 수 있어야 한다는 것이다.

둘째, 청소년들에게 '권리'가 있다는 원칙은 청소년들의 기본적인 인권이 절대적으로 보호되어야 한다는 것이다. 청소년들은 사회・경제적인 안전은 물론이고 건강과 역량개발의 기회를 적극 보장받아야 하며 관련된 활동을 수행할 수 있는 환경제공의 권리를 가지고 있다.

셋째, 청소년들의 '독립과 자립'이 실질적으로 지원되어야 한다는 원칙은 청소년기가 보다 큰 독립과 자립으로 가는 발전적 단계라는 점을 원천으로 삼고 있다. 독립과 자립의 의미는 부모로부터의 분리와 독립만을 의미하는 것이 아닌, 청소년 삶의 의존성을 제한하는 여러 요소들을 원천적으로 제거해야 함을 의미한다. 청소년에 대한 강압과 억압, 구속, 성역할에 대한 고정관념 등은 청소년들의 독립과 자립을 위해서 그들의 환경 속에서 제거되어야 할 요소들로 꼽히고 있다.

넷째, 청소년들은 '다양성'을 가지고 있다는 원칙은 그들의 다양한 가치관과 생활양식은 매우 소중한 것이며 민주주의 속에서 반드시 존중받아야 할 것임을 밝히는 것이다. 청소년들은 성인이 만들어 낸 틀 안에 맞추어지는 존재가 아니며, 그들의 상황과 여건은 각자의 삶의 배경과 맥락에 따라 상이하다. 따라서 모든 공공수준의 서비스는 이런 청소년의 다양성을 보장해야 하고, 그에 따른 동등한 권리와 기회를 제공하기 위해 노력해야만 한다.

이런 네 가지의 원칙 속에서 국가 수준의 청소년정책은 '청소년 삶의 안녕에 대한 진정한 기회를 부여받아야 하며, 동시에 청소년들에게 진정한 권한을 부여하여야 한다'라는 두 가지의 포괄적인 목표를 설정하고 있다.

이러한 원칙을 바탕으로 추진되고 있는 스웨덴의 대표적인 청소년 프로그램 및 사업으로는 청소년들의 영향력 강화를 위한 영향력 포럼(influence fo-rum), 방과후 여가 및 보육을 위한 다양한 서비스(여가시간센터, 보육가정, 개방여가활동), 여가 및 문화 활동, 보다 많은 청소년들에게 양질의 교육을 제공하려는 정책 프로그램(소외된 지역 내 학교 강화 프로그램, 학교에서의 학생 학대에 대한 보호 강화 프로그램), 청소년들을 위한 주택제공 관련 정책 프로그램(질 좋고 저렴한 주택을 위한 실험적 프로젝트, 주택을 확보하거나 세를 얻는 환경개선 프로젝트), 모든 청소년들의 건강과 안전을 위한 정책 프로그램(청소년들의 정신건강 향상 프로젝트, 알코올 및 약물사용 예방 프로젝트) 등이 있다.

학습문제

1. 청소년참여와 관련하여 10개 분야에서의 행동을 추구하고, 의사결정과 사회생활의 과정에서 청소년의 완전하고 효과적인 참여를 강조한 국제규범은? 제25회 기출문제
   ① 리스본 선언
   ② 빈 선언과 행동계획
   ③ 인구와 발전에 관한 청소년 카이로 선언
   ④ 브라가 청소년 행동 계획
   ⑤ 2000년과 그 이후를 향한 유엔 세계청소년행동프로그램

2. 세계은행(World Bank)의 청소년 사업의 내용으로 적절하지 못한 것은?
   ① 경제개발과 빈곤퇴치에 초점을 두고 있다.
   ② 생애주기적 관점에서 아동·청소년정책의 투자기회 방향을 설정하고 있다.
   ③ 학령기와 아동기의 기초학생 능력 향상에 관한 집중을 강조하고 있다.
   ④ 청소년의 의무교육 연령 향상을 강조하고 있다.
   ⑤ 후기 청소년기 중도탈락 청소년들을 위한 치료교육의 투자를 강조하고 있다.

3. 다음이 설명하는 것은? 제32회 기출문제

   ○ 국제사회에서 시작된 청소년의 권리와 책임에 대한 논의에 힘입어 우리나라는 1990년에 제정하였고 그 이후 시대에 부합하는 내용으로 1998년에 이를 개정하였다.
   ○ 전문에는 청소년은 한 인간으로서의 인권과 한 시민으로서의 시민권을 갖고 있고, 자신의 생명을 존중해야 할 책임과 공동체의 성원으로서 책임을 갖고 있음을 명시하고 있으며, 본문에서는 청소년의 권리와 책임에 대해 명시하고 있다.

   ① 청소년헌장 ② 청소년 기본법 ③ 청소년권리협약
   ④ 청소년권리선언 ⑤ 청소년인권조례

4. 2001년 의회에서 통과된 법으로 미국의 모든 아이들로 하여금 성공적인 학교생활을 하고, 불이익을 당한 학생들과 여유 있는 가정의 학생들 사이에 존재하는 현격한 학업 성취 격차를 줄이고자 마련된 법률은? (   )

5. UN이 결의한 '세계 청소년의 해'는 몇 년도인가? (   )년

정답 1. ⑤ 2. ④ 3. ① 4. 낙오학생방지법 5. 1985

PART 02

청소년육성제도 각론

CHAPTER

04 청소년 기본법

1. 청소년 기본법의 의의

청소년 기본법은 청소년육성에 관한 우리나라 최초의 법률인 청소년육성법(1987년)을 전면 개정한 것으로, 청소년의 권리 및 책임과 가정·사회·국가·지방자치단체의 청소년에 대한 책임을 정하고 청소년정책에 관한 기본적인 사항을 규정한 것이다(법 제1조).

청소년 기본법은 청소년이 사회 구성원으로서 정당한 대우와 권익을 보장받음과 아울러 스스로 생각하고 자유롭게 활동할 수 있도록 하며 보다 나은 삶을 누리고 유해한 환경으로부터 보호될 수 있도록 함으로써 국가와 사회가 필요로 하는 건전한 민주시민으로 자랄 수 있도록 하는 것을 기본 이념으로 하며, 기본 이념을 구현하기 위한 장기적·종합적 청소년정책을 추진할 때에는 청소년의 참여보장, 창의성과 자율성을 바탕으로 한 청소년의 능동적 삶의 실현, 청소년의 성장 여건과 사회환경의 개선, 민주·복지·통일 조국에 대비하는 청소년의 자질 향상을 그 추진 방향으로 한다(법 제2조 제1~2항).

청소년 기본법의 제정은 그동안 산발적으로 수립되고 제정·시행되어 오던 청소년육성 업무 영역을 새롭게 정립하고 정책사업의 내용과 범위를 분명히 하여 청소년정책과 관련하여 미약하나마 청소년 관련 법률들의 기본이 되는 법률적 지위 확보[1]와 청소년의 능동적이고 자주적인 주인의식을 드높이고, 모든 국민이 청소년육성에 참여하는 분위기를 조성하기 위하여 매년 5월을 청

1) 청소년 기본법 제4조 제1~2항에서는 '청소년육성에 관하여 다른 법률에 우선하여 적용하며, 청소년육성에 관한 법률을 제정하거나 개정할 때에는 이 법의 취지에 맞도록 하여야 한다'고 규정하고 있는데, 이는 청소년관련법 중 최상위의 법 위치에 해당된다고 할 수 있다.

소년의 달로 규정함으로써 청소년정책기본계획의 실효성을 확보할 수 있게 되었다는 점에서 의의가 있다.

2. 청소년 기본법의 용어 정의

청소년 기본법 제3조에서 정의하고 있는 용어는 다음과 같다.

① "청소년"이란 9세 이상 24세 이하의 자를 말한다(다만, 다른 법률에서 청소년에 대한 적용을 달리할 필요가 있는 경우에는 따로 정할 수 있다).

② "청소년육성"이란 청소년활동을 지원하고 청소년의 복지를 증진하며 근로청소년을 보호하는 한편, 사회여건과 환경을 청소년에게 유익하도록 개선하고 청소년을 보호하여 청소년에 대한 교육을 보완함으로써 청소년의 균형 있는 성장을 돕는 것을 말한다.

③ "청소년활동"이란 청소년의 균형 있는 성장을 위하여 필요한 활동과 이러한 활동을 소재로 하는 수련활동·교류활동·문화활동 등 다양한 형태의 활동을 말한다.

④ "청소년복지"란 청소년이 정상적인 삶을 영위할 수 있는 기본적인 여건을 조성하고 조화롭게 성장·발달할 수 있도록 제공되는 사회적·경제적 지원을 말한다.

⑤ "청소년보호"란 청소년의 건전한 성장에 유해한 물질·물건·장소·행위 등 각종 청소년유해환경을 규제하거나 청소년의 접촉 또는 접근을 제한하는 것을 말한다.

⑥ "청소년시설"이란 청소년활동·청소년복지 및 청소년보호에 제공되는 시설을 말한다.

⑦ "청소년지도자"란 법 제21조에 따른 청소년지도사, 법 제22조에 따른 청소년상담사, 청소년시설·청소년단체 및 청소년 관련기관에서 청소년 육성에 필요한 업무에 종사하는 사람을 말한다.

⑧ “청소년단체”란 청소년육성을 주된 목적으로 설립된 법인이나 대통령령으로 정하는 단체를 말한다.

3. 청소년의 권리와 책임

1) 청소년의 권리와 책임

청소년의 기본적 인권은 청소년활동·청소년복지·청소년보호 등 청소년육성의 모든 영역에서 존중되어야 하며, 인종·종교·성별·연령·학력·신체조건 등에 따른 어떠한 종류의 차별도 받지 아니한다. 또한 청소년은 외부적 영향에 구애받지 아니하면서 자기 의사를 자유롭게 표명하고 스스로 결정할 권리를 가지며, 안전하고 쾌적한 환경에서 자기발전을 추구하고 정신적·신체적 건강을 해치거나 해칠 우려가 있는 모든 형태의 환경으로부터 보호받을 권리를 가진다(법 제5조 제1~4항).

청소년은 사회의 정당한 구성원으로서 본인과 관련된 의사결정에 참여할 권리를 가진다. 이에 국가 및 지방자치단체는 청소년이 원활하게 관련 정보에 접근하고 그 의사를 밝힐 수 있도록 청소년 관련 정책에 대한 자문·심의 등의 절차에 청소년을 참여시키거나 그 의견을 수렴하여야 하며, 청소년 관련 정책의 심의·협의·조정 등을 위한 위원회·협의회 등에 청소년을 포함하여 구성·운영할 수 있으며, 청소년과 관련된 정책 수립 절차에 청소년의 참여 또는 의견 수렴을 보장하는 조치, 청소년 관련 정책의 수립과 시행과정에 청소년의 의견을 수렴하고 참여를 촉진하기 위하여 청소년으로 구성되는 청소년참여위원회를 운영하여야 한다(법 제5조의2).

한편 청소년은 자신의 능력개발과 건전한 가치관의 확립에 힘쓰고 가정·사회 및 국가의 구성원으로서의 책임을 다하도록 노력하여야 한다(법 제5조 제5항).

2) 청소년에 대한 가정 · 사회 · 국가 및 지방자치단체의 책임

(1) 가정의 책임

가정은 청소년육성에 관하여 1차적 책임이 있음을 인식하여야 하며, 따뜻한 사랑과 관심을 통하여 청소년이 개성과 자질을 바탕으로 자기발전을 실현하고 국가와 사회의 구성원으로서의 책임을 다하는 다음 세대로 성장할 수 있도록 노력하여야 한다(법 제6조 제1항). 이에 가정은 학교 및 청소년 관련기관 등에서 실시하는 교육 프로그램에 청소년과 함께 참여하는 등 청소년을 바르게 육성하기 위하여 적극적으로 노력하여야 하며, 정보통신망을 이용한 유해매체물의 접촉 등 청소년유해환경으로부터 청소년을 보호하기 위하여 필요한 노력을 하여야 한다(법 제6조 제2~3항).

한편 가정의 무관심 · 방치 · 억압 또는 폭력 등이 원인이 되어 청소년이 가출하거나 비행을 저지르는 경우 친권자 또는 친권자를 대신하여 청소년을 보호하는 자는 보호의무의 책임을 진다(법 제6조 제4항).

(2) 사회의 책임

모든 국민은 청소년이 일상생활 속에서 즐겁게 활동하고 더불어 사는 기쁨을 누리도록 도와주어야 하며, 청소년의 사고와 행동양식의 특성을 인식하고 사랑과 대화를 통하여 청소년을 이해하고 지도하여야 하며, 청소년의 비행을 방임하지 아니하는 등 그 선도에 최선을 다하여야 한다(법 제7조 제1~2항). 이에 모든 국민은 청소년이 건전한 사회환경 속에서 바르게 자랄 수 있도록 청소년을 대상으로 하거나 청소년이 쉽게 접할 수 있는 장소에서 청소년의 정신적 · 신체적 건강에 해를 끼치는 행위를 하여서는 아니 되며, 청소년에게 유해한 환경을 정화하고 유익한 환경이 조성되도록 노력하여야 한다(법 제7조 제3항).

그리고 모든 국민은 경제적 · 사회적 · 문화적 · 정신적으로 어려운 상태에 있는 청소년들에게 특별한 관심을 가지고 이들이 보다 나은 삶을 누릴 수 있도록 노력하여야 한다(법 제7조 제4항).

(3) 국가 및 지방자치단체의 책임

국가 및 지방자치단체는 청소년활동의 지원, 청소년복지의 증진 및 청소년보호의 수행에 필요한 법적·제도적 장치를 마련하여 시행하여야 하며, 근로청소년을 특별히 보호하고 근로가 청소년의 균형 있는 성장과 발전에 도움이 되도록 필요한 시책을 마련하여야 하며 가정 및 사회의 청소년에 대한 책임수행에 필요한 여건을 조성하여야 한다(법 제8조 제1~3항). 그리고 국가 및 지방자치단체는 이와 같은 업무를 수행하는 데 필요한 재원을 안정적으로 확보하기 위한 시책을 수립·실시하여야 한다(법 제8조 제4항).

국가 및 지방자치단체는 청소년 기본법 및 「아동의 권리에 관한 협약」에서 규정한 청소년의 권리와 관련된 내용을 널리 홍보하고 교육하여야 하며(법 제8조의2 제1항), 근로청소년의 권익보호를 위하여 근로기준법 등에서 정하는 근로청소년의 권리 등에 필요한 교육 및 상담을 청소년에게 실시하여야 하고, 청소년 관련기관과 청소년단체는 청소년을 대상으로 청소년의 권리에 관한 교육적 조치를 시행하여야 한다(법 제8조의2 제2~3항).

4. 청소년정책의 계획과 총괄 및 조정

1) 청소년육성에 관한 기본계획

여성가족부장관은 관계 중앙행정기관의 장과 협의한 후 청소년정책위원회의 심의를 거쳐 청소년육성에 관한 기본계획을 5년마다 수립하여야 하며, 기본계획에는 다음 각 호의 사항이 포함되어야 한다(법 제13조 제1~2항).

① 이전의 기본계획에 관한 분석·평가

② 청소년육성에 관한 기본 방향

③ 청소년육성에 관한 추진목표

④ 청소년육성에 관한 기능의 조정

⑤ 청소년육성의 분야별 주요 시책

⑥ 청소년육성에 필요한 재원의 조달 방법

⑦ 그 밖에 청소년육성을 위하여 특히 필요하다고 인정되는 사항

여성가족부장관은 기본계획을 수립한 때에는 지체 없이 국회 소관 상임위원회에 보고하여야 한다(법 제13조 제3항). 여성가족부장관 및 관계 중앙행정기관의 장, 지방자치단체의 장은 기본계획에 따라 연도별 시행계획을 수립·시행하여야 하며, 관계 중앙행정기관의 장과 지방자치단체의 장은 다음 연도 시행계획 및 전년도 시행계획에 따른 추진실적을 대통령령으로 정하는 바에 따라 매년 여성가족부장관에게 제출하여야 한다(법 제14조 제1~2항).

여성가족부장관은 전년도 시행계획에 따른 추진실적을 분석·평가하고, 그 결과를 관계 중앙행정기관의 장과 지방자치단체의 장에게 통보하며, 여성가족부장관 및 관계 중앙행정기관의 장과 지방자치단체의 장은 분석·평가 결과를 다음 연도 시행계획에 반영하여야 한다(법 제14조 제3~4항).

2) 청소년정책위원회

청소년정책은 여성가족부장관이 관계행정기관의 장과 협의하여 이를 총괄·조정하며(법 제9조), 청소년정책에 관한 주요 사항을 심의·조정하기 위하여 여성가족부에 청소년정책위원회를 둔다(법 제10조 제1항).

청소년정책위원회의 심의·조정에 관한 사항은 다음과 같다(법 제10조 제2항).

① 제13조 제1항에 따른 청소년육성에 관한 기본계획의 수립에 관한 사항

② 청소년정책의 분야별 주요 시책에 관한 사항

③ 청소년정책의 제도 개선에 관한 사항

④ 청소년정책의 분석·평가에 관한 사항

⑤ 둘 이상의 행정기관에 관련되는 청소년정책의 조정에 관한 사항

⑥ 그 밖에 청소년정책의 수립·시행에 필요한 사항으로서 대통령령으로 정하는 사항

청소년정책위원회는 위원장 1명을 포함하여 30명 이내의 위원으로 구성한다. 위원장은 여성가족부장관이 되고, 위원은 기획재정부차관, 교육부차관, 과학기술정보통신부차관, 통일부차관, 법무부차관, 행정안정부차관, 문화체육관광부차관, 산업통상자원부차관, 보건복지부차관, 고용노동부차관, 중소벤처기업부차관, 방송통신위원회부위원장, 경찰청장, 그 밖에 대통령령으로 정하는 관계 중앙행정기관의 차관 또는 차관급 공무원, 청소년정책에 관하여 학식과 경험이 풍부한 사람 중에서 여성가족부장관이 위촉하는 사람, 청소년정책과 관련된 활동실적 등이 풍부한 청소년 중에서 여성가족부장관이 위촉하는 청소년이며, 임기는 2년으로 한다(법 제10조 제3~5항).

청소년정책위원회에서 심의·조정할 사항을 미리 검토하거나 위임된 사항을 처리하는 등 위원회의 운영을 지원하기 위하여 청소년정책실무위원회를 둔다(법 제10조 제6항). 위원은 법 제10조 제4항 제1호부터 제14호까지의 규정에 따른 위원회 위원이 소속된 중앙행정기관의 고위공무원단에 속하는 일반직공무원 중에서 해당 중앙행정기관의 장이 지명하는 사람이 되며, 위원장은 여성가족부차관이 된다(시행령 제4조 제1항).

3) 지방청소년육성위원회

청소년육성에 관한 지방자치단체의 주요 시책을 심의하기 위하여 특별시장·광역시장·특별자치시장·도지사·특별자치도지사 및 시장·군수·구청장의 소속으로 지방청소년육성위원회를 두며, 지방청소년육성위원회의 구성·조직 및 운영 등에 필요한 사항은 조례로 정한다(법 제11조 제1~2항).

서울특별시 청소년육성위원회 조례 [서울특별시조례 제94875호]

제1조(목적) 이 조례는 「청소년 기본법」 제11조의 규정에 의해 서울특별시 청소년들의 건전한 육성 및 보호를 위하여 서울특별시 청소년육성위원회(이하 "위원회"라 한다)를 서울특별시에 설치하고, 이를 효율적으로 운영하는 데 필요한 사항을 규정함을 목적으로 한다. <개정 2005. 7. 21., 2015. 5. 14., 2016. 1. 7.>

제2조(기능) 위원회의 기능은 다음 각 호와 같다. <개정 2013. 10. 4., 2015. 1. 2., 2015. 5. 14.>

1. 청소년단체, 청소년보호관련 민간단체의 육성·지원에 관한 자문
2. 청소년 건전육성·보호시책의 평가 및 제도개선에 관한 자문
3. 청소년 건전육성·보호 등에 관한 연도별 시행계획에 관한 자문
4. 청소년유해환경으로부터 청소년을 보호하기 위한 대책에 관한 자문
5. 청소년 건전육성·보호시책에 관한 행정기관 간의 협조·조정에 관한 사항 협의·자문
6. 청소년유해환경(청소년 보호법 제2조의 청소년유해매체물, 청소년유해약물 등, 청소년유해업소를 말한다. 이하 같다)으로부터 청소년보호를 위한 감시활동 등
7. 학교 밖 청소년의 교육 및 자립지원 시책에 대한 심의·자문
8. 청소년통합지원체계 운영 및 특별지원에 관한 사항 심의
9. 청소년 건전육성·보호에 관하여 서울특별시장(이하 "시장"이라 한다)이 회의에 부치는 사항

제3조(구성)

① 위원회는 위원장 2인을 포함하여 20명 이내의 위원으로 구성한다. <개정 2013. 10. 4., 2020. 3. 26.>

② 위원장은 서울특별시 행정(1)부시장과 위촉위원 중 호선하는 자가 된다.

③ 위원 중 당연직위원은 서울중앙지방검찰청 여성아동범죄조사부 부부장검사·서울특별시경찰청 생활안전부장·서울특별시교육청 교육정책국장 및 서울특별시 평생교육국장·복지실장이 되고, 위촉직위원은 다음 각 호의 자중에서 시장이 위촉하는 자가 된다. <개정 2004. 3. 5., 2005. 6. 16., 2005. 7. 21., 2007. 12. 26., 2010. 9. 27., 2011. 12. 29., 2012. 3. 15., 2013. 10. 4., 2014. 12. 11., 2015. 5. 14., 2017. 5. 18., 2019. 5. 16., 2023. 10. 4., 2024. 5. 20.>

1. 서울특별시의회에서 추천하는 소관 상임위원회 위원
2. 청소년 관련 업무를 수행하는 비영리법인·민간단체·청소년단체·교사단체 등에서 추천하는 자
3. 학부모, 교육자, 청소년지도자, 직업훈련기관 책임자 등 청소년육성에 관한 학식과 경험이 풍부한 자
4. 청소년정책과 관련된 활동실적 등이 풍부한 청소년 및 학교 밖 청소년(「서울특별시 학교 밖 청소년 지원 조례」 제2조 제2호에 따른 학교 밖 청소년을 말한다. 이하 같다.)
5. 그 밖에 청소년의 교육 및 복지분야에 전문성이 있다고 시장이 인정하는 자

④ 시장은 위촉직위원이 앞의 항 제4호의 위원을 각 1명 이상을 포함하도록 위촉하여야 한다. <신설 2020. 3. 26.>

제4조(위원의 임기)

① 위원의 임기는 2년으로 하되 연임할 수 있다. 다만, 서울특별시의회 의원인 위원의 임기는 위촉당시에 소속된 상임위원회의 재임기간으로 한다. <개정 2013. 10. 4.>

② 위원장 및 관계공무원인 위원의 임기는 그 직의 재임기간으로 한다.

③ 시장은 「서울특별시 각종 위원회의 설치·운영에 관한 조례」 제8조의2에 따라 임기 만료 전이라도 위원을 해촉할 수 있으며 위원의 결원으로 인하여 새로 위촉된 위원의 임기는 전임자의 임기가 남은 기간으로 한다. <신설 2001. 11. 10., 2015. 1. 2., 2023. 7. 24.>

제5조(위원장의 직무 등)

① 위원장은 위원회를 대표하고, 위원회 업무를 총괄한다. <개정 2022. 12. 30.>

② 위원장이 부득이한 사유로 인하여 직무를 수행할 수 없을 때에는 위원장이 미리 지명한 위원이 그 직무를 대행한다.

제6조(회의)

① 위원회의 회의는 정기회의 및 임시회의로 구분하고, 정기회의는 연 2회 개최하며 임시회의는 위원장이 필요하다고 인정하는 때 개최한다. <개정 2015. 1. 2.>

② 위원회의 회의를 소집하려는 때에는 회의의 일시, 장소 및 회의에 부치는 사항을 회의개최 15일 전까지 각 위원에게 서면으로 통지하여야 한다. 다만, 긴급하거나 부득이한 사유가 있는 경우에는 그러하지 아니하다. <신설 2001. 11. 10., 2015. 1. 2., 2023.7. 24., 2025. 1. 3.>

③ 회의는 재적위원 과반수의 출석으로 개의하고, 출석위원 과반수의 찬성으로 의결한다. <신설 2001. 11. 10., 2015. 5. 14.>

제6조의2(분과위원회)

① 위원회의 기능을 효율적으로 수행하기 위하여 다음 각 호의 분과위원회를 구성·운영할 수 있다. <개정 2019. 12. 31., 2020. 3. 26.>

1. 학교 밖 청소년의 교육 및 자립 지원에 관하여 자문하는 학교 밖 청소년지원분과위원회
2. 그 밖에 시장 또는 위원장이 청소년정책을 위해 필요하다고 인정하는 분과위원회

② 분과위원회는 분과위원장 1인을 포함한 10명 이내의 위원으로 구성하고, 학교 밖 청소년지원분과위원회에는 제3조 제3항 제4호에 따른 학교 밖 청소년위원을 포함하여야 한다. <개정 2020. 3. 26.>

③ 분과위원회 위원은 위원회 위원 중 시장이 위촉하며, 분과위원장은 위원 중 호선한다.

④ 분과위원회에서 심의·자문된 사항은 위원회의 심의·자문을 거친 것으로 본다.

[본조신설 2013. 10. 4.]

제7조(간사) 위원회의 사무를 처리하기 위하여 간사 1인을 두되, 간사는 서울특별시 청소년정책과장이 된다.<개정 2005. 6. 16., 2012. 3. 15., 2015. 5. 14., 2019. 5. 16.>

제8조 삭제<2013. 10. 4.>

제9조(청소년보호감시단)

① 위원회에 청소년유해업소 및 안전위해업소 등 유해환경의 지속적인 감시 및 계도 등을 위하여 청소년보호감시단을 설치·운영할 수 있다.

② 제1항의 청소년보호감시단의 구성·운영 등에 관하여 필요한 사항은 위원회의 의결을 거쳐 위원장이 정한다.

제10조(청소년 회의 개최) 위원장은 위원회의 심의사항과 관련하여 19세 미만의 청소년으로 구성된 회의를 연 2회 이상 개최한다.<개정 2015. 1. 2., 2020. 10. 5.>

제11조(회의록) 위원회는 회의사항에 관한 회의록을 작성, 보관하여야 한다.<개정 2015. 1. 2.>

제12조(의견청취 등) 위원장은 위원회의 심의사항과 관련하여 필요하다고 인정할 때에는 관계공무원, 청소년관계전문가 또는 이해관계인을 출석시켜 의견을 들을 수 있다.

제13조(수당 등) 위원회 회의 및 청소년회의에 참석한 위원·전문가·공무원·청소년과 제9조의 청소년보호감시단에 참여한 자에 대하여는 「서울특별시 위원회 수당 및 여비 지급 조례」에 따라 수당·여비 및 그 밖에 필요한 경비를 지급할 수 있다. 다만, 공무원이 그 소관업무와 직접 관련되어 위원회에 출석하는 경우에는 그러하지 아니한다.<개정 2013. 10. 4., 2019. 12. 31.>

제14조(운영규정) 이 조례에 규정된 사항 외에 위원회의 운영 등에 관하여 필요한 사항은 위원회의 의결을 거쳐 위원장이 정한다.

부칙 (서울특별시 조례 어려운 용어 정비 등을 위한 일괄개정조례) <제9487호, 2025.1.3>

이 조례는 공포한 날부터 시행한다.

4) 청소년특별회의

국가는 범정부적 차원의 청소년정책 과제의 설정·추진 및 점검을 위하여 청소년 분야의 전문가와 청소년이 참여하는 청소년특별회의를 해마다 개최하여야 하며(법 제12조 제1항), 회의 참석 대상을 정할 때에는 성별·연령별·지역별로 각각 전체 청소년을 대표할 수 있도록 노력하여야 한다(시행령 제12조 제2항).

청소년특별위원회의 참석대상은 다음 각 호와 같다(시행령 제12조 제1항).

① 제13조(운영방법 등)에 따른 지역회의에서 추천하는 청소년
② 청소년 관련 기관·단체에서 추천하는 청소년
③ 청소년 관련 단체·시설·학계의 관계자
④ 여성가족부장관이 공개모집을 통하여 선정한 청소년
⑤ 그 밖에 여성가족부장관이 필요하다고 인정하는 사람

청소년특별위원회의 구성 및 운영은 2004년 시범사업을 거친 후 2005년 청소년 기본법개정과 ㅣ그림 4-1ㅣ의 추진 절차에 따라 매년 정기적으로 개최되고 있으며, 매년 선정된 정책의제에 따라 청소년 의견수렴과 토론, 워크숍, 캠페인 등을 통해 정책과제를 발굴한 후 본회의에서 이를 최종적으로 정부에 보고·제안한다. 2023년에는 청소년위원 등 400여 명이 참여하여 5~10월 중 정기회의 및 본회의를 통한 논의 및 온라인 정책 제안 활동을 거쳐 선정된 3개 영역 34개의 정책과제를 결과보고회에서 보고하였다. 2005년부터 2023년까지 18년간 615건의 정책과제를 제안한 결과 약 89.4%인 583건의 정책과제가 정부의 청소년정책에 수용된 것으로 나타났다.

한편, 2020년부터는 청소년참여포털(www.youth.go.kr/ywith)을 통한 온라인 정책 제안 공모를 추진하여 관심 있는 청소년은 누구나 시공간의 제약 없이 정책 제안 활동에 손쉽게 참여할 수 있도록 하는 등 참여활동 관련 온라인

기반 강화를 통해 청소년들의 접근성을 용이하게 함으로써 소통을 강화해 나가고 있다.

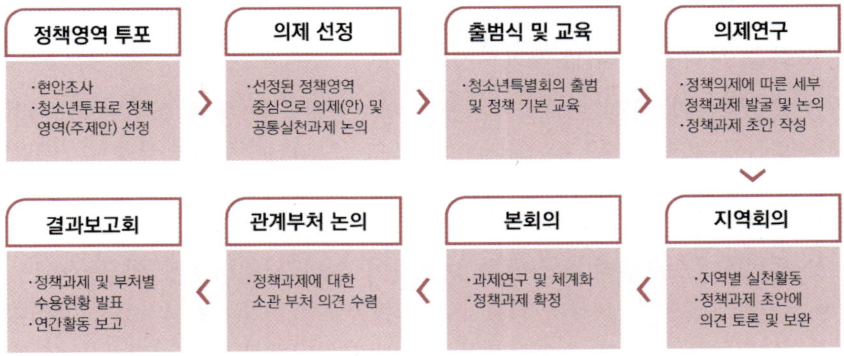

| 그림 4-1 | 청소년특별회의 추진 절차

출처 : 여성가족부(2024).

5. 청소년시설 및 단체

1) 청소년시설

청소년시설은 청소년활동·청소년복지 및 청소년보호에 제공되는 시설을 말한다(법 제3조). 국가 및 지방자치단체는 청소년시설을 설치·운영하여야 하며(법 제18조 제1항), 이때 청소년단체에 위탁하여 운영할 수 있다(법 제18조 제3항). 국가 및 지방자치단체 외의 자는 따로 법률에서 정하는 바에 따라 청소년시설을 설치·운영할 수 있다(법 제18조 제2항).

국가 및 지방자치단체는 청소년시설의 적합성·공공성·안전성에 대한 국민의 신뢰를 확보하고, 그 설치와 운영을 지원하기 위하여 필요한 지도·감독을 할 수 있다(법 제19조).

2) 청소년단체

청소년단체란 청소년육성을 주된 목적으로 설립된 법인이나 대통령령으로 정하는 단체[2]를 말하며(법 제3조), 다음 각 호의 역할을 수행하기 위하여 최선의 노력을 하여야 한다(법 제28조 제1항).

① 학교교육과 서로 보완할 수 있는 청소년활동을 통한 청소년의 기량과 품성 함양

② 청소년복지 증진을 통한 청소년의 삶의 질 향상

③ 유해환경으로부터 청소년을 보호하기 위한 청소년보호 업무 수행

청소년단체의 지원에 있어 국가 및 지방자치단체는 청소년단체의 조직과 활동에 필요한 행정적인 지원을 할 수 있고, 예산의 범위에서 그 운영·활동 등에 필요한 경비의 일부를 보조할 수 있으며(법 제29조), 국가나 지방자치단체가 청소년단체에 지원하거나 보조할 수 있는 활동의 범위는 다음 각 호와 같다(시행령 제27조).

① 청소년활동, 청소년복지 및 청소년보호에 관한 사업

② 국내외 주요 청소년 관련 국제행사

③ 청소년활동 진흥법 제2조 제6호에 따른 청소년수련거리의 개발 및 보급

④ 청소년지도자의 연수 및 국제교류

⑤ 그 밖에 중앙행정기관의 장이나 지방자치단체의 장이 청소년단체의 육성 또는 활성화를 위하여 필요하다고 인정하는 사업

한국청소년단체협의회는 청소년육성을 위한 다음 각 호의 활동을 한다(법 제40조).

① 회원단체의 사업과 활동에 대한 협조·지원

---

2) "대통령령이 정하는 단체"란 법 제3조 제3호부터 제5호까지의 규정에 따른 청소년활동, 청소년복지 또는 청소년보호를 주요 사업으로 하는 단체로서 여성가족부장관이 인정하는 단체를 말한다(시행령 제2조).

② 청소년지도자의 연수와 권익증진
③ 청소년 관련 분야의 국제기구활동
④ 외국 청소년단체와의 교류 및 지원
⑤ 남・북 청소년 및 해외교포 청소년과의 교류・지원
⑥ 청소년활동에 관한 조사・연구・지원
⑦ 청소년 관련 도서출판 및 정보지원
⑧ 청소년육성을 위한 홍보 및 실천 운동
⑨ 제41조에 따른 지방청소년단체협의회에 대한 협조 및 지원
⑩ 그 밖에 청소년육성을 위하여 필요한 사업

6. 청소년지도자

청소년지도자는 청소년 기본법에 의한 청소년지도사 및 청소년상담사와 청소년시설・청소년단체・청소년 관련기관 등에서 청소년 육성 및 지도 업무에 종사하는 자를 총칭한다. 국가 전문자격인 청소년지도사 자격증 소지자는 2023년까지 총 6만 9,744명이 배출되었으며, 청소년상담사 자격증 소지자도 3만 7,269명을 넘어서고 있다.

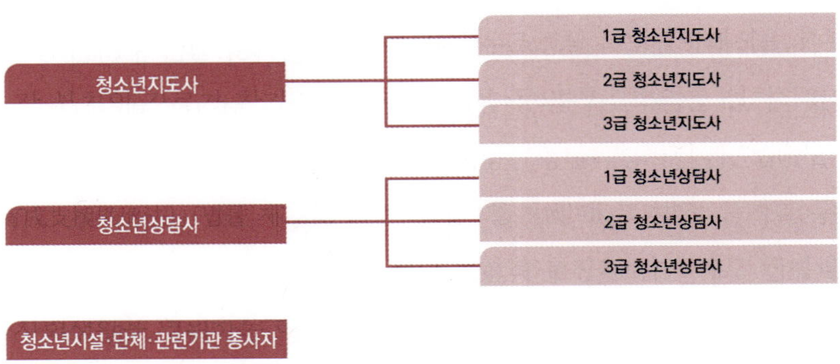

| 그림 4-2 | 청소년지도자의 분류

1) 청소년지도사

급격한 사회변화에 따라 심화되고 있는 청소년문제를 적극적으로 해결하고 체계적인 청소년활동을 제공하기 위해서는 청소년활동에 대한 전문지식과 지도 기법 및 자질을 갖춘 청소년지도자의 양성이 필요하다. 이에 1993년부터 국가공인 청소년지도사를 양성해 오고 있다. 자격등급은 1급・2급・3급으로 구분되며, 청소년 관련 분야의 경력・기타 자격을 갖춘 자로서 자격검정에 합격하고 소정의 연수를 마친 자에게 국가자격을 부여한다.

여성가족부장관은 청소년지도사 자격검정에 합격하고 청소년지도사 연수기관에서 실시하는 연수과정을 마친 사람에게 청소년지도사의 자격을 부여하며, 발급받은 자격증을 다른 사람에게 빌려주거나 빌려서는 아니 되며, 이를 알선하여서도 아니 된다(법 제21조 제1~2항).

다음 각 호의 어느 하나에 해당하는 사람은 청소년지도사가 될 수 없으며, 자격검정의 최종 합격 발표일을 기준으로 어느 하나에 해당하는 사람은 청소년지도사 자격검정에 응시할 수 없다(법 제21조 제4~5항).

① 미성년자, 피성년후견인 또는 피한정후견인

② <삭제>

③ 금고 이상의 형을 선고받고 그 집행이 끝나거나 집행을 받지 아니하기로 확정된 후 3년이 지나지 아니한 사람

④ 금고 이상의 형을 선고받고 그 집행유예의 기간이 끝나지 아니한 사람

④의2. ③ 및 ④에도 불구하고 다음 각 목의 어느 하나에 해당하는 죄를 저지른 사람으로서 형 또는 치료감호를 선고받고 확정된 후 그 형 또는 치료감호의 전부 또는 일부의 집행이 끝나거나(집행이 끝난 것으로 보는 경우를 포함한다) 집행이 유예・면제된 날부터 10년이 지나지 아니한 사람

가. 아동복지법 제71조 제1항(아동복지법 제17조의 금지행위)의 죄

나. 성폭력범죄의 처벌 등에 관한 특례법 제2조의 성폭력범죄

다. 아동·청소년의 성보호에 관한 법률 제2조 제2호의 아동·청소년대상 성범죄

⑤ 법원의 판결 또는 법률에 따라 자격이 상실되거나 정지된 사람

청소년지도사의 등급, 자격검정, 연수 및 자격증 발급 절차 등에 필요한 사항은 대통령령으로 정한다(법 제21조 제7항). 청소년지도사 자격검정의 등급별 응시자격 기준[3]은 <표 4-1>과 같으며(시행령 제20조 제3항 관련), 청소년지도사 자격검정의 과목 및 방법은 <표 4-2>와 같다(시행령 제20조 제3항 관련).

<표 4-1> 청소년지도사 자격검정의 등급별 응시자격 기준

등 급	응시자격 기준
1급 청소년지도사	2급 청소년지도사 자격 취득 후 청소년활동 등 청소년육성업무에 종사한 경력이 3년 이상인 사람
2급 청소년지도사	1. 대학 졸업(예정)자 또는 이와 같은 수준 이상의 학력이 있는 사람으로서 2급 청소년지도사 자격검정에 필요한 과목 모두를 전공과목으로 이수한 사람 2. 2005년 12월 31일 이전에 대학을 졸업하였거나 이와 같은 수준 이상의 학력을 취득한 사람으로서 별표 1의2에 따른 과목을 이수한 사람 3. 대학원의 학위과정 수료(예정)자로서 2급 청소년지도사 자격검정에 필요한 과목 모두를 전공과목으로 이수한 사람 4. 2005년 12월 31일 이전에 대학원의 학위과정을 수료한 사람으로서 별표 1의2에 따른 과목 중 필수영역 과목을 이수한 사람 5. 대학 졸업 또는 이와 같은 수준 이상의 학력이 있다고 다른 법령에서 인정받은 후 청소년활동 등 청소년육성업무에 종사한 경력이 2년 이상인 사람 6. 전문대학 졸업 또는 이와 같은 수준 이상의 학력이 있다고 다른 법령에서 인정받은 후 청소년활동 등 청소년육성업무에 종사한 경력이 3년 이상인 사람 7. 3급 청소년지도사 자격 취득 후 청소년활동 등 청소년육성업무에 종사한 경력이 2년 이상인 사람 8. 고등학교 졸업 또는 이와 같은 수준 이상의 학력을 인정받은 후 청소년활동 등 청소년육성업무에 종사한 경력이 8년 이상인 사람

3) 2023년 12월 26일 그동안 청소년지도사로서의 활동률이 낮은 3급 청소년지도사를 폐지하고, 2급 청소년지도사 자격 취득자의 실무능력을 제고하기 위하여 자격검정의 방법에서 필기시험 및 면접시험을 폐지하며, 그 대신 검정과목에 '청소년기관 현장실습' 추가를 주요 내용으로 하는 청소년 기본법 시행령을 개정하였으며, 시행일은 2027년 1월 1일이다.

3급 청소년지도사	1. 전문대학 졸업(예정)자 또는 이와 같은 수준 이상의 학력이 있는 사람으로서 3급 청소년지도사 자격검정에 필요한 과목 모두를 전공과목으로 이수한 사람 2. 2005년 12월 31일 이전에 전문대학을 졸업하였거나 이와 같은 수준 이상의 학력을 취득한 사람으로서 별표 1의2에 따른 과목을 이수한 사람 3. 전문대학 졸업 또는 이와 같은 수준 이상의 학력이 있다고 다른 법령에서 인정받은 후 청소년활동 등 청소년육성업무에 종사한 경력이 2년 이상인 사람 4. 고등학교 졸업 또는 이와 같은 수준 이상의 학력이 있다고 다른 법령에서 인정받은 후 청소년활동 등 청소년육성업무에 종사한 경력이 3년 이상인 사람

비고

1. 청소년활동 등 청소년육성업무 종사경력의 인정 범위와 내용은 여성가족부장관이 별도로 정하여 고시한다.
2. 2급 청소년지도사 자격증을 소지하고 대학원에서 1급 자격검정에 필요한 과목을 전공과목으로 이수한 석사학위 소지자 또는 박사학위 소지자는 각각 2년 또는 3년의 경력을 가진 것으로 인정한다.
3. 제18조에 따른 청소년지도자 연수 등 청소년육성 관련 연수 또는 교육을 받은 경우 그 내용에 따라 점수로 환산하여 청소년지도사 자격 취득에 필요한 청소년활동 등 청소년육성업무 종사경력으로 인정할 수 있다. 이 경우 연수 및 교육을 받은 사람의 경력환산 점수는 여성가족부장관이 별도로 정하여 고시한다.
4. 고등학교, 대학, 전문대학 및 대학원이란 각각 초・중등교육법 제2조 제4호에 따른 고등학교, 고등교육법 제2조 제1호・제4호에 따른 대학・전문대학, 고등교육법 제29조에 따른 대학원을 말한다.

<표 4-2> 청소년지도사 자격검정의 과목 및 방법

구분	검정과목	검정방법	
1급	청소년연구방법론, 청소년 인권과 참여, 청소년정책론, 청소년기관 운영, 청소년지도자론	주관식・객관식 필기시험	
2급	청소년육성제도론, 청소년지도방법론, 청소년심리 및 상담, 청소년문화, 청소년활동, 청소년복지, 청소년 프로그램 개발과 평가, 청소년문제와 보호	객관식 필기시험	면접(3급 청소년지도사 자격증 소지자는 면접시험 면제)
3급	청소년육성제도론, 청소년활동, 청소년심리 및 상담, 청소년문화, 청소년지도방법론, 청소년문제와 보호, 청소년 프로그램 개발과 평가	객관식 필기시험	면접

비고 : 청소년지도사 자격검정 과목과 관련된 전공과목의 인정 범위는 여성가족부장관이 별도로 정하여 고시한다.

청소년지도사 자격검정에 관해서 여성가족부장관은 대통령령으로 정하는 바에 따라 청소년단체 또는 한국산업인력공단법에 따른 한국산업인력공단에 위탁할 수 있다(법 제21조 제6항).

청소년지도사의 자격검정에 합격한 사람에 대한 연수는 청소년지도사의 등급별 또는 대상 특성별로 나누어 실시한다(다만, 등급별 또는 대상 특성별 인원과 연수 내용 등을 고려하여 통합하여 실시하는 것이 효율적이라고 인정되는 경우에는 통합하여 실시할 수 있다). 연수는 30시간 이상으로 하며, 청소년지도사로서의 자질과 전문성을 함양할 수 있는 내용으로 실시한다. 청소년지도사 자격증의 발급은 여성가족부장관이 연수를 마친 사람에게 등급별로 발급한다(시행령 제21조).

청소년지도사 양성계획에 따라 1993년부터 2023년까지 1급 청소년지도사 2,714명, 2급 청소년지도사 5만 700명, 3급 청소년지도사 1만 6,330명 등 총 6만 9,744명의 국가공인 청소년지도사를 배출하였다. 2023년도의 경우 총 3,649명의 청소년지도사를 배출하였는데 이 중 여성이 2,601명으로 71.3%를 차지하고 있으며 1급은 241명, 2급은 2,834명, 3급은 574명이었다(여성가족부, 2023).

한편, 청소년시설 및 청소년단체 등에서 청소년육성 업무에 종사하는 청소년지도사는 역량 강화 및 자질 향상을 위하여 「청소년 기본법」 제24조의2에 근거하여 2013년부터 보수교육을 의무적으로 받고 있다. 2017년 1월, 「청소년 기본법 시행규칙」 제10조의2의 개정(2017. 1. 1. 시행)으로 교육시간이 20시간 이상에서 15시간 이상으로 완화되었으며 청소년정책 및 권리교육, 성평등교육, 청소년활동과 안전, 청소년현장에 필요한 과목으로 운영하고 있다.

2) 청소년상담사

여성가족부장관은 청소년상담사 자격검정에 합격하고 청소년상담사 연수기관에서 실시하는 연수과정을 마친 사람에게 청소년상담사의 자격을 부여한다. 청소년상담사의 자격검정, 연수 및 결격사유 등에 관하여는 청소년지도사의 규정(제21조 제2항부터 제5항까지, 제21조의2 및 제21조의3)을 준용한다(법 제22조).

청소년상담사 양성계획에 따라 2023년까지 총 22회의 청소년상담사 자격검정이 있었으며, 청소년상담사 1급 1,444명, 2급 1만 4,372명, 3급 2만 1,446명으로 총 3만 7,262명의 청소년상담사를 양성하였다.

청소년상담사 자격검정의 등급별 응시자격 기준과 자격검정의 과목 및 방법은 <표 4-3>, <표 4-4>와 같다(시행령 제23조 제3항).

<표 4-3> 청소년상담사 자격검정의 등급별 응시자격 기준

등 급	응시자격 기준
1급 청소년상담사	1. 대학원에서 청소년(지도)학 · 교육학 · 심리학 · 사회사업(복지)학 · 정신의학 · 아동(복지)학 · 상담학 분야 또는 그 밖에 여성가족부령으로 정하는 상담 관련 분야(이하 "상담 관련 분야"라 한다)의 박사학위를 취득한 사람 2. 대학원에서 상담 관련 분야의 석사학위를 취득한 후 상담 실무경력이 4년 이상인 사람 3. 2급 청소년상담사로서 상담 실무경력이 3년 이상인 사람 4. 제1호 및 제2호에 규정된 사람과 같은 수준 이상의 자격이 있다고 여성가족부령으로 정하는 사람
2급 청소년상담사	1. 대학원에서 상담 관련 분야의 석사학위를 취득한 사람 2. 대학 또는 다른 법령에 따라 이와 동등한 학력을 인정받는 기관에서 상담 관련 분야 학사학위를 취득한 후 상담 실무경력이 3년 이상인 사람 3. 3급 청소년상담사로서 상담 실무경력이 2년 이상인 사람 4. 제1호부터 제3호까지에 규정된 사람과 같은 수준 이상의 자격이 있다고 여성가족부령으로 정하는 사람
3급 청소년상담사	1. 대학 및 평생교육법에 따른 학력이 인정되는 평생교육시설의 상담 관련 분야의 학사학위를 취득한 사람 2. 전문대학 또는 다른 법령에 따라 이와 동등한 학력을 인정받는 기관에서 상담 관련 분야 전문학사를 취득한 사람으로서 상담 실무경력이 2년 이상인 사람 3. 대학 또는 다른 법령에 따라 이와 동등한 학력을 인정받는 기관에서 학사학위를 취득한 후 상담 실무경력이 2년 이상인 사람 4. 전문대학 또는 다른 법령에 따라 이와 동등한 학력을 인정받는 기관에서 전문학사학위를 취득한 후 상담 실무경력이 4년 이상인 사람 5. 고등학교를 졸업하고 상담 실무경력이 5년 이상인 사람 6. 제1호부터 제4호까지에 규정된 사람과 같은 수준 이상의 자격이 있다고 여성가족부령으로 정하는 사람

비고

1. 상담 실무경력의 인정 범위와 내용은 여성가족부장관이 별도로 정하여 고시한다.
2. 고등학교, 대학, 전문대학 및 대학원은 별표 1의 비고 제4호와 같다.
3. 응시자격을 갖추었는지 여부는 자격검정 공고에서 정하는 서류제출 마감일을 기준으로 판단한다.

<표 4-4> 청소년상담사 자격검정의 과목 및 방법

등 급	검정과목		검정방법	
	구분	과 목		
1급 청소년상담사	필수	• 상담사 교육 및 사례지도 • 청소년 관련 법과 행정 • 상담연구방법론의 실제	필기시험	면접
	선택	비행상담 · 성상담 · 약물상담 · 위기상담 중 2과목		
2급 청소년상담사	필수	• 청소년 상담의 이론과 실제 • 상담연구방법론의 기초 • 심리측정 평가의 활용 • 이상심리	필기시험	면접
	선택	진로상담 · 집단상담 · 가족상담 · 학업상담 중 2과목		
3급 청소년상담사	필수	• 발달심리 • 집단상담의 기초 • 심리측정 및 평가 • 상담이론 • 학습이론	필기시험	면접
	선택	청소년이해론 · 청소년수련활동론 중 1과목		

비고 : "청소년 관련 법"이란 청소년 기본법, 청소년복지 지원법, 청소년 보호법, 아동 · 청소년의 성보호에 관한 법률, 청소년활동 진흥법, 학교폭력예방 및 대책에 관한 법률, 소년법을 말하며, 그 밖의 법령을 포함하는 경우 여성가족부장관이 고시한다.

3) 청소년지도사 · 청소년상담사의 배치

청소년시설과 청소년단체는 청소년지도사와 청소년상담사가 청소년육성 업무에 종사하도록 배치하여야 한다(법 제23조 제1항).

청소년지도사와 청소년상담사의 배치대상 및 배치기준은 <표 4-5>와 같다.

<표 4-5> 청소년지도사 · 청소년상담사의 배치대상 및 배치기준

1. 청소년지도사의 배치기준

가. 청소년수련시설

배치대상	배치기준
청소년수련관	1급 또는 2급 청소년지도사 각각 1명 이상을 포함하여 4명 이상의 청소년지도사를 두되, 수용인원이 500명을 초과하는 경우에는 500명을 초과하는 250명당 1급, 2급 또는 3급 청소년지도사 중 1명 이상을 추가로 둔다.
청소년수련원	1) 1급 또는 2급 청소년지도사 1명 이상을 포함하여 2명 이상의 청소년지도사를 두되, 수용정원이 500명을 초과하는 경우에는 1급 청소년지도사 1명 이상과 500명을 초과하는 250명당 1급, 2급 또는 3급 청소년지도사 중 1명 이상을 추가로 둔다. 2) 지방자치단체에서 폐교시설을 이용하여 설치한 시설로서 특정 계절에만 운영하는 시설의 경우에는 청소년지도사를 두지 않을 수 있다.
유스호스텔	청소년지도사를 1명 이상 두되, 숙박정원이 500명을 초과하는 경우에는 1급 또는 2급 청소년지도사 1명 이상을 추가로 둔다.
청소년야영장	1) 청소년지도사를 1명 이상 둔다. 다만, 설치 · 운영자가 동일한 시 · 도 안에 다른 수련시설을 운영하면서 청소년야영장을 운영하는 경우로서 다른 수련시설에 청소년지도사를 둔 경우에는 그 청소년야영장에 청소년지도사를 별도로 두지 않을 수 있다. 2) 국가, 지방자치단체, 그 밖에 공공법인이 설치 · 운영하는 청소년야영장으로서 청소년수련거리의 실시 없이 이용 편의만 제공하는 경우에는 청소년지도사를 두지 않을 수 있다.
청소년문화의집	청소년지도사를 1명 이상 둔다.
청소년특화시설	1급 또는 2급 청소년지도사 1명 이상을 포함하여 2명 이상의 청소년지도사를 둔다.

나. 청소년단체

청소년단체	청소년회원 수가 2천 명 이하인 경우에는 1급 청소년지도사 또는 2급 청소년지도사 1명 이상을 두되, 청소년회원 수가 2천 명을 초과하는 경우에는 그 초과하는 2천 명마다 1급 청소년지도사 또는 2급 청소년지도사 1명 이상을 추가로 두며, 청소년회원 수가 1만 명 이상인 경우에는 청소년지도사의 5분의 1 이상은 1급 청소년지도사로 두어야 한다.

2. 청소년상담사의 배치기준

배치대상 청소년시설	배치기준
가. 청소년복지 지원법 제29조에 따라 특별시·광역시·도 및 특별자치도에 설치된 청소년상담복지센터	청소년상담사 3명 이상을 둔다.
나. 청소년복지 지원법 제29조에 따라 시·군·구에 설치된 청소년상담복지센터	청소년상담사 1명 이상을 둔다.
다. 청소년복지 지원법 제31조 제1호부터 제3호까지의 규정에 따른 청소년복지시설	청소년상담사 1명 이상을 둔다.

4) 청소년육성 전담공무원 및 전담기구의 설치

청소년육성에 관한 업무를 효율적으로 운영하기 위하여 특별시·광역시·특별자치시·도·특별자치도, 시·군·구 및 읍·면·동에 청소년육성 전담공무원을 둘 수 있으며(법 제25조 제1항), 시·도 및 시·군·구 청소년육성에 관한 업무를 전담하는 기구를 따로 설치하여 청소년육성 전담공무원을 둘 수 있고, 청소년육성 전담기구의 사무 범위, 조직 등에 필요한 사항은 조례로 정한다(법 제26조 제1~2항). 이때 청소년육성 전담공무원은 청소년지도사 또는 청소년상담사의 자격을 가진 사람으로 하고 관할구역의 청소년과 청소년지도자 등에 대하여 그 실태를 파악하고 필요한 지도를 하여야 한다(법 제25조 제2~3항).

7. 청소년활동 및 청소년복지

1) 청소년 방과후 활동 종합지원계획

여성가족부장관과 시·도지사는 매년 청소년 방과후 활동 종합지원계획을 수립·시행하여야 하며, 다음 각 호의 사항이 포함되어야 한다(시행령 제33조의3 제1~2항).

① 방과후 활동의 수요 및 현황 조사
② 방과후 교육 및 활동 프로그램의 개발 및 보급
③ 방과후 활동에 필요한 시설의 확보, 전문인력의 선발 및 배치
④ 방과후 활동 종합지원사업(제33조의4)에 따른 방과후 활동 종합지원사업의 운영 및 평가
⑤ 그 밖에 관할구역의 학교와 청소년의 방과후 활동을 지원하는 기관 및 단체 등과의 연계 등에 관한 사항

여성가족부장관과 시・도지사는 청소년의 방과후 활동을 종합적으로 지원하기 위하여 청소년 방과후 활동 지원센터를 설치・운영할 수 있으며, 지원센터를 방과후 사업운영에 관한 전문성이 있는 법인 또는 단체에 위탁하여 운영할 수 있다. 지원센터는 다음 각 호의 사업을 수행한다(시행령 제33조의5).

① 방과후 종합지원계획의 수립・시행
② 방과후 사업의 운영 관리, 컨설팅 및 평가
③ 청소년의 방과후 활동 지원을 위한 국내외 자료조사
④ 방과후 사업의 업무 종사자를 위한 교육・연수(여성가족부장관이 설치하는 지원센터만 해당)
⑤ 방과후 사업의 운영모형 개발(여성가족부장관이 설치하는 지원센터만 해당)
⑥ 그 밖에 청소년의 방과후 활동을 종합적으로 지원하기 위하여 필요한 사업

2) 방과후 활동 종합지원사업

여성가족부장관과 시・도지사 및 시장・군수・구청장은 청소년의 방과후 활동을 지원하는 청소년 방과후 활동 종합지원사업을 실시할 수 있으며, 이 경우 방과후 사업은 장애청소년과 다문화청소년 등 특별한 교육 및 활동이 필요한 청소년을 대상으로 할 수 있다.

방과후 사업은 다음 각 호의 활동을 포함한다(시행령 제33조의4).

① 청소년의 역량 개발 지원

② 청소년의 기본학습 및 보충학습 지원

③ 청소년의 안전하고 건강한 방과후 활동을 위한 급식, 시설 지원 및 상담

④ 청소년의 안전하고 건강한 방과후 활동을 위한 학부모 교육, 청소년의 방과후 활동을 지원하는 기관 및 단체 등의 개발 및 연계

⑤ 그 밖에 청소년의 방과후 활동을 지원하기 위해 필요한 활동

3) 청소년복지의 향상

국가는 청소년들의 의식・태도・생활 등에 관한 사항을 정기적으로 조사하고, 이를 개선하기 위하여 청소년의 복지향상 정책을 수립・시행하여야 하고 국가 및 지방자치단체는 기초생활 보장, 직업재활훈련, 청소년활동 지원 등의 시책을 추진할 때에는 정신적・신체적・경제적・사회적으로 특별한 지원이 필요한 청소년을 우선적으로 배려하여야 하며, 청소년의 삶의 질을 향상하기 위하여 구체적인 시책을 마련하여야 한다(법 제49조 제1~3항).

4) 청소년 유익환경의 조성 및 유해환경의 규제

국가 및 지방자치단체는 청소년이 정보화 능력을 키울 수 있는 환경을 조성하기 위하여 노력하여야 하고 이를 위해 국가 및 지방자치단체는 청소년에게 유익한 매체물의 제작・보급 등을 장려하여야 하며, 매체물의 제작・보급 등을 하는 자에게 그 제작・보급 등에 관한 경비 등을 지원할 수 있다(법 제51조 제1~2항).

국가 및 지방자치단체는 주택단지의 청소년시설 배치 등 청소년을 위한 사회환경과 자연환경을 조성하기 위하여 노력하여야 한다(법 제51조 제3항). 더불어 국가 및 지방자치단체는 청소년에게 유해한 매체물과 약물 등이 유통되지 아니하도록 하여야 하며, 청소년이 유해한 업소에 출입하거나 고용되지 아니

하도록 하여야 하고, 폭력·학대·성매매 등 유해한 행위로부터 청소년을 보호·구제하여야 한다(법 제52조 제1~3항).

5) 근로청소년의 보호를 위한 신고의무

누구든지 청소년의 근로와 관련하여 근로기준법, 최저임금법 등 노동관계 법령의 위반 사실을 알게 된 경우에는 그 사실을 고용노동부장관이나 근로기준법 제101조에 따른 근로감독관에게 신고할 수 있다(제52조의2 제1항). 국가나 지방자치단체는 근로청소년의 부당처우에 대한 해결을 돕는 등 청소년의 근로권익 보호를 위한 사업을 실시하거나 지원할 수 있다(법 제52조의3).

다음의 어느 하나에 해당하는 사람은 그 직무를 수행하면서 청소년의 근로와 관련하여 근로기준법, 최저임금법 등 노동관계 법령의 위반 사실을 알게 된 경우에는 그 사실을 고용노동부장관이나 근로기준법 제101조에 따른 근로감독관에게 신고하여야 한다(법 제52조의2 제2항).

① 청소년복지 지원법 제12조 제2항에 따른 상담전화, 같은 법 제22조에 따른 한국청소년상담복지개발원, 같은 법 제29조에 따른 청소년상담복지센터, 같은 법 제30조에 따른 이주배경청소년지원센터 및 같은 법 제31조에 따른 청소년복지시설의 장과 그 종사자

② 학교 밖 청소년 지원에 관한 법률 제12조에 따른 학교 밖 청소년 지원센터의 장과 그 종사자

③ 아동복지법 제50조에 따른 아동복지시설의 장과 그 종사자

8. 청소년육성기금

청소년육성에 필요한 재원을 확보하기 위하여 청소년육성기금(이하 "기금")을 설치하며, 여성가족부장관이 관리·운용한다(법 제53조 제1~2항).

기금의 조성과 사용에 관한 내용은 <표 4-6>과 같다.

<표 4-6> 청소년육성기금의 조성과 사용

구 분	내 용
기금의 조성 (법 제54조 제1항)	① 정부의 출연금 ② 국민체육진흥법 제22조 제4항 제1호 및 경륜·경정법 제18조 제1항 제1호에 따른 출연금 ③ 개인·법인 또는 단체가 출연하는 금전·물품이나 그 밖의 재산 ④ 기금의 운용으로 생기는 수익금 ⑤ 그 밖에 대통령령으로 정하는 수입금 - 다른 기금으로부터의 전입금 - 여성가족부장관이 인정하는 수입금
기금의 사용 (법 제55조)	① 청소년활동의 지원 ② 청소년시설의 설치와 운영을 위한 지원 ③ 청소년지도자의 양성을 위한 지원 ④ 청소년단체의 운영과 활동을 위한 지원 ⑤ 청소년복지 증진을 위한 지원 ⑥ 청소년보호를 위한 지원 ⑦ 청소년정책의 수행 과정에 관한 과학적 연구의 지원 ⑧ 기금 조성 사업을 위한 지원 ⑨ 그 밖에 청소년육성을 위하여 대통령령으로 정하는 사업 - 청소년육성에 관한 홍보 - 청소년의 포상 및 격려 - 기금의 운용 및 관리 - 그 밖에 여성가족부장관이 청소년육성 등을 위하여 필요하다고 인정하는 사업

시·도지사는 관할구역의 청소년활동 지원 등 청소년육성을 위한 사업 지원에 필요한 재원을 확보하기 위하여 지방청소년육성기금을 설치할 수 있으며, 기금의 조성·용도 등에 필요한 사항은 조례로 정한다(법 제56조).

학습문제

1. 청소년 기본법상 ( )에 들어갈 내용으로 옳은 것은? 제32회 기출문제

> 국가는 범정부적 차원의 청소년정책과제의 설정 추진 및 점검을 위하여 청소년 분야의 전문가와 청소년이 참여하는 ( )를 해마다 개최하여야 한다.

① 청소년정책위원회
② 청소년특별회의
③ 청소년참여위원회
④ 청소년운영위원회
⑤ 청소년육성위원회

2. 청소년 기본법상 ( )에 들어갈 내용으로 옳은 것은? 제32회 기출문제

> 청소년의 능동적이고 자주적인 주인의식을 드높이고 모든 국민이 청소년육성에 참여하는 분위기를 조성하기 위하여 매년 ( )월을 청소년의 달로 한다.

① 3 ② 4 ③ 5 ④ 9 ⑤ 10

3. 청소년 기본법상 청소년육성기금에 관한 설명으로 옳지 않은 것은? 제30회 기출문제

① 기금의 관리·운용에 필요한 사항은 여성가족부령으로 정한다.
② 기금 조성 사업을 위한 지원 사업에 사용한다.
③ 청소년시설의 설치와 운영을 위한 지원 사업에 사용한다.
④ 청소년지도자의 양성을 위한 지원 사업에 사용한다.
⑤ 기금의 운용으로 생기는 수익금을 재원으로 조성한다.

4. 청소년 기본법상 직무를 수행하면서 청소년의 근로와 관련하여 노동관계 법령의 위반 사실을 알게 된 경우에 그 사실을 고용노동부장관이나 근로기준법에 따른 근로감독관에게 신고하여야 하는 사람은? 제28회 기출문제

① 초·중등교육법에 따른 학교의 장
② 아동복지법에 따른 아동복지시설의 장
③ 장애인복지법에 따른 장애인복지시설의 장
④ 다문화가족지원법에 따른 다문화가족지원센터의 장
⑤ 학원의 설립·운영 및 과외교습에 관한 법률에 따른 학원의 장

5. 청소년 기본법령에 명시된 청소년지도사가 받아야 하는 보수교육의 주기와 시간으로 옳은 것은? 제31회 기출문제

① 매년 7시간 이상
② 2년마다 15시간 이상
③ 3년마다 20시간 이상
④ 4년마다 25시간 이상
⑤ 5년마다 30시간 이상

6. 청소년 기본법령상 1급 청소년지도사 자격검정 과목에 해당하는 것을 모두 고른 것은? 제31회 기출문제

ㄱ. 청소년연구방법론	ㄴ. 청소년문제와 보호	ㄷ. 청소년복지
ㄹ. 청소년기관 운영	ㅁ. 청소년활동	ㅂ. 청소년 인권과 참여

① ㄱ, ㄴ, ㄷ
② ㄱ, ㄴ, ㄹ
③ ㄱ, ㄹ, ㅂ
④ ㄴ, ㄹ, ㅂ
⑤ ㄴ, ㅁ, ㅂ

7. 청소년 기본법상 청소년정책은 (　　　　)이 관계 행정기관의 장과 협의하여 총괄·조정한다. 제28회 기출문제

8. 청소년지도자란 청소년지도사 및 청소년상담사와 청소년시설·청소년단체·청소년 관련기관 등에서 청소년육성 및 지도업무에 종사하는 자를 말한다. (O, X) 제28회 기출문제

정답	1. ②	2. ③	3. ①	4. ②	5. ②	6. ③	7. 여성가족부장관	8. ○

CHAPTER

05 청소년활동 진흥법

1. 청소년활동 진흥법의 의의

청소년활동 진흥법은 청소년 기본법에서 명시한(청소년 기본법 제3조 제3항, 제47조, 제48조의2 등) 청소년활동과 관련하여 제정된 법령으로 청소년활동을 적극적으로 진흥하기 위하여 필요한 사항을 규정한 것이다. 특히 주 5일 수업제 및 주 5일 근무제의 도입은 청소년의 삶 전반에 많은 변화를 불러왔다. 이에 청소년활동 진흥법은 미래사회의 주역이 될 청소년들의 다양한 문화활동, 교류활동 등의 청소년활동을 확대하고 이러한 활동을 통하여 청소년 자신의 기량과 품성 함양, 꿈과 희망을 마음껏 펼칠 수 있도록 하는 제도적 기반을 마련하였다는 데 그 의의가 있다.

청소년활동 진흥법의 제정을 통하여 청소년정책 참여의 보장과 수련활동을 진흥하기 위한 청소년수련활동 인증제가 도입되었으며, 청소년활동을 청소년수련활동·청소년교류활동·청소년문화활동 등으로 범주화함으로써 다양한 청소년활동에 대한 정책적 지원이 가능하게 되었다.

청소년활동은 목적지향적·자율적·조직적·체험적·모험적 활동이라고 할 수 있는데, 이는 청소년들이 잠재된 지도력을 개발하고, 새로운 지식과 기술, 태도를 획득하며, 잠재능력을 성장시키는 과정이라고 할 수 있다. 또한 청소년들의 문화적 감성함양, 과학 및 정보화능력 함양, 봉사와 협력정신 배양, 모험심과 개척정신 함양, 전문적 직업능력 준비, 국제 감각 고양, 환경의식 함양 등 다양한 유형으로 범주화할 수 있다(강영배 외, 2025).

청소년활동정책의 방향은 시대의 변화와 사회적 요구에 따라 발전해 왔으며, 주로 청소년의 건전하고 균형 있는 성장과 발달의 지원과 다양한 활동을 통한 청소년의 사회적·문화적 역량을 갖추는 데 중점을 두고 있다. 특히 코로나19 이후 급속도로 변화된 온라인 환경에서의 청소년활동이 강조되기 시작했는데, 이는 미래 세대를 위한 청소년 시설과 프로그램을 디지털 시대에 맞춰 개선되었다. 그중 AI 플랫폼을 기반한 청소년활동 사업과 프로그램이 개발되기 시작하였다.

2. 청소년활동 진흥법의 용어 정의

청소년활동 진흥법 제2조에서 정의하고 있는 용어는 다음과 같다.

① "청소년활동"이란 청소년 기본법 제3조 제3호에 따른 청소년활동을 말한다.

② "청소년활동시설"이란 청소년수련활동, 청소년교류활동, 청소년문화활동 등 청소년활동에 제공되는 시설로서 제10조에 따른 시설을 말한다.

③ "청소년수련활동"이란 청소년이 청소년활동에 자발적으로 참여하여 청소년 시기에 필요한 기량과 품성을 함양하는 교육적 활동으로서 청소년 기본법 제3조 제7호에 따른 청소년지도자(이하 "청소년지도자")와 함께 청소년수련거리에 참여하여 배움을 실천하는 체험활동을 말한다.

④ "청소년교류활동"이란 청소년이 지역 간, 남북 간, 국가 간의 다양한 교류를 통하여 공동체의식 등을 함양하는 체험활동을 말한다.

⑤ "청소년문화활동"이란 청소년이 예술활동, 스포츠활동, 동아리활동, 봉사활동 등을 통하여 문화적 감성과 더불어 살아가는 능력을 함양하는 체험활동을 말한다.

⑥ "청소년수련거리"란 청소년수련활동에 필요한 프로그램과 이와 관련되는 사업을 말한다.

⑦ "숙박형 청소년수련활동"이란 19세 미만의 청소년(19세가 되는 해의 1월 1일을 맞이한 사람은 제외)을 대상으로 청소년이 자신의 주거지에서 떠나 제10조 제1호의 청소년수련시설 또는 그 외의 다른 장소에서 숙박·야영하거나 제10조 제1호의 청소년수련시설 또는 그 외의 다른 장소로 이동하면서 숙박·야영하는 청소년수련활동을 말한다.

⑧ "비숙박형 청소년수련활동"이란 19세 미만의 청소년을 대상으로 제10조 제1호의 청소년수련시설 또는 그 외의 다른 장소에서 실시하는 청소년수련활동으로서 실시하는 날에 끝나거나 숙박 없이 2회 이상 정기적으로 실시하는 청소년수련활동을 말한다.

3. 청소년활동의 보장

청소년은 다양한 청소년활동에 주체적이고 자발적으로 참여하여 자신의 꿈과 희망을 실현할 충분한 기회와 지원을 받아야 하며, 국가 및 지방자치단체는 청소년활동을 활성화하는 데 필요한 청소년활동시설, 청소년활동 프로그램, 청소년지도자 등을 위한 시책을 수립·시행하여야 한다(법 제5조).

청소년활동 진흥법에서 규정하고 있는 청소년활동 보장 지원 기관은 다음과 같다.

1) 한국청소년활동진흥원

청소년 기본법 제3조 제2호에 따른 청소년육성을 위한 다음의 사업을 하기 위하여 한국청소년활동진흥원(이하 "활동진흥원")을 설치하며, 다음 각 호의 사업을 한다(법 제6조 제1~2항).

① 청소년활동, 청소년복지, 청소년보호에 관한 종합적 안내 및 서비스 제공
② 청소년육성에 필요한 정보 등의 종합적 관리 및 제공
③ 청소년수련활동 인증위원회 등 청소년수련활동 인증제도의 운영
④ 청소년 자원봉사활동의 활성화
⑤ 청소년활동 프로그램의 개발과 보급
⑥ 국가가 설치하는 수련시설의 유지·관리 및 운영업무의 수탁
⑦ 국가 및 지방자치단체가 개발한 주요 청소년수련거리의 시범운영
⑧ 청소년활동시설이 실시하는 국제교류 및 협력사업에 대한 지원
⑨ 청소년지도자의 연수
⑩ 제9조의2에 따른 숙박형 등 청소년수련활동 계획의 신고 지원에 대한 컨설팅 및 교육
⑪ 제18조의3에 따른 수련시설 종합 안전점검에 대한 지원
⑫ 수련시설의 안전에 관한 컨설팅 및 홍보
⑬ 제18조의2에 따른 안전교육의 지원
⑭ 그 밖에 여성가족부장관이 지정하거나 활동진흥원의 목적을 수행하기 위하여 필요한 사업

정부는 예산의 범위에서 활동진흥원의 사업 및 운영에 드는 경비의 전부 또는 일부를 출연(出捐)하거나 보조할 수 있으며, 개인·법인 또는 단체는 활동진흥원의 사업 또는 운영을 지원하기 위하여 금전이나 그 밖의 재산을 출연 또는 기부할 수 있다(법 제6조의6). 활동진흥원이 아닌 자는 한국청소년활동진흥원 또는 이와 유사한 명칭을 사용하지 못한다(법 제6조의8).

2) 지방청소년활동진흥센터의 설치

특별시·광역시·특별자치시·도·특별자치도 및 시·군·구는 해당 지역의 청소년활동을 진흥하기 위하여 지방청소년활동진흥센터를 설치·운영할

수 있으며, 다음 각 호의 사업을 수행한다(법 제7조 제1~2항).

① 지역 청소년활동의 요구에 관한 조사

② 지역 청소년 자원봉사활동의 활성화

③ 청소년수련활동 인증제도의 지원

④ 인증받은 청소년수련활동의 홍보와 지원

⑤ 청소년활동 프로그램의 개발과 보급

⑥ 청소년활동에 대한 교육과 홍보

⑦ 제9조의2에 따른 숙박형 등 청소년수련활동 계획의 신고에 대한 지원

⑧ 제9조의4에 따른 정보공개에 대한 지원

⑨ 그 밖에 청소년활동을 위하여 필요한 사업

청소년활동진흥센터는 1996년 청소년자원봉사센터로 출범하였으며, 당시 학교 교육정책에 자원봉사활동이 도입됨에 따라 지역사회에서 청소년 자원봉사의 지원과 활성화를 전담하는 조직으로서 단일하고 명확한 과업을 수행하였다. 청소년활동 진흥법 제정을 통해 청소년활동진흥센터의 설치에 관한 법적 근거가 마련되었으며, 2006년도에 청소년자원봉사센터가 청소년활동진흥센터로 개편되었다. 이에 따라 중앙과 각 지방에서 '청소년활동의 진흥'이라는 포괄적인 과업이 강조되었고, 국가(중앙) - 지방(시 · 도) - 지역(시 · 군 · 구)으로 이어지는 청소년정책의 전달체계를 구성하는 중요한 정책기구로서의 조직과 기능도 확대되었다.

<표 5-1> 지방청소년활동진흥센터 현황

센터 명칭	운영기관
서울특별시청소년활동진흥센터	(사)한국청소년연맹
부산광역시청소년활동진흥센터	(사)신라배움나눔공동체
대구광역시청소년활동진흥센터	대구시행복진흥사회서비스원
인천광역시청소년활동진흥센터	(사)가천미추홀청소년봉사단
광주광역시청소년활동진흥센터	광주흥사단

대전광역시청소년활동진흥센터	(사)청소년교화연합회
울산광역시청소년활동진흥센터	울산흥사단
세종특별자치시청소년활동진흥센터	(사)한국청소년진흥재단 세종지부
경기도청소년활동진흥센터	(재)대건청소년회
강원도청소년활동진흥센터	한국천주교살레시오수녀회
충청북도청소년활동진흥센터	충청북도
충청남도청소년활동진흥센터	충청남도여성가족청소년사회서비스원
전북특별자치도청소년활동진흥센터	전북특별자치도청소년단체협의회
전라남도청소년활동진흥센터	(재)전라남도청소년미래재단
경상북도청소년활동진흥센터	경상북도청소년육성재단
경상남도청소년활동진흥센터	(재)경상남도청소년지원재단
제주특별자치도청소년활동진흥센터	(재)성지문화재단

출처 : 여성가족부(2023).

3) 활동진흥원과 지방청소년활동진흥센터의 기능

(1) 청소년활동 정보의 제공 등

활동진흥원과 지방청소년활동진흥센터는 청소년의 요구를 수용하여 청소년의 발달단계와 여건에 맞는 프로그램과 정보를 상시 안내하고 제공하여야 하며, 이에 따른 사업을 시행하기 위하여 해당 지역 청소년의 활동 요구를 정기적으로 조사하고, 그 결과를 그 지역의 청소년활동시설과 청소년단체(청소년 기본법 제3조 제8호의 단체)에 제공하여야 한다(법 제8조).

(2) 학교와의 협력 등

활동진흥원과 지방청소년활동진흥센터는 청소년 기본법 제48조(학교교육 등과의 연계)에 따라 학교 및 평생교육시설과의 협력 체제를 구축하여야 하며, 해당 지역 각급 학교 및 평생교육시설에서 필요로 하는 청소년활동 관련 사항을 지원할 수 있다. 그뿐만 아니라 활동진흥원과 지방청소년활동진흥센터는 매년 1회 이상 상호 협의하여 청소년수련거리를 개발하고, 해당 지역의 수련시설에 이를 보급하여야 한다(법 제9조 제1~3항).

활동진흥원과 지방청소년활동진흥센터는 학생인 청소년을 위한 청소년수련거리를 개발할 때 필요하면 교육청 및 각급 학교에 관련 자료를 요청할 수 있다. 이 경우 관계 기관은 특별한 사유가 없으면 그 요청에 적극 협조하여야 한다(법 제9조 제4항).

4. 청소년활동시설

1) 청소년활동시설의 종류

청소년활동시설의 종류에는 청소년수련시설과 청소년이용시설이 있다(법 제10조).

청소년수련시설의 종류와 기능을 정리하면 <표 5-2>와 같다.

<표 5-2> 청소년수련시설의 종류와 기능

종 류	기 능
청소년수련관	다양한 청소년수련거리를 실시할 수 있는 각종 시설 및 설비를 갖춘 종합수련시설
청소년수련원	숙박기능을 갖춘 생활관과 다양한 청소년수련거리를 실시할 수 있는 각종 시설과 설비를 갖춘 종합수련시설
청소년문화의집	간단한 청소년수련활동을 실시할 수 있는 시설 및 설비를 갖춘 정보·문화·예술 중심의 수련시설
청소년특화시설	청소년의 직업체험, 문화예술, 과학정보, 환경 등 특정 목적의 청소년활동을 전문적으로 실시할 수 있는 시설과 설비를 갖춘 수련시설
청소년야영장	야영에 적합한 시설 및 설비를 갖추고, 청소년수련거리 또는 야영편의를 제공하는 수련시설
유스호스텔	청소년의 숙박 및 체류에 적합한 시설·설비와 부대·편익시설을 갖추고, 숙식편의 제공, 여행청소년의 활동지원(청소년수련활동 지원은 제11조에 따라 허가된 시설·설비의 범위에 한정)을 기능으로 하는 시설

다음으로 청소년이용시설은 수련시설이 아닌 시설로서 그 설치 목적의 범위에서 청소년활동의 실시와 청소년의 건전한 이용 등에 제공할 수 있는 시설(법 제10조)이며, 그 종류는 다음과 같다(시행령 제17조).

① 문화예술진흥법 제2조 제1항 제3호의 문화시설

② 과학관의 설립·운영 및 육성에 관한 법률 제2조 제1호의 과학관

③ 체육시설의 설치·이용에 관한 법률 제2조 제1호의 체육시설

④ 평생교육법 제2조 제2호의 평생교육기관

⑤ 산림문화·휴양에 관한 법률 제13조, 제14조 및 제19조에 따른 자연휴양림

⑥ 수목원·정원의 조성 및 진흥에 관한 법률 제2조 제1호의 수목원

⑦ 사회복지사업법 제2조 제5호의 사회복지관

⑧ 시민회관·어린이회관·공원·광장·둔치, 그 밖에 이와 유사한 공공용 시설로서 청소년활동 또는 청소년들이 이용하기에 적합한 시설

⑨ 그 밖에 다른 법령에 따라 청소년활동과 관련되어 설치된 시설

2) 수련시설의 설치 및 운영

국가 및 지방자치단체는 청소년 기본법 제18조 제1항에 따라 다음 각 호와 같은 수련시설을 설치·운영하여야 한다(법 제11조 제1항).

① 국가는 둘 이상의 시·도 또는 전국의 청소년이 이용할 수 있는 국립청소년수련시설을 설치·운영하여야 한다.

② 특별시장·광역시장·특별자치시장·도지사·특별자치도지사(이하 "시·도지사"라 한다) 및 시장·군수·구청장은 각각 제10조 제1호 가목에 따른 청소년수련관을 1개소 이상 설치·운영하여야 한다.

③ 시·도지사 및 시장·군수·구청장은 읍·면·동에 제10조 제1호 다목에 따른 청소년문화의 집을 1개소 이상 설치·운영하여야 한다.

④ 시·도지사 및 시장·군수·구청장은 제10조 제1호 라목부터 바목까지의 규정에 따른 청소년특화시설·청소년야영장 및 유스호스텔을 설치·운영할 수 있다.

국가는 제1항 제2호부터 제4호까지의 규정에 따른 수련시설의 설치·운영 경비의 전부 또는 일부를 예산의 범위에서 보조할 수 있으며, 개인·법인 또는 단체가 허가를 받아 설치·운영하는 자에게도 예산의 범위에서 설치 및 운영에 필요한 경비의 일부를 보조할 수 있다(법 제11조 제2~4항).

3) 수련시설의 운영대표자

수련시설 설치·운영자 또는 위탁운영 단체는 대통령령으로 정하는 자격을 갖춘 사람을 그 수련시설의 운영대표자로 선임하여야 하며, 수련시설을 설치·운영하는 개인·법인 또는 단체의 대표자 또는 위탁운영 단체의 대표자가 운영대표자의 자격을 갖춘 경우에는 운영대표자가 될 수 있다(법 제14조 제1~2항).

수련시설의 운영대표자 자격은 다음과 같다(시행령 제8조).

① 1급 청소년지도사 자격증 소지자
② 2급 청소년지도사 자격증 취득 후 청소년육성업무에 3년 이상 종사한 사람
③ 3급 청소년지도사 자격증 취득 후 청소년육성업무에 5년 이상 종사한 사람
④ 초·중등교육법 제21조에 따른 정교사 자격증 소지자 중 청소년육성업무에 5년 이상 종사한 사람
⑤ 청소년육성업무에 8년 이상 종사한 사람
⑥ 7급 이상의 일반직공무원 또는 이에 상당하는 별정직공무원(고위공무원단에 속하는 일반직공무원 또는 별정직공무원을 포함한다)으로서 청소년육성업무에 3년 이상 종사한 사람

⑦ 제6호 외의 공무원 중 청소년육성업무에 5년 이상 종사한 사람

다음 각 호의 어느 하나에 해당하는 사람은 수련시설의 대표자(법인의 경우에는 임원을 포함) 또는 운영대표자가 될 수 없다(법 제15조).

① 미성년자 · 피성년후견인 또는 피한정후견인
② 파산선고를 받고 복권되지 아니한 사람
③ 금고 이상의 형을 선고받고 그 집행이 끝나거나 집행을 받지 아니하기로 확정된 후 2년이 지나지 아니한 사람
④ 금고 이상의 형의 집행유예를 선고받고 그 유예기간 중에 있는 사람
⑤ 법원의 판결 또는 법률에 따라 자격이 상실되거나 정지된 사람
⑥ 허가 또는 등록이 취소된 수련시설(법 제22조 허가 또는 등록의 취소)의 대표자로서 허가 또는 등록이 취소된 날부터 2년이 지나지 아니한 사람

4) 수련시설의 안전점검

수련시설의 운영대표자는 시설에 대하여 정기 안전점검 및 수시 안전점검을 실시하여야 하며, 그 결과를 특별자치시장 · 특별자치도지사 · 시장 · 군수 · 구청장에게 제출하여야 한다(법 제18조 제1~2항). 수련시설의 안전점검 결과를 받은 특별자치시장 · 특별자치도지사 · 시장 · 군수 · 구청장은 필요한 경우 수련시설의 운영대표자에게 시설의 보완 또는 개수(改修) · 보수(補修)를 요구할 수 있다. 이 경우 수련시설의 운영대표자는 그 요구에 따라야 하며, 국가 또는 지방자치단체는 예산의 범위에서 제1항부터 제3항까지의 규정에 따른 안전점검이나 시설의 보완 및 개수 · 보수에 드는 비용의 전부 또는 일부를 보조할 수 있다(법 제18조 제3~4항).

수련시설의 안전기준(시행령 제10조)

1. 수련시설의 설치 · 운영자는 항상 안전사고 예방에 주의를 기울여야 하며, 특히 장애청소년 및 미취학아동 등 특별한 보호를 필요로 하는 이용자에 대하여는 안전사고 발생에 대비하여 대피가 편리한 숙소를 배정하고, 안전사고 예방을 위한 인솔자 교육을 강화하는 등 특별한 주의를 기울여야 한다.
2. 부상자 · 병자에 대하여 응급처치를 할 수 있는 구호설비 · 기구를 갖추어야 한다.
3. 비상연락장치를 유지하여야 한다.
4. 안전사고 · 응급환자 발생 등에 대비하여 긴급 후송대책 등의 방안을 마련하여야 한다.
5. 위험한 장소에는 방벽(防壁) · 울타리 · 위험표지물 등 안전시설을 설치하여야 하며, 이용자가 있을 때에는 안전요원 또는 긴급구조요원을 배치하여야 한다.
6. 자연체험시설 등을 설치한 경우에는 시설의 종류에 따라 안전모 · 안전띠 · 구명대 등 필요한 개인보호장구를 갖추고, 이를 이용자에게 착용하도록 하여야 한다.
7. 매월 1회 이상 시설물에 대한 안전점검(세부적인 점검사항은 여성가족부령으로 정하는 바에 따른다)을 실시하여야 하며, 점검결과를 시설물 안전점검기록대장에 기록 · 관리하여야 한다.
8. 시설물에 위험요인이 발견될 때에는 즉시 그 시설물의 이용을 중단시키고 보수 등의 조치를 취하여야 한다.
9. 수련시설의 종사자에 대하여 정기적으로 안전교육을 실시하여야 한다.
10. 시설의 이용방법, 유의사항, 비상시의 대피경로 등을 이용자들이 잘 볼 수 있는 장소에 게시하여야 한다.
11. 해당 시설이용 및 수련활동에 관한 안전교육 프로그램을 마련하여 이용자(인솔자를 포함한다)에 대하여 사전 안전교육을 실시하여야 한다.
12. 태풍 · 홍수 · 해일 등 재해발생의 우려가 있는 경우에는 이용자들을 신속히 대피시켜야 한다.
13. 해당 수련시설 안에 법 제33조 제2항 각 호의 영업을 위한 시설 또는 그 밖에 다른 법령에 따른 시설이 설치된 경우에 이 기준에서 특별히 정한 경우를 제외하고는 그 법령에서 정한 안전기준 등을 준수하여야 한다.
14. 청소년수련시설의 숙박 · 집회시설 및 숙박 · 집회시설과 이어진 건축물에는 샌드위치 판넬 등 연소 시 유독가스가 발생되는 건축자재는 사용할 수 없다.

5) 수련시설의 운영기준

수련시설의 운영대표자는 그 종사자에 대하여 연 1회 이상 수련시설의 운영・안전・위생 등에 관한 교육을 실시하여야 하며, 교육을 실시한 후 그 결과를 여성가족부장관 및 특별자치시장・특별자치도지사・시장・군수・구청장에게 제출하여야 한다(법 제19조 제1~2항).

수련시설의 청소년수련거리 운영, 생활지도, 시설의 관리 및 운영, 종사자 교육 등 운영기준은 수련시설 종류별로 여성가족부령으로 정한다(법 제19조 제3항).

<표 5-3> 수련시설의 운영기준(시행규칙 제9조)

구 분	내 용
청소년수련 활동 운영	가. 청소년수련거리별로 추구하려는 구체적인 목적이 명시되어야 한다. 나. 청소년수련거리는 청소년지도사에 의하여 실시되어야 한다. 다. 청소년수련거리의 실시에 있어서는 청소년 개인의 정신적・신체적 능력을 참작하여야 하며, 청소년수련거리에 강제로 참여하게 하여서는 안 된다. 라. 수련시설은 법 제35조에 따라 인증받은 청소년수련활동을 비롯한 다양한 활동을 실시할 수 있도록 운영하여야 한다.
생활지도	가. 특별한 경우를 제외하고는 23시 이전에 취침하도록 하여야 하며, 취침시간 후에는 취침을 방해하는 행위가 없도록 하여야 한다. 나. 청소년의 남녀혼숙을 금하여야 한다. 다. 미성년자에 대하여는 음주・흡연행위를 금하여야 하며, 성인이라 하더라도 흡연은 정해진 장소에서 하도록 하고, 음주 등으로 인하여 해당 수련시설을 이용하는 청소년의 지도에 지장을 초래하지 않도록 하여야 한다. 라. 음주자 등 시설의 운영에 지장을 초래할 우려가 있는 사람의 출입을 금지시켜야 한다. 마. 집단급식소 등은 청소년들의 자립정신의 배양을 위하여 자급식 운영을 원칙으로 한다. 바. 청소년에게 정신적・신체적 폭행이나 이와 유사한 행위를 하여서는 안 된다. 사. 청소년의 탈선을 방지하고 타인으로부터의 위해 등을 예방하기 위한 조치를 취하여야 한다.

시설의 관리 및 운영	가. 청소년수련시설 등록증을 이용자들이 잘 볼 수 있는 장소에 게시하여야 한다. 나. 숙박실별로 해당 숙박실의 숙박정원을 표시하여야 한다. 다. 시설을 항상 청결하게 유지·관리하고, 위생관리를 철저히 하여야 한다. 라. 해당 수련시설의 시설기준을 초과하여 운영하여서는 안 된다. 마. 수련시설의 운영과 관련하여 정당한 경비 외의 부당한 수수료 또는 금품을 제공받거나 수련시설이용자의 유치 등을 목적으로 금품 등을 제공하여서는 안 된다. 바. 해당 수련시설에 법 제33조 제2항 각 호의 시설이나 그 밖에 다른 법령에 따른 시설이 설치된 경우에는 이 기준에서 정한 것 외에 그 법령에서 정한 위생기준, 관리·운영기준 등을 준수하여야 한다. 사. 유스호스텔의 경우에는 이 기준에서 정한 것 외에 사단법인 한국유스호스텔연맹이 여성가족부장관의 승인을 받아 정한 유스호스텔의 시설운영과 관련한 사항을 준수하도록 노력하여야 한다.
종사자 교육	수련시설의 설치·운영자는 수련시설의 종사자에 대하여 연 1회 이상 수련시설의 운영·안전·위생 등에 관한 교육을 실시하여야 한다.
기록의 유지관리 등	다음의 장부·서류를 비치하고, 기록·유지하여야 한다. 가. 일일 청소년수련활동실시 현황부 나. 청소년수련활동참여자 명단(유스호스텔의 경우는 숙박실 이용자 명단을 포함한다) 다. 청소년지도사 및 직원명부 라. 시설물안전점검 기록대장 마. 현금출납부 및 그 밖의 경리관계 장부·서류 바. 등록관계 서류 사. 종사자 및 이용자에 대한 안전교육실시기록대장

5. 청소년수련활동의 지원

1) 청소년수련거리의 개발 및 보급

국가 및 지방자치단체는 청소년수련활동에 필요한 청소년수련거리를 그 이용 대상·나이·이용 장소 등을 종합적으로 고려하여 유형별로 균형 있게 개발·보급하여야 하며, 청소년의 발달원리와 선호도에 근거하여 청소년수련거리를 전문적으로 개발하여야 한다(법 제34조).

2) 청소년수련활동 인증제도

국가는 청소년수련활동이 청소년의 균형 있는 성장에 기여할 수 있도록 그 내용과 수준을 향상시키기 위하여 청소년수련활동 인증제도를 운영하여야 한다(법 제35조 제1항).

청소년수련활동 인증제도는 글로벌·다문화 시대의 흐름에 발맞추어 청소년의 활동 환경을 조성·지원하는 제도로 청소년의 다양한 요구에 부응하고, 사회문화적 역량을 개발·강화를 목적으로 2006년부터 운영하고 있다.

청소년수련활동 인증제도는 청소년활동 프로그램에 대한 사전인증으로 양질의 활동 기회 및 프로그램을 제공할 수 있게 하고, 수요자인 청소년의 욕구가 반영된 활동 프로그램을 제공함으로써 '유용성', '공공성', '안정성'을 강조한다. 또한 인증받은 활동에 참여한 청소년의 활동 실적을 기록·관리함으로써 청소년들의 자기개발과 진로 탐색에 필요한 자료로 활용될 수 있도록 지원하고 있다. 2023년 12월 말 기준 인증수련활동은 총 3,543건이다.

(1) 청소년수련활동 인증위원회의 구성과 운영

청소년수련활동 인증제도를 운영하기 위하여 청소년수련활동 인증위원회를 활동진흥원에 설치·운영하여야 하며, 인증위원회는 위원장과 부위원장 각 1명을 포함한 15명 이내의 위원으로 구성한다(법 제35조 제2~3항).

(2) 청소년수련활동의 인증 절차 및 관리

국가와 지방자치단체 또는 개인·법인·단체 등은 청소년수련활동에 필요한 프로그램을 개발하여 실시하려는 경우에는 인증위원회에 그 인증을 신청할 수 있다. 그럼에도 불구하고 위탁·재위탁을 포함하여 여성가족부령으로 정하는 바에 따라 참가 인원이 일정 규모 이상이거나 위험도가 높은 청소년수련활동을 주최하려는 자는 그 청소년수련활동에 대하여 미리 인증위원회의 인증을 받아야 한다(법 제36조 제1~2항).

다만, 다음 각 호의 어느 하나에 해당하는 단체가 회원을 대상으로 수련활동을 실시하는 경우에는 그러하지 아니하다.

① 스카우트활동 육성에 관한 법률에 따른 스카우트주관단체
② 스카우트활동 육성에 관한 법률에 따른 걸스카우트주관단체
③ 한국청소년연맹 육성에 관한 법률에 따라 운영되는 한국청소년연맹
④ 한국해양소년단연맹 육성에 관한 법률에 따라 운영되는 한국해양소년단연맹
⑤ 한국4에이치활동 지원법에 따라 운영되는 4에이치활동 주관단체
⑥ 대한적십자사 조직법에 따라 운영되는 청소년적십자
⑦ 그 밖에 여성가족부령으로 정하는 단체

먼저, 인증을 신청하려는 자는 청소년수련활동에 필요한 프로그램을 진행하는 활동의 장소・시기・목적・대상・내용・진행방법・평가・자원조달・청소년지도자 및 전문인력 등에 관한 사항을 작성하여 인증위원회에 제출하여야 하며(법 제36조 제4항), 참가자 모집 또는 활동실시 시작 45일 이전에 인증위원회에 인증을 요청하여야 한다(시행령 제21조).

인증위원회는 현장방문 등 필요한 방법으로 인증신청의 내용을 확인할 수 있다(법 제36조 제5항). 인증위원회는 제36조(청소년수련활동의 인증 절차)에 따라 인증을 하는 경우 인증의 유효기간을 설정할 수 있고, 인증수련활동의 실시에 대하여 인증사항의 이행 여부를 확인할 수 있으며, 확인 결과 인증수련활동의 내용과 실제로 실시되는 청소년수련활동의 내용에 차이가 있는 경우에는 이를 시정하도록 요구할 수 있다(법 제36조의2).

인증위원회는 청소년수련활동을 인증받은 자가 다음의 어느 하나에 해당하는 경우에는 그 인증을 취소하거나 6개월 이내의 기간을 정하여 그 인증의 정지를 명할 수 있다(다만, 제1호의 경우에는 그 인증을 취소하여야 한다)(법 제36조의3 제1항).

① 거짓이나 그 밖의 부정한 방법으로 인증을 받은 경우

② 인증을 받은 후 정당한 사유 없이 1년 이상 계속하여 인증수련활동을 실시하지 아니한 경우

③ 인증수련활동의 내용과 실제로 실시되는 청소년수련활동의 내용에 중요한 차이가 있는 경우로서 그 원인이 인증받은 자의 고의나 중대한 과실로 인한 경우

(3) 인증수련활동의 결과 통보

인증수련활동을 실시한 자는 인증수련활동이 끝난 후 대통령령으로 정하는 바에 따라 인증위원회에 그 결과를 통보하여야 하며, 이에 따른 통보를 받은 인증위원회는 그 결과를 활동진흥원과 지방청소년활동진흥센터에서 기록으로 유지·관리될 수 있도록 조치하여야 한다(법 제37조 제1~2항).

청소년이용시설을 설치·운영하여 인증수련활동을 실시하는 개인·법인·단체 등은 다음의 어느 하나에 해당하는 경우에는 5년 이내에 청소년수련활동의 인증을 인증위원회에 신청할 수 없다(법 제37조 제3항).

① 제1항에 따른 인증수련활동 실시 결과를 거짓으로 통보한 경우

② 제36조의3에 따라 인증이 취소된 경우

③ 인증을 받은 사항이 아닌 다른 청소년수련활동을 실시한 경우

(4) 유사명칭의 사용 금지

인증이 취소되거나 인증위원회의 인증을 받지 아니한 경우에는 인증수련활동이나 청소년수련활동의 인증 등 인증을 받았음을 나타내는 표시를 하거나 이와 유사한 표시를 하여서는 아니 된다(법 제38조).

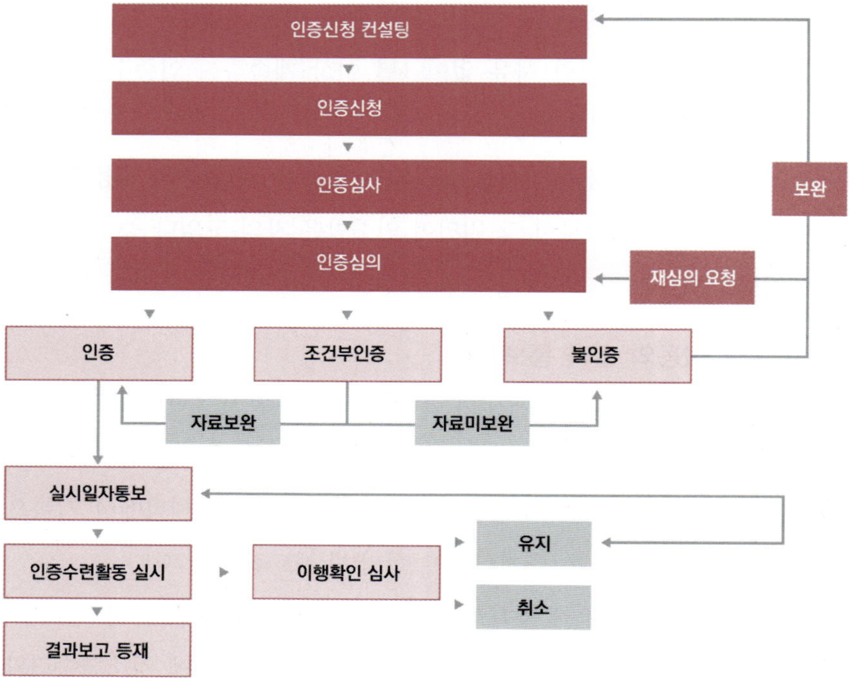

| 그림 5-1 | 청소년수련활동 인증제 운영절차

출처 : 한국청소년활동진흥원(https://www.youth.go.kr)

3) 한국청소년수련시설협회

수련시설 설치·운영자 및 위탁운영단체는 수련시설의 운영·발전을 위하여 여성가족부장관의 인가를 받아 다음 각 호의 사업을 하는 한국청소년수련시설협회(이하 "시설협회")를 설립할 수 있다(법 제40조).

① 시설협회의 회원인 수련시설 설치·운영자 및 위탁운영 단체가 실시하는 사업과 활동에 대한 협력 및 지원

② 청소년지도자의 연수·권익증진 및 교류사업

③ 청소년수련활동의 활성화 및 수련시설의 안전에 관한 홍보 및 실천운동

④ 청소년수련활동에 대한 조사·연구·지원사업

⑤ 지방청소년수련시설협회에 대한 지원

⑥ 그 밖에 수련시설의 운영·발전을 위하여 필요하다고 여성가족부장관이 인정하는 사업

시설협회는 법인으로 하며, 국가는 예산의 범위에서 시설협회의 운영경비의 전부 또는 일부를 지원할 수 있다(법 제40조 제2항·제4항). 특히 특정 지역을 활동 범위로 하는 수련시설은 시설의 효율적인 운영·발전을 위하여 그 지역을 관할하는 시·도의 조례로 정하는 바에 따라 시·도지사의 승인을 받아 지방청소년수련시설협회를 설치할 수 있으며, 지방자치단체는 예산의 범위에서 해당 지방청소년수련시설협회의 운영경비의 일부를 지원할 수 있다(법 제41조).

4) 청소년수련지구의 지정 및 조성

특별자치시장·특별자치도지사·시장·군수·구청장은 청소년활동을 지원하기 위하여 필요한 경우 명승고적지, 역사유적지 또는 자연경관이 수려한 지역으로서 청소년활동에 적합하고 이용이 편리한 지역을 청소년수련지구로 지정할 수 있으며, 수련지구를 지정하거나 그 지정 내용을 변경하려면 관계 행정기관의 장과 협의하여야 한다(다만, 대통령령으로 정하는 경미한 사항을 변경하는 경우에는 그러하지 아니하다)(법 제47조 제1~2항).

특별자치시장·특별자치도지사·시장·군수·구청장은 수련지구를 지정하였을 때에는 수련지구의 구역, 면적, 지정 연월일, 그 밖에 필요한 사항을 고시하여야 하며, 수련지구의 지정 절차, 수련지구에 설치하여야 하는 시설의 종류·범위 및 면적, 수련지구에 설치할 수 없는 시설 등에 관하여 필요한 사항은 대통령령으로 정한다(법 제47조 제3~4항).

<표 5-4> 수련지구에 설치하여야 하는 시설의 종류·범위 및 면적(시행령 제29조, 별표 4)

시설종류	내 용
수련시설	법 제10조 제1호 다목 및 바목에 따른 청소년수련원 및 유스호스텔 각각 1개소 이상
체육시설	실내체육시설 1개소 이상 및 실외체육시설 3개소 이상
문화시설	공연장, 박물관, 미술관, 과학관, 그 밖에 이와 유사한 시설 중 1개소 이상
자연탐구시설 또는 환경학습시설	자연학습원, 환경학습장, 동·식물원, 그 밖에 이와 유사한 시설 중 1개소 이상
모험활동시설	수상·해양·항공 또는 산악 훈련장, 극기훈련장, 모험활동장, 그 밖에 이와 유사한 모험활동 시설 중 1개소 이상
녹지	수련지구 지정면적의 10퍼센트 이상

수련지구에는 다음 각 호의 시설을 설치할 수 없다(시행령 제29조 제2항).

① 식품위생법 시행령 제21조 제8호 다목 및 라목에 따른 단란주점영업 및 유흥주점영업을 하기 위한 시설

② 공중위생관리법 제2조 제3호의 목욕장업 중 여성가족부령으로 정하는 영업을 하기 위한 시설

③ 사행행위 등 규제 및 처벌특례법 제2조 제1항 제2호의 사행행위영업을 하기 위한 시설

④ 체육시설의 설치·이용에 관한 법률 제10조 제1항 제2호에 따른 무도학원업 및 무도장업을 하기 위한 시설

⑤ 화학물질관리법 제27조에 따른 유해화학물질 영업을 하기 위한 시설

⑥ 산업집적활성화 및 공장설립에 관한 법률 제2조 제1호의 공장(다만, 수련지구의 관리 또는 청소년수련활동을 위하여 필요한 시설로서 여성가족부령으로 정하는 것은 제외한다).

⑦ 폐기물관리법 제2조 제8호의 폐기물처리시설(다만, 수련지구의 관리 또는 청소년수련활동을 위하여 필요한 시설로서 여성가족부령으로 정하는 것은 제외한다)

⑧ 그 밖에 수련지구조성 목적에 적합하지 아니한 시설로서 특별자치시·특별자치도·시·군·구(자치구를 말한다) 조례에서 정하는 것

6. 청소년교류활동의 지원

1) 청소년교류활동의 진흥과 지원

국가 및 지방자치단체는 청소년교류활동 진흥시책을 개발·시행하여야 하고 청소년활동시설과 청소년단체 등에 대하여 청소년교류활동을 장려하기 위한 다양한 형태의 청소년교류활동 프로그램을 개발하여 운영하게 할 수 있으며, 예산의 범위에서 청소년교류활동 프로그램의 개발·운영에 필요한 경비의 전부 또는 일부를 지원할 수 있다(법 제53조).

국가 및 지방자치단체는 정부·지방자치단체·국제기구 또는 민간 등이 주관하는 국제청소년교류활동을 지원하기 위한 시행계획을 수립하고 이를 추진하여야 한다. 특히 국가는 다른 국가와 청소년교류협정을 체결하여 국제청소년교류활동이 지속적으로 발전할 수 있는 기반을 조성하여야 하며, 국가 및 지방자치단체는 민간기구가 국제청소년교류활동을 시행할 때에는 이를 지원할 수 있다(법 제54조).

우리나라는 국가 간 청소년교류활성화를 위하여 상대국 청소년 담당 부처와의 약정 등을 통하여 청소년 기관 및 시설 방문, 양국 청소년 간의 토론, 가정방문, 역사·문화 유적지 답사, 산업시설 견학 등을 통해 청소년 관련 정보와 경험 등을 교환하고 각국의 문화를 체험할 수 있는 기회를 제공한다. 2020년에는 코로나19 확산에 따라 해외 파견 및 초청이 불가능하여 일본, 브루나이 현지 청소년과 비대면 교류를 시행하여 온라인을 통한 각국 문화 소개 및 공동 과제 수행, 토론회 등 프로그램을 진행하였으며, 2021년에는 온라인 교류 규모를 확대하여 9개국과 온라인 교류를 진행하였다. 특히 코로나19 상황 속에서도 청소년 분야 협력 기반을 마련하고자 캄보디아, 싱가포르(재체

결), 오스트리아, 아르메니아와 청소년 교류 약정을 체결하였다. 2023년부터는 전면 오프라인(대면) 교류로 전환하고 교류국도 확대하여 13개국과 파견·초청 사업을 진행 중에 있다.

2) 지방자치단체의 자매도시협정 및 교포청소년교류활동 지원

지방자치단체는 자매도시협정을 체결할 때에는 청소년교류활동에 관한 사항을 포함하도록 노력하여야 하고 청소년교류를 위하여 청소년단체 등 민간기구의 활동을 지원할 수 있다(법 제55조).

국가 및 지방자치단체는 교포청소년의 모국방문·문화체험 및 국내 청소년과의 청소년교류활동을 지원하고 장려하여야 하며, 국가는 청소년단체 또는 청소년 기본법 제3조 제6호(청소년시설)에 따른 청소년시설이 주관하는 교포청소년교류활동의 확대·발전을 위하여 행정적·재정적 지원을 할 수 있다(법 제56조).

3) 청소년교류센터의 설치·운영

국가는 청소년활동의 진흥, 국제 청소년교류활동의 지원, 지방자치단체의 자매도시협정, 교포청소년교류활동의 지원, 그리고 청소년교류활동의 사후지원 등의 업무(제53조~제57조)를 효율적으로 지원하기 위하여 청소년교류센터를 설치·운영할 수 있다. 청소년교류센터의 운영은 대통령령으로 정하는 바에 따라 청소년단체 등에 위탁할 수 있으며, 이 경우 운영에 필요한 경비를 지원할 수 있다(법 제58조).

4) 남·북청소년교류활동의 제도적 지원

국가는 남·북청소년교류에 관한 기본계획을 수립하고, 남·북청소년이 교류할 수 있는 제도적 여건을 조성하여야 하며, 남·북청소년교류를 위한 기반을 조성하기 위하여 필요한 체계적인 통일교육을 실시할 수 있다(법 제59조).

7. 청소년문화활동의 지원

1) 청소년문화활동의 진흥

국가 및 지방자치단체는 청소년문화활동 프로그램 개발, 문화시설 확충 등 청소년문화활동에 대한 청소년의 참여 기반을 조성하는 시책을 개발・시행하여야 한다.

국가 및 지방자치단체는 이에 따른 시책을 수립・시행할 때에는 문화예술 관련 단체, 청소년동아리단체, 봉사활동단체 등이 청소년문화활동 진흥에 적극적이고 자발적으로 참여할 수 있도록 하여야 한다(법 제60조).

2) 지원 내용

국가 및 지방자치단체는 다양한 영역에서 청소년문화활동이 활성화될 수 있도록 기반을 구축하여야 하며, 문화예술 관련 단체 등 각종 지역사회의 문화기관은 청소년문화활동의 기반 구축을 위하여 적극 협력하여야 한다(법 제61조). 또한 전통문화가 청소년문화활동에 구현될 수 있도록 필요한 시책을 수립・시행하여야 하며(법 제62조), 청소년축제를 장려하는 시책을 수립하여 시행하여야 한다(법 제63조).

국가 및 지방자치단체는 청소년이 자율적으로 참여하여 조직하고 운영하는 다양한 형태의 동아리활동을 적극 지원하여야 하며(법 제64조), 청소년의 자원봉사활동을 활성화할 수 있는 기반을 조성하여야 한다(법 제65조).

8. 숙박형 등 청소년수련활동

1) 계획의 신고

숙박형 청소년수련활동 및 비숙박형 청소년수련활동(이하 "숙박형 등 청소년수련활동")을 주최하려는 자는 여성가족부령으로 정하는 절차와 방법에 따라 특별자치시장 · 특별자치도지사 · 시장 · 군수 · 구청장에게 그 계획을 신고하여야 하며(다만, 다른 법률에서 지도 · 감독 등을 받는 비영리 법인 또는 비영리 단체가 운영하는 경우, 청소년이 부모 등 보호자와 함께 참여하는 경우, 종교단체가 운영하는 경우, 비숙박형 청소년수련활동 중 제36조 제2항에 따라 인증을 받아야 하는 활동이 아닌 경우는 제외한다), 숙박형 등 청소년수련활동을 주최하려는 자는 신고가 수리되기 전에는 모집활동을 하여서는 아니 된다(제9조의2 제1항, 제4항).

특별자치시장 · 특별자치도지사 · 시장 · 군수 · 구청장은 숙박형 등 청소년수련활동 계획의 신고를 수리한 때에는 그 계획을 여성가족부장관에게 통보하여야 하며, 여성가족부장관은 이에 따라 통보받은 숙박형 등 청소년수련활동 계획에 보완이 필요하다고 인정될 때에는 그 계획을 통보한 특별자치시장 · 특별자치도지사 · 시장 · 군수 · 구청장에게 보완사항을 통보하여야 한다. 보완사항을 통보받은 특별자치시장 · 특별자치도지사 · 시장 · 군수 · 구청장은 그 내용을 숙박형 등 청소년수련활동 주최자에게 통보하여야 한다(법 제9조의2 제7~9항).

특별자치시장 · 특별자치도지사 · 시장 · 군수 · 구청장은 아동복지법 제17조 위반에 따른 같은 법 제71조 제1항의 죄, 성폭력범죄의 처벌 등에 관한 특례법 제2조에 따른 성폭력범죄 또는 아동 · 청소년의 성보호에 관한 법률 제2조 제2호에 따른 아동 · 청소년 대상 성범죄를 범하여 형 또는 치료감호를 선고받고 그 형 또는 치료감호의 전부 또는 일부의 집행이 끝나거나 집행이 유예 · 면제된 날부터 10년이 지나지 아니한 사람, 청소년 기본법 제21조 제3항에 따라 청소년지도사가 될 수 없는 사람이 숙박형 등 청소년수련활동을 운영 또는 보조하려는 경우에는 신고를 수리하여서는 아니 된다(법 제9조의2 제5항).

2) 건강상태 확인 및 의료조치 의무

숙박형 등 청소년수련활동의 신고를 한 자(이하 "신고자")는 여성가족부령으로 정하는 방법에 따라 해당 청소년활동에 참가하려는 청소년의 건강상태를 확인하여야 한다. 이 경우 해당 청소년활동에 참가하려는 청소년 및 보호자(친권자, 법정대리인 또는 사실상 청소년을 양육하는 사람을 말함)가 해당 청소년의 건강상태를 서면으로 보증한 때에는 신고자가 건강상태를 확인한 것으로 본다(법 제9조의3 제1항). 그리고 신고자는 해당 청소년활동에 참가하는 청소년에게 질병·사고 또는 재해 등으로 인하여 의료조치가 필요하거나 참가자가 요청할 경우에는 응급의료기관, 의료기관 및 약국 등의 시설에서 신속하고 적정한 치료를 받도록 하여야 한다(법 제9조의3 제2항).

3) 숙박형 등 청소년수련활동의 제한

이 법 또는 다른 법률에 따라 신고·등록·인가·허가를 받지 아니한 단체 및 개인은 숙박형 청소년수련활동, 비숙박형 청소년수련활동 중 제36조 제2항에 따라 참가 인원이 일정 규모 이상이거나 위험도가 높은 청소년수련활동을 하여서는 아니 된다. 다만, 청소년이 부모 등 보호자와 함께 참여하는 경우 또는 종교단체가 운영하는 경우에는 그러하지 아니하다(법 제9조의6).

4) 관계 기관과의 협력

특별자치시장·특별자치도지사·시장·군수·구청장은 제9조의2에 따라 숙박형 등 청소년수련활동 계획의 신고를 수리한 후 필요할 경우에는 그 사실을 관계 기관에 알려 필요한 조치를 요청하여야 하며, 이에 따라 요청을 받은 관계 기관은 특별한 사정이 없으면 다음의 조치를 위한 준비를 하여야 한다(법 제9조의7).

① 내수면, 해수면 등에서 이루어지는 청소년수련활동인 경우 수상레저안전법 제45조에 따른 안전점검

② 제36조 제2항 본문에 따른 청소년수련활동인 경우 119구조·구급에 관한 법률 제3조에 따른 구조·구급활동

③ 제9조의2에 따라 신고 수리된 숙박형 등 청소년수련활동인 경우 경찰관 직무집행법 제4조 및 제5조에 따른 보호조치 등과 위험발생의 방지
④ 그 밖에 다른 법률에서 정하는 안전에 관련한 조치

학습문제

1. 청소년활동 진흥법상 간단한 청소년수련활동을 실시할 수 있는 시설 및 설비를 갖춘 정보·문화·예술 중심의 수련시설은? 제28회 기출문제

① 청소년수련관
② 청소년문화의집
③ 청소년수련원
④ 청소년특화시설
⑤ 청소년야영장

2. 청소년활동 진흥법상 청소년수련시설을 설치·운영하는 개인·법인·단체 및 위탁운영단체가 청소년활동을 활성화하고 청소년의 참여를 보장하기 위하여 운영하여야 하는 기구는? 제31회 기출문제

① 청소년특별회의
② 청소년복지위원회
③ 청소년운영위원회
④ 청소년활동위원회
⑤ 청소년정책위원회

3. 청소년활동 진흥법상 지방청소년활동진흥센터가 수행하여야 할 사업으로 명시되지 않은 것은? 제28회 기출문제

① 지역 청소년활동의 요구에 관한 조사
② 지역 청소년 자원봉사활동의 활성화
③ 청소년수련활동 인증제도의 지원
④ 청소년활동에 대한 교육과 홍보
⑤ 학교 밖 청소년 교육지원

4. 청소년활동 진흥법령상 수련시설의 시설기준 중 일반기준에 속하는 것을 모두 고른 것은? 제30회 기출문제

ㄱ. 야외집회장
ㄴ. 수련의 숲
ㄷ. 특성화수련활동장
ㄹ. 체육활동장
ㅁ. 자치활동실

① ㄱ, ㄴ, ㄷ
② ㄱ, ㄴ, ㄹ
③ ㄷ, ㄹ, ㅁ
④ ㄱ, ㄷ, ㄹ, ㅁ
⑤ ㄱ, ㄴ, ㄷ, ㄹ, ㅁ

5. 청소년활동 진흥법에 명시된 지방청소년활동진흥센터의 사업으로 옳지 않은 것은?
제31회 기출문제

① 지역 청소년활동의 요구에 관한 조사
② 청소년수련활동 인증제도의 지원
③ 인증받은 청소년수련활동의 홍보와 지원
④ 국가가 설치하는 수련시설의 유지·관리 및 운영업무의 수탁
⑤ 청소년활동에 대한 교육과 홍보

6. 청소년수련활동 인증제도에 관한 내용으로 옳지 않은 것은? 제27회 기출문제

① 국가는 청소년수련활동 인증위원회를 한국청소년수련시설협회에 설치·운영하여야 한다.
② 국가는 인증을 받은 청소년수련활동을 공개하여야 한다.
③ 국가는 인증수련활동에 참여한 청소년의 활동기록을 유지·관리하여야 한다.
④ 청소년수련활동 인증위원회는 인증을 하는 경우 인증의 유효기간을 설정할 수 있다.
⑤ 청소년수련활동 인증위원회는 인증수련활동의 실시에 대하여 인증사항의 이행 여부를 확인할 수 있다.

7. 청소년활동 진흥법상 청소년의 직업체험, 문화예술, 과학정보, 환경 등 특정 목적의 청소년활동을 전문적으로 실시할 수 있는 시설과 설비를 갖춘 수련시설은?
제31회 기출문제

① 청소년수련관
② 청소년수련원
③ 청소년문화의집
④ 청소년특화시설
⑤ 청소년야영장

8. 청소년활동 진흥법령상 위험도가 높은 청소년수련활동에 해당하지 않는 것은?
제32회 기출문제

① 8km의 걷기활동
② 빙벽타기 산악활동
③ 6시간의 야간 등산활동
④ 고무보트를 이용한 수상활동
⑤ 하강레포츠 탑승활동

9. 청소년수련활동이란 청소년이 예술활동·스포츠활동·동아리활동·봉사활동 등을 통하여 문화적 감성과 더불어 살아가는 능력을 함양하는 체험활동을 말한다. (O, X)

정답	1. ②	2. ③	3. ⑤	4. ⑤	5. ④	6. ①	7. ④	8. ①	9. ×

CHAPTER

06 청소년복지 지원법

1. 청소년복지 지원법의 의의

청소년복지 지원법은 수련과 보호 위주의 청소년육성 법률체계에 복지 부분이 보완되어 균형 있는 청소년육성을 위한 기반을 마련하기 위해 제정되었다(천정웅 외, 2014). 과거 청소년복지정책은 아동복지법에 근거한 18세 미만의 자를 대상으로 사실상 일부 청소년들을 주요 대상으로 하여 청소년들의 복지지원은 사각지대에 놓여 있었다. 특히 사회·경제적인 특별한 지원이 필요한 청소년과 교육적인 선도가 필요한 비행청소년에게 기초생활 보장, 학업·의료지원, 직업능력 강화와 상담·수련·체육 등의 다양한 활동을 통하여 자립 및 자활을 할 수 있는 복지서비스의 제공을 제도화하고, 모든 청소년에 대한 인권의 보장, 건강과 안전의 보장, 경제적 자립지원 등에 대한 사항을 명확히 규정하여 청소년들의 삶의 질 향상과 최적의 성장·발달을 도모하는 데 의의가 있다(조원탁 외, 2011).

청소년복지 지원법의 제정 당시 주요 내용은 다음과 같다.

첫째, 청소년 관련 정책 수립 등의 절차에 청소년의 참여 또는 의견수렴을 보장하는 조치를 시행하여 청소년이 원활하게 정보에 접근하고 그 의사를 표명할 수 있도록 하였다.

둘째, 청소년에 대하여 국가 또는 지방자치단체가 운영하는 교통시설, 궁·능, 박물관, 공원, 공연장 등 시설의 이용료를 면제 또는 할인할 수 있도록 하였다.

셋째, 9세 이상 18세 이하의 청소년에게 청소년증을 발급할 수 있도록 하였다.

넷째, 특별지원 청소년에 대한 생활지원·학업지원·의료지원·직업훈련지원·청소년활동지원 등 필요한 지원대책을 강구하도록 하였다.

다섯째, 전문가를 통한 상담과 교육·자원봉사·수련·체육·단체활동 등 당해 청소년에 대한 교육적 선도를 실시할 수 있도록 하였다.

2. 청소년복지 지원법의 용어 정의

청소년복지 지원법 제2조에서 정의하고 있는 용어는 다음과 같다.

① "청소년"이란 청소년 기본법 제3조 제1호 본문에 해당하는 사람을 말한다.

② "청소년복지"란 청소년 기본법 제3조 제4호에 따른 청소년복지를 말한다.

③ "보호자"란 친권자, 법정대리인 또는 사실상 청소년을 양육하는 사람을 말한다.

④ "위기청소년"이란 가정 문제가 있거나 학업 수행 또는 사회 적응에 어려움을 겪는 등 조화롭고 건강한 성장과 생활에 필요한 여건을 갖추지 못한 청소년을 말한다.

⑤ "가정 밖 청소년"이란 가정 내 갈등·학대·폭력·방임, 가정해체, 가출 등의 사유로 보호자로부터 이탈된 청소년으로서 사회적 보호 및 지원이 필요한 청소년을 말한다.

⑥ "청소년부모"란 자녀를 양육하는 부모가 모두 청소년인 사람을 말한다.

3. 청소년의 우대

1) 청소년의 우대

국가 또는 지방자치단체는 그가 운영하는 수송시설·문화시설·여가시설 등을 청소년이 이용하는 경우 그 이용료를 면제하거나 할인할 수 있으며, 다음의 어느 하나에 해당하는 자가 청소년이 이용하는 시설을 운영하는 경우 청소년에게 그 시설의 이용료를 할인하여 주도록 권고할 수 있다(법 제3조 제1~2항).

① 국가 또는 지방자치단체의 재정적 보조를 받는 자
② 관계 법령에 따라 세제상의 혜택을 받는 자
③ 국가 또는 지방자치단체로부터 위탁을 받아 업무를 수행하는 자

이용료를 면제받거나 할인받으려는(시행령 제1조의2 : 「대중교통의 육성 및 이용 촉진에 관한 법률」 제2조 제2호에 따른 대중교통수단, 청소년활동 진흥법 시행령 제17조 제1항에 따른 청소년이용시설) 청소년은 시설의 관리자에게 주민등록증, 학생증, 청소년증 등 나이를 확인할 수 있는 증표 또는 자료를 제시해야 한다(법 제3조 제3항).

2) 청소년증

청소년증 발급제도는 해당 연령에 대한 신분 확인을 통해 수송시설, 문화시설 등에서의 할인 혜택을 제공받게 함으로써 다양한 문화체험 기회를 보장하고 청소년의 건강한 성장을 지원하기 위해 2003년에 도입되었다.

청소년증 발급대상은 9세 이상 18세 이하의 청소년으로 청소년복지 지원법 제4조에 따라 특별자치도지사, 특별자치시장 또는 시장·군수·구청장이 발급한다. 청소년증은 다른 사람에게 양도하거나 빌려주어서는 아니 되며, 누구든지 청소년증 외에 청소년증과 동일한 명칭 또는 표시의 증표를 제작·사용하여서는 아니 된다(법 제4조). 청소년증은 기본형(신분증), 확대형(신분증+선불

형 교통카드)으로 발급받을 수 있다.

청소년증이 갖고 있는 기능은 다음과 같다. 첫째, 공적 신분증 기능을 갖고 있어 해당 연령에 대한 신분 확인이 가능하다. 예를 들어, 주민등록번호가 명시되어 대학수학능력시험, 검정고시, 운전면허시험, 금융기관에서도 신분증으로 사용할 수 있다. 둘째, 청소년우대 증표의 기능을 한다. 청소년증을 소지한 경우 버스·지하철 등 교통수단, 영화관·미술관·박물관 등 문화시설, 놀이공원이나 체육시설 등 청소년 우대시설에서 이용료 할인 또는 면제를 받을 수 있다. 셋째, 선불형 교통카드 기능을 갖고 있어 대중교통 및 편의점, 제과점 등 해당 교통카드사의 가맹점에서 결제 및 충전을 할 수 있다(단, 청소년증 (재)발급 신청 시 교통카드 기능을 선택한 경우에 이용 가능). 넷째, e청소년 기능이 있어 QR코드를 탑재하여 e청소년(청소년활동정보서비스) 홈페이지 연계가 가능하다.

청소년증 발급 절차는 | 그림 6-1 | 과 같다.

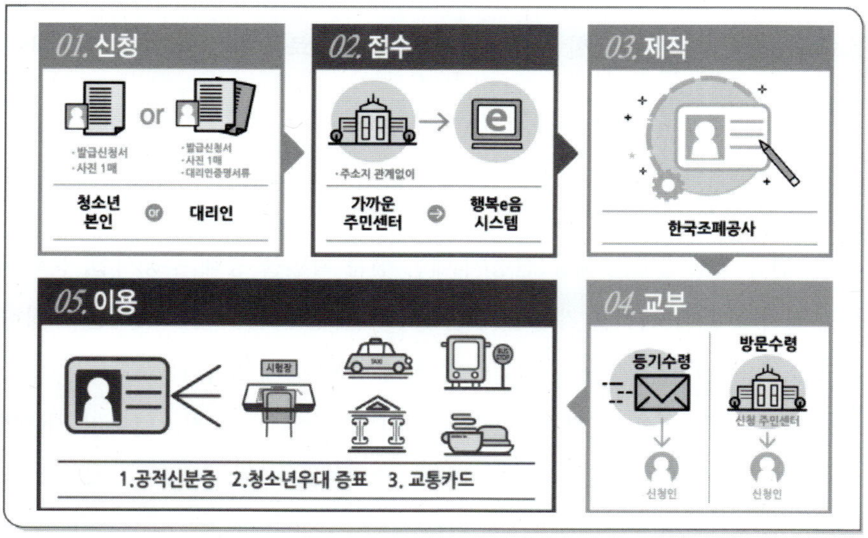

| 그림 6-1 | 청소년증 발급 절차

출처 : 여성가족부(2025).

4. 청소년의 건강보장

청소년의 건강한 심신의 보존을 위해 국가 및 지방자치단체는 성별 특성을 고려하여 청소년의 건강 증진 및 체력 향상을 위한 질병 예방, 건강 교육 등의 필요한 시책을 수립하여야 하며, 보호자는 양육하는 청소년의 건강 증진 및 체력 향상에 노력하여야 한다. 이에 국가 및 지방자치단체는 관련기관과 협의하여 성별 특성을 반영한 청소년의 건강·체력 기준을 설정하여 보급할 수 있다(법 제5조 제1~2항).

국가 및 지방자치단체는 여성청소년의 건강한 성장을 위하여 여성청소년이 생리용품을 신청하는 경우 이를 지원할 수 있으며, 물품 지원의 기준·범위, 신청 및 지급절차 등에 필요한 사항은 대통령령으로 정한다(법 제5조 3~4항).

국가 및 지방자치단체는 다음 각 호의 어느 하나에 해당하는 사람 또는 그 사람의 가구원으로서 여성가족부장관이 정하는 연령에 해당하는 여성청소년을 대상으로 보건위생에 필수적인 물품을 지원한다.

① 국민기초생활 보장법 제2조 제10호의 차상위계층에 해당하는 사람
② 국민기초생활 보장법 제7조에 따른 생계급여, 주거급여, 의료급여 또는 교육급여의 수급자
③ 한부모가족지원법 제5조 및 제5조의2에 따른 지원대상자
④ 그 밖에 여성가족부장관이 보건위생물품 지원이 필요하다고 인정하는 사람

국가 및 지방자치단체는 청소년의 체력검사와 건강진단(이하 "건강진단 등")을 실시할 수 있고, 이에 따른 체력검사 및 건강진단의 결과를 청소년 본인에게 알려주어야 하며(법 제6조 제1~2항), 학교 밖 청소년 지원에 관한 법률 제2조에 따른 학교 밖 청소년 중 9세 이상 18세 이하의 청소년을 우선 대상으로 한다(시행규칙 제7조 제1항).

5. 지역사회 청소년통합지원체계

1) 지역사회 청소년통합지원체계의 구축・운영

지방자치단체의 장은 관할구역의 위기청소년을 조기에 발견하여 보호하고, 청소년복지 및 청소년 기본법 제3조 제5호에 따른 청소년보호를 효율적으로 수행하기 위하여 지방자치단체, 공공기관, 청소년 기본법 제3조 제8호에 따른 청소년단체 등이 협력하여 업무를 수행하는 지역사회 청소년통합지원체계(이하 "통합지원체계")를 구축・운영하여야 한다(법 제9조 제1항).

지방자치단체의 장은 통합지원체계의 원활한 운영을 위하여 필요하다고 인정하는 경우에는 위기청소년의 복지 및 보호와 관련된 정책 등 대통령령으로 정하는 청소년 지원에 관한 사항을 심의하는 청소년복지심의위원회를 둘 수 있으며(법 제10조 제1항), 심의위원회는 통합지원체계를 구성하는 기관・단체의 장 또는 종사자와 그 밖에 청소년복지에 대하여 지식과 경험이 풍부한 사람으로 구성한다. 심의위원회는 심의를 효율적으로 수행하기 위하여 필요하다고 인정하는 경우에는 실무위원회를 둘 수 있다.

제1항부터 제3항까지의 규정에서 정한 사항 외에 심의위원회 및 실무위원회의 구성, 위원의 위촉 및 회의 절차 등 심의위원회 및 실무위원회의 운영에 필요한 사항은 해당 지방자치단체의 규칙으로 정한다(법 제10조 제2~4항).

청소년복지심의위원회(이하 "심의위원회")의 심의사항은 다음 각 호와 같다(시행령 제5조).

① 위기청소년의 가족 및 보호자에 대한 여비 등 실비 지급에 관한 사항
② 특별지원 대상 청소년 선정에 관한 사항
③ 예방적・회복적 보호지원 대상 청소년 선정에 관한 사항
④ 통합지원체계 운영 실태점검 및 활성화 방안에 관한 사항
⑤ 필수연계기관 간 위기청소년 지원 연계의 활성화 방안에 관한 사항

⑥ 위기청소년의 발견 및 보호와 관련된 정책, 조례·규칙의 제정·개정의 제안에 관한 사항

⑦ 그 밖에 위기청소년의 발견 및 보호를 위하여 필요하다고 인정하는 사항으로서 시·도 또는 시·군·구 운영위원회 위원장이 회의에 부치는 사항

2) 청소년안전망 필수연계기관의 구성 및 역할

청소년안전망 필수연계기관은 위기상황에 처한 청소년을 발견, 지원, 보호하기 위한 청소년안전망의 필수적인 구성 기관(1차 연계망)이 되는 공공기관으로 필수연계기관의 구성 및 역할(청소년복지 지원법 시행령 제4조제4항)에 대해서는 지역별 연계 대상기관은 자치단체가 자율적으로 구성한다.

<표 6-1> 청소년안전망 필수연계기관의 구성 및 역할

기관명	주요 역할
지방자치단체	• 지역사회 청소년통합지원체계 구축 및 운영의 주체 • 경찰관서, 교육청, 드림스타트 등 필수연계기관 및 기타 연계기관과의 연계체계 마련 및 행정 협력 등을 이끌어내는 역할 • 지역사회 위기청소년 현황 파악, 발굴 및 통합복지지원 제도 운영 • 청소년복지심의위원회·실무위원회 운영 • 관할지역 위기청소년 사례발굴·관리 현황 모니터링(청소년안전망시스템 활용) • 지방자치단체 내 유관 정책 사업 간 사례 연계 활성화(청소년안전망시스템, 행복e음시스템 간 연계 활성화 방안 마련)
청소년상담복지센터	• 지역사회 청소년통합지원체계 운영지원기관으로서 역할 수행 • 위기청소년 대상 전문적인 심리정서 서비스를 중심으로 복지서비스 연계·지원 • 학교, 쉼터, 정신건강복지센터 등 지역사회 유관기관 간 연계·협력체계 구축
청소년복지시설	• 청소년안전망(지방자치단체, 청소년상담복지센터, 학교밖청소년지원센터 등)에 유입된 청소년 중 가정복귀가 어려운 청소년을 인계받아 일시, 단기 또는 중장기적인 시설보호 서비스 제공
시·도 교육청 및 교육지원청	• Wee센터, Wee클래스가 설치되지 않은 경우 관내 학생에 대한 상담이 필요할 때 청소년상담복지센터로 상담·지원 의뢰

각급 학교	• 해당 학교의 학생이 학교폭력 등 위기상황, 학교부적응 등의 사유로 결석하거나 자퇴를 희망하는 경우 또는 그 밖에 전문 상담 및 복지서비스 등의 제공이 필요하다고 판단되는 경우 청소년안전망에 지원 의뢰 • 학업중단 숙려제 대상 청소년의 외부 상담 지원 위해 청소년상담복지센터와 협의 및 협조
학교밖청소년 지원센터	• 위기청소년을 의뢰하는 경우 직업체험 및 취업, 자립, 교육 등 프로그램에 참여할 수 있도록 지원
지방경찰청 및 경찰서	• 관내 순찰 시 심야시간 등에 가출청소년으로 의심되는 청소년을 발견하였을 경우 가급적 현장에서 가정복귀할 수 있도록 유도하거나 가까운 청소년 쉼터 등으로 연계 • 가정복귀를 거부하고 거주가 불분명한 청소년은 시·도 청소년상담복지센터의 일시보호소 또는 청소년쉼터로 대상자를 인계 • 청소년상담복지센터에서 긴급구조를 실시하다가 긴급구조요원이 폭력 등 위기 상황 노출이 우려되어 관내 경찰관서로 지원요청을 하는 경우 협조
보호관찰소 (보호관찰지소 포함)	• 보호관찰 대상 청소년에 대하여 전문적인 심리정서·복지서비스의 제공이 필요하다고 판단되는 경우 심리정서·복지지원 등의 의뢰
청소년비행예방센터 (꿈키움센터)	• 위기청소년에 대한 비행예방교육 및 심리정서 지원 협조
지방고용노동청 및 지청 (고용복지+센터 포함)	• 청소년안전망에서 직업훈련이나 취업이 필요한 청소년을 의뢰하는 경우 저소득층 취업성공패키지, 직업능력개발 계좌제, 직장체험 등 청소년의 여건과 욕구에 맞는 프로그램에 우선 참여할 수 있도록 지원
공공보건의료기관 및 보건소 (보건의료원 포함)	• 청소년안전망 등에 유입된 청소년 중 건강진단이나 신체적 질병 등으로 진료 및 치료 등이 필요한 경우 지원 • 비용은 위기청소년특별지원 사업비 등으로 부담하되, 사회공헌 차원에서 지자체와 국공립 병원 간 업무협약을 통하여 건강진단, 진료·치료비의 일부 또는 전부를 감면 가능 • 보건소의 경우 지자체 여건에 따라 자치단체 조례에 비용의 감면 등에 관한 사항을 규정할 수 있음
청소년 지원시설 (「성매매방지 및 피해자보호 등에 관한 법률」 제9조 제1항 제2호)	• 성매매피해 청소년 발견 시 숙식 제공 등 보호, 심리적 안정과 피해 회복을 위한 상담 및 치료, 의료기관에 인도, 수사기관의 조사 및 대한법률구조공단 등 관계 기관에 필요한 협조와 지원

출처 : 여성가족부(2025)

3) 주민의 자원 활동 지원 및 상담

국가 및 지방자치단체는 지역 주민들이 자발적으로 단체를 구성하여 위기청소년의 발견·보호 및 지원을 위한 활동을 하는 경우에는 그 단체의 활동을 지원할 수 있으며(법 제11조), 모든 청소년이 필요한 사항에 관하여 전문가의 상담을 받을 수 있도록 하여야 하며 이에 따른 상담을 위하여 전화를 설치·운영하거나 정보통신망을 운영하여야 한다(법 제12조).

6. 위기청소년 지원

1) 상담 및 교육

국가 및 지방자치단체는 위기청소년에게 효율적이고 적합한 지원을 위하여 위기청소년의 가족 및 보호자에 대한 상담 및 교육을 실시할 수 있으며, 위기청소년의 가족 및 보호자는 국가 및 지방자치단체가 상담 및 교육을 권고하는 경우에는 이에 협조하여 성실히 상담 및 교육을 받아야 한다(법 제13조 제1~2항).

2) 위기청소년 특별지원

국가 및 지방자치단체는 대통령령으로 정하는 바에 따라 위기청소년에게 필요한 사회적·경제적 지원을 할 수 있으며, 특별지원은 생활지원, 학업지원, 의료지원, 직업훈련지원, 청소년활동지원 등 대통령령으로 정하는 내용에 따라 물품 또는 서비스의 형태로 제공한다(다만, 위기청소년의 지원에 반드시 필요하다고 인정되는 경우에는 금전의 형태로 제공할 수 있다)(법 제14조 제1~2항).

위기청소년에 대한 특별지원은 다음 각 호와 같다(시행령 제7조).

① 청소년이 일상적인 의·식·주 등 기초생활을 유지하는 데에 필요한 기초생계비와 숙식 제공 등의 지원

② 청소년이 신체적·정신적으로 건강하게 성장하기 위하여 요구되는 건강검진 및 치료 등을 위한 비용의 지원

③ 초・중등교육법 제2조에 따른 학교의 입학금 및 수업료, 초・중등교육법 시행령 제97조 제1항 제1호・제98조 제1항 제1호에 따른 중학교 졸업학력 검정고시 또는 고등학교 졸업학력 검정고시의 준비 등 학업을 지속하기 위하여 필요한 교육비용의 지원

④ 취업을 위한 지식・기술・기능 등 능력을 향상시키기 위하여 필요한 훈련비의 지원

⑤ 폭력이나 학대 등 위기상황에 있는 청소년에게 필요한 법률상담 및 소송비용의 지원

⑥ 그 밖에 청소년의 건전한 성장을 위하여 필요하다고 여성가족부장관이 인정하는 비용의 지원

다음의 어느 하나에 해당하는 사람은 위기청소년을 특별지원 대상 청소년으로 선정하여 줄 것을 특별자치도지사 또는 시장・군수・구청장에게 신청할 수 있다(법 제15조 제1항).[1)]

① 청소년 본인 또는 그 보호자

② 청소년 기본법 제3조 제7호에 따른 청소년지도자

③ 초・중등교육법 제19조 제1항에 따른 교원

④ 사회복지사업법 제11조에 따른 사회복지사

⑤ 지방자치단체에서 청소년 업무를 담당하는 공무원

특별자치시장, 특별자치도지사 또는 시장・군수・구청장은 제1항에 따른 신청을 받은 경우에는 운영위원회의 심의를 거쳐 선정 여부와 지원 내용 및 기간을 결정하여야 하며(법 제15조 제2항), 긴급하게 지원할 필요가 있다고 판단하는 경우 또는 운영위원회가 구성되지 아니한 경우에는 운영위원회의 심의를 거치지 아니하고 제2항의 결정을 할 수 있다(법 제15조 제3항).

---

1) 이 경우 다음 각 호의 ① 중 보호자 및 ②부터 ⑤까지의 사람은 해당 청소년의 동의를 받아야 한다.

3) 청소년 가출 예방 및 보호 · 지원

여성가족부장관 또는 지방자치단체의 장은 가정 밖 청소년의 발생을 예방하기 위한 교육 · 홍보 · 연구 · 조사 등 각종 정책을 수립 · 시행하여야 하며, 여성가족부장관 또는 지방자치단체의 장은 제1항 및 제2항에 따른 가정 밖 청소년 발생 예방 및 보호 · 지원에 관한 업무를 청소년단체에 위탁할 수 있다(법 제16조 제4항).

보호자는 가정 밖 청소년의 발생을 예방하기 위하여 노력하여야 하며, 가정 밖 청소년의 가정 · 사회복귀를 위한 국가 및 지방자치단체 등의 노력에 적극 협조하여야 한다.

4) 이주배경청소년에 대한 지원

국가 및 지방자치단체는 다문화가족지원법에 따른 다문화가족의 청소년, 그 밖에 국내로 이주하여 사회 적응 및 학업 수행에 어려움을 겪는 청소년의 사회 적응 및 학습능력 향상을 위하여 상담 및 교육 등 필요한 시책을 마련하고 시행하여야 한다(법 제18조).

5) 청소년부모 지원

국가 및 지방자치단체는 청소년부모에게 아동의 양육 및 교육서비스, 지역보건법에 따른 방문건강관리사업 서비스, 교육 · 상담 등 가족 관계 증진 서비스의 가족지원서비스를 제공할 수 있다(법 제18조의2). 청소년부모에 대한 복지지원은 생활지원, 의료지원, 주거지원, 청소년활동지원 등 대통령령으로 정하는 내용에 따라 물품 또는 서비스 형태로 제공한다(법 제18조의3). 또한 청소년부모의 교육지원에 관해서는 초 · 중등교육법 제2조에 따른 학교에서의 학적 유지를 위한 지원 및 교육비 지원 또는 검정고시 지원, 평생교육법 제31조 제2항에 따른 학력인정 평생교육시설에 대한 교육비 지원, 초 · 중등교육법

제28조에 따른 교육 지원 등(법 제18조의4)이 있으며, 직업체험 및 취업지원에 관해서는 직업적성 검사 및 진로상담 프로그램, 직업체험 및 훈련 프로그램, 직업소개 및 관리 등(법 제18조의5)을 지원할 수 있다.

7. 예방적 · 회복적 지원

특별자치시장 · 특별자치도지사 또는 시장 · 군수 · 구청장은 청소년의 비행 · 일탈을 예방하고 가정 · 학교 · 사회생활에 복귀 및 적응하는 것을 돕기 위하여 다음 각 호의 어느 하나에 해당하는 청소년에 대하여 청소년 본인, 해당 청소년의 보호자 또는 청소년이 취학하고 있는 학교의 장의 신청에 따라 예방적 · 회복적 보호지원을 실시할 수 있으며, 이 경우 해당 청소년의 보호자 또는 학교의 장이 보호지원을 신청하는 때에는 청소년 본인의 동의를 받아야 한다(법 제19조 제1항).

① 비행 · 일탈을 저지른 청소년

② 일상생활에 적응하지 못하여 가정 또는 학교 외부의 교육적 도움이 필요한 청소년

보호지원은 해당 청소년이 정상적인 가정 · 학교 · 사회생활에 복귀 및 적응하는 데에 도움이 되는 방법으로서 상담 · 교육 · 자원봉사 · 수련 · 체육 · 단체활동 등 대통령령으로 정하는 방법에 따라 하며(법 제19조 제2항), 그 방법은 다음 각 호와 같다(시행령 제11조 제2항).

① 개인상담, 가족 · 보호자 상담 및 집단상담 등의 지원

② 인성교육, 취업훈련, 진로교육 및 건강교육 등의 지원

③ 자원봉사활동 기본법 제19조 제1항에 따른 자원봉사센터 또는 청소년활동 진흥법 제7조 제1항에 따른 지방청소년활동진흥센터와 연계한 자원봉사활동의 지원

④ 청소년활동 진흥법 제10조에 따른 청소년활동시설에서의 수련・문화・체육・단체활동 등의 지원

⑤ 그 밖에 청소년의 비행・일탈을 예방하고 가정・학교・사회생활의 복귀 및 적응에 도움이 되는 것으로서 여성가족부장관이 필요하다고 인정하는 지원

보호지원의 기간은 6개월 이내로 하며(다만, 특별자치시장・특별자치도지사 또는 시장・군수・구청장은 보호지원의 결과를 검토하여 보호지원의 연장이 필요하다고 인정하는 경우 청소년 본인의 동의를 받아 6개월의 범위에서 한 번 연장할 수 있다)(법 제19조 제2~3항), 보호지원에 있어 특별자치시장・특별자치도지사 또는 시장・군수・구청장은 대상 청소년과 상담을 통하여(보호지원후견인이 있는 경우에는 그 의견을 들어) 보호지원의 내용・방법 및 기간을 정해야 한다. 이 경우 초・중등교육법 제2조에 따른 학교에 재학하고 있는 보호지원 대상 청소년에 대해서는 학교 교육과정을 이수하는 데 지장이 없도록 하여야 한다(시행령 제11조 제1항).

8. 청소년복지지원기관

1) 한국청소년상담복지개발원

국가는 청소년복지 관련 정책 수립을 지원하고 사업을 효율적이고 체계적으로 수행하기 위하여 한국청소년상담복지개발원(이하 "청소년상담원"이라 한다)을 설립한다.

2) 청소년상담복지센터

특별시장・광역시장・도지사 및 특별자치도지사 및 시장・군수・구청장은 청소년에 대한 상담・긴급구조・자활・의료지원 등의 업무를 수행하기 위하

여 청소년상담복지센터를 설치·운영할 수 있다(법 제29조 제1항). 이에 따라 특별시·광역시·도 및 특별자치도에 설치된 청소년상담복지센터는 시·군·구의 청소년상담복지센터의 업무를 지도·지원하여야 한다(법 제29조 제2항).

시장·군수·구청장은 제1항에 따라 시·군·구에 설치하는 청소년상담복지센터를 청소년활동 진흥법 제7조 제1항에 따라 시·군·구에 설치하는 지방청소년활동진흥센터와 통합하여 운영할 수 있으며, 청소년상담복지센터를 청소년단체에 위탁하여 운영하도록 하거나, 법인으로 설치할 수 있다(법 제29조 제3~5항).

청소년상담복지센터는 다음 각 호의 기능을 수행한다(시행령 제14조).

① 청소년과 부모에 대한 상담·복지지원
② 상담·복지 프로그램의 개발 및 운영
③ 상담 자원봉사자와 청소년 기본법 제3조 제7호에 따른 청소년지도자에 대한 교육 및 연수
④ 청소년 상담 또는 긴급구조를 위한 전화 운영
⑤ 청소년 폭력·학대 등으로 피해를 입은 청소년의 긴급구조, 법률 및 의료 지원, 일시 보호 지원
⑥ 청소년의 자립능력 향상을 위한 자활(自活) 및 재활(再活) 지원
⑦ 그 밖에 청소년상담 및 복지지원 등을 위하여 필요하다고 특별시장·광역시장·특별자치시장·도지사 또는 특별자치도지사가 인정하는 사업

3) 이주배경청소년지원센터

여성가족부장관은 제18조에 따른 이주배경청소년 지원을 위한 이주배경청소년지원센터를 설치·운영할 수 있으며(법 제30조 제1항), 다음 각 호의 업무를 수행한다(시행령 제15조).

① 이주배경청소년 복지에 관한 종합적 안내
② 이주배경청소년과 그 부모에 대한 상담 및 교육

③ 이주배경청소년의 지원을 위한 인력의 양성 및 연수

④ 이주배경청소년에 대한 국민의 올바른 이해를 돕기 위한 사업

⑤ 이주배경청소년의 실태에 관한 조사·연구

⑥ 이주배경청소년의 사회 적응을 위한 프로그램 개발 및 보급

⑦ 그 밖에 이주배경청소년지원센터의 목적을 수행하기 위하여 필요한 업무

9. 청소년복지시설

1) 청소년복지시설의 종류

청소년복지시설의 종류와 기능은 <표 6-2>와 같다(법 제31조).

<표 6-2> 청소년수련시설의 종류와 기능

종 류	기 능
청소년쉼터	가정 밖 청소년에 대하여 가정·학교·사회로 복귀하여 생활할 수 있도록 일정 기간 보호하면서 상담·주거·학업·자립 등을 지원하는 시설
청소년자립지원관	일정 기간 청소년쉼터 또는 청소년회복지원시설의 지원을 받았는데도 가정·학교·사회로 복귀하여 생활할 수 없는 청소년에게 자립하여 생활할 수 있는 능력과 여건을 갖추도록 지원하는 시설
청소년치료재활센터	학습·정서·행동상의 장애를 가진 청소년을 대상으로 정상적인 성장과 생활을 할 수 있도록 해당 청소년에게 적합한 치료·교육 및 재활을 종합적으로 지원하는 거주형 시설
청소년회복지원시설	소년법 제32조 제1항 제1호에 따른 감호위탁 처분을 받은 청소년에 대하여 보호자를 대신하여 그 청소년을 보호할 수 있는 자가 상담·주거·학업·자립 등 서비스를 제공하는 시설

2) 청소년복지시설의 설치

국가 또는 지방자치단체는 청소년 기본법 제18조 제1항(청소년복지시설의 설치·운영)에 따라 청소년복지시설을 설치·운영하여야 한다(법 제32조 제1항).

국가 또는 지방자치단체 외의 자는 청소년복지시설을 설치·운영하려면 해당 시설이 있는 지역을 관할하는 특별자치도지사 또는 시장·군수·구청장에게 신고하여야 하며(법 제32조 제2항), 신고한 청소년복지시설을 휴업 또는 폐업하거나 그 운영을 재개(再開)하려면 여성가족부령으로 정하는 바에 따라 미리 관할 특별자치도지사 또는 시장·군수·구청장에게 신고하여야 한다(법 제33조).

3) 가정 밖 청소년의 청소년쉼터 계속 이용

청소년쉼터(가정 밖 청소년을 7일의 범위에서 일시적으로 보호하는 청소년쉼터는 제외)를 설치·운영하는 자는 해당 청소년쉼터에 입소한 가정 밖 청소년이 가정폭력, 친족에 의한 성폭력, 그 밖에 가정으로 복귀하여 생활하기 어려운 사유로서 대통령령으로 정하는 사유가 원인이 되어 가출한 경우에는 그 가정 밖 청소년 본인의 의사에 반하여 퇴소시켜서는 아니 된다(다만, 해당 가정 밖 청소년이 거짓 또는 부정한 방법으로 청소년쉼터에 입소한 경우, 청소년쉼터 안에서 현저한 질서문란 행위를 한 경우에 해당하는 때에는 그러하지 아니하다)(법 제32조의2).

4) 청소년복지시설의 종사자

청소년복지시설에는 각 시설의 사업 수행 및 운영에 필요한 종사자를 두어야 하며, 여성가족부장관 또는 지방자치단체의 장은 청소년복지시설 종사자를 양성하고 전문성을 높이기 위한 교육·훈련을 실시하여야 한다(법 제34조 제1~2항).

청소년복지시설 종사자의 자격기준은 <표 6-3>과 같으며, 종사자의 직종별 배치기준은 <표 6-4>와 같다.

<표 6-3> 청소년복지시설의 종사자 자격기준(시행규칙 제18조 제1항 관련 [별표 1])

가. 청소년쉼터 및 청소년자립지원관

직종별	자격기준
시설장	1) 상담복지 분야 박사학위를 취득하거나 박사과정을 이수한 사람으로서 청소년복지시설 실무경력이 3년 이상인 사람 2) 상담복지 분야 석사학위를 취득한 사람으로서 청소년복지시설 실무경력이 5년 이상인 사람 3) 청소년상담사, 청소년지도사, 사회복지사, 임상심리사 및 가족상담 전문가 등 청소년보호 및 지원을 위한 전문자격을 소지한 사람으로서 청소년상담복지 관련 실무경력이 5년 이상인 사람 4) 청소년상담복지 관련 실무경력이 5년 이상인 사람으로서 청소년보호 및 지원에 대한 능력과 자질이 있다고 전문기관 및 단체에서 추천하는 사람 중 특별자치시장, 특별자치도지사 또는 시장・군수・구청장이 인정하는 사람
보호・상담원, 자립지원요원	1) 상담복지 분야의 4년제 이상의 대학을 졸업하거나 이와 같은 수준 이상의 학력이 있다고 다른 법령에서 인정받은 사람 2) 4년제 이상의 대학을 졸업하거나 이와 같은 수준 이상의 학력이 있다고 다른 법령에서 인정받은 사람으로서, 청소년상담복지 관련 실무경력이 2년 이상인 사람 3) 상담복지 분야의 전문대학을 졸업하거나 이와 같은 수준 이상의 학력이 있다고 다른 법령에서 인정받은 사람으로서 청소년상담복지 관련 실무경력이 2년 이상인 사람 4) 청소년상담사, 청소년지도사, 사회복지사, 임상심리사 및 가족상담 전문가 등 청소년보호 및 지원을 위한 전문자격을 소지한 사람 5) 근로자직업능력 개발법에 따른 직업능력개발훈련교사 자격을 가진 사람 6) 그 밖에 1)부터 5)까지와 같은 자격이 있다고 인정되는 사람
행정업무 수행직원	1) 고등학교 이상의 학교를 졸업한 사람으로서 해당 업무를 수행할 능력이 있다고 인정되는 사람 2) 그 밖에 이와 동등한 자격이 있다고 인정되는 사람
조리원	조리사 자격증을 취득하거나 조리 경력이 2년 이상인 사람으로 해당 업무 수행이 가능한 사람

비고
1. "상담복지 분야"란 상담학, 교육학, 심리학, 사회복지(사업)학, 청소년(지도)학 및 상담복지와 관련하여 시・도지사 또는 시장・군수・구청장이 인정하는 분야를 말한다.
2. "청소년상담복지 관련 실무경력"이란 다음 각 목의 어느 하나에 해당하는 경력을 말한다.
   가. 청소년 관련기관・단체에서 청소년을 대상으로 상담복지에 관한 업무를 상근으로 수행한 경력
   나. 국가 또는 지방자치단체의 청소년 관련 분야에서 청소년정책 관련 업무를 상근으로 수행한 경력

나. 청소년치료재활센터

직종별	자격기준
시설장	1) 청소년치료재활 관련 분야 박사학위를 취득하거나 박사과정을 이수한 사람으로서 청소년치료재활 관련 분야 실무경력이 5년 이상인 사람 2) 청소년치료재활 관련 분야 석사학위를 취득한 사람으로서 청소년치료재활 관련 분야 실무경력이 7년 이상인 사람 3) 정신과전문의, 청소년상담사, 청소년지도사, 사회복지사, 임상심리사 관련 전문자격을 소지한 사람으로서 관련 분야 실무경력이 7년 이상인 사람 4) 국가 또는 지방자치단체에서 3급 이상 공무원으로서 청소년치료재활 관련 분야 실무에 5년 이상 종사한 사람 5) 청소년치료재활 관련 분야 실무경력이 10년 이상인 사람으로서, 청소년 보호 및 지원에 대한 능력과 자질이 있다고 전문기관 및 단체가 추천하고 여성가족부장관 또는 지방자치단체장이 인정하는 사람
관리업무 책임자	1) 청소년치료재활 관련 분야 박사학위를 취득하거나 박사과정을 이수한 사람으로서 청소년치료재활 관련 분야 실무경력이 3년 이상인 사람 2) 청소년치료재활 관련 분야 석사학위를 취득한 사람으로서 청소년치료재활 관련 분야 실무경력이 5년 이상인 사람 3) 정신과전문의, 청소년상담사, 청소년지도사, 사회복지사, 임상심리사 관련 전문자격을 소지한 사람으로서 관련 분야 실무경력이 5년 이상인 사람 4) 국가 또는 지방자치단체에서 5급 이상 공무원으로서 청소년치료재활 관련 분야 실무에 5년 이상 종사한 사람 5) 초·중등교육법 제21조 제2항에 따른 정교사 자격을 취득한 사람으로서 의료, 심리, 상담, 복지, 청소년 관련 분야 실무에 5년 이상 종사한 사람
상담원	1) 상담학, 교육학, 심리학 관련 학과 전문대학 졸업 또는 이와 같은 수준 이상의 학력이 있다고 다른 법령에서 인정받은 사람으로서 관련 분야 실무경력이 2년 이상인 사람 2) 청소년상담사 또는 초·중등교육법 제21조에 따른 전문상담교사 자격을 취득한 사람
보호·자립 지원요원	1) 청소년지도사, 사회복지사 관련 전문자격을 소지한 사람 2) 청소년(지도)학, 사회복지(사업)학, 교육학 관련 학과 전문대학 졸업 또는 이와 같은 수준 이상의 학력이 있다고 다른 법령에서 인정받은 사람으로서 관련 분야 실무경력이 2년 이상인 사람
의 사	의료법 제77조에 따른 정신건강의학과 전문의 자격을 취득한 사람
간호사	1) 정신건강증진 및 정신질환자 복지서비스 지원에 관한 법률 제17조에 따른 정신보건간호사 자격을 취득한 사람으로서 관련 분야 실무경력이 1년 이상인 사람 2) 의료법 제7조에 따른 간호사 면허를 취득한 사람으로서 관련 분야 실무경력이 1년 이상인 사람

치료사 · 임상심리사	1) 심리치료 또는 임상심리 관련 분야의 전문대학 졸업 또는 이와 같은 수준 이상의 학력이 있다고 다른 법령에서 인정받은 사람으로서 관련 분야 실무경력이 1년 이상인 사람 2) 정신건강증진 및 정신질환자 복지서비스 지원에 관한 법률 제17조에 따른 정신보건임상심리사 자격을 취득한 사람으로서 관련 분야 실무경력이 1년 이상인 사람 3) 자격기본법 제23조에 따른 심리치료, 인지치료, 특수치료 관련 공인자격증을 소지한 사람으로서 관련 분야 실무경력이 2년 이상인 사람
행정업무 수행직원	1) 고등학교 이상의 학교를 졸업한 사람으로서 해당 업무를 수행할 능력이 있다고 인정되는 사람 2) 그 밖에 이와 동등한 자격이 있다고 인정되는 사람
전산원	국가기술자격법에 따른 전산분야 산업기사 이상의 자격증 소지자로서 관련 분야(정보시스템 및 네트워크, 사무용 전산기기) 경력이 3년 이상인 사람
영양사	국민영양관리법 제15조에 따른 영양사 면허를 취득한 사람
조리원	식품위생법 제53조에 따른 조리사 면허를 취득하거나 조리 경력이 2년 이상인 사람으로서 해당 업무를 수행할 능력이 있다고 인정되는 사람
시설 관리원	건축, 전기, 기계, 소방설비, 건축설비, 산업안전, 배관설비, 열관리 등 시설관리 분야의 면허 또는 자격증을 소지한 사람
운전원	1종 보통 이상 운전면허 소지자로서 국가기관, 지방자치단체, 공공기관 등에서 운전경력이 3년 이상인 사람

비고

1. "청소년치료재활 관련 분야"란 의학, 간호학, 상담학, 교육학, 심리학, 사회복지(사업)학, 청소년(지도)학을 말한다.
2. "청소년치료재활 관련 분야 실무경력"이란 다음 각 목의 어느 하나에 해당하는 경력을 말한다.
   가. 청소년 관련기관 · 단체에서 청소년을 대상으로 상담 · 복지 및 교육 · 활동 · 지도에 관한 업무를 상근으로 수행한 경력
   나. 국가 또는 지방자치단체의 청소년 관련 분야에서 청소년정책 관련 업무를 상근으로 수행한 경력
   다. 의료기관 또는 청소년 관련기관 · 단체에서 청소년을 대상으로 진료, 심리상담 관련 업무를 상근으로 수행한 경력

다. 청소년회복지원시설

직종별	자격기준
시설장	1) 상담복지 또는 소년보호 분야에서 박사학위를 취득한 사람 2) 상담복지 또는 소년보호 분야에서 박사과정을 이수한 사람으로서 청소년상담복지 또는 소년보호 관련 실무경력이 3년 이상인 사람 3) 상담복지 또는 소년보호 분야에서 석사학위를 취득한 사람으로서 청소년상담복지 또는 소년보호 관련 실무경력이 5년 이상인 사람 4) 청소년상담사, 청소년지도사, 사회복지사, 초등학교 교사, 중등학교 교사, 유치원교사, 보육교사 자격증 또는 가족상담 전문가 등 청소년보호 및 지원을 위한 전문자격을 소지한 사람으로서 청소년상담복지 또는 소년보호 관련 실무 경력이 5년 이상인 사람 5) 청소년상담복지 또는 소년보호 관련 실무경력이 5년 이상인 사람으로서 청소년보호 및 지원에 대한 능력과 자질이 있다고 전문기관 또는 단체에서 추천하는 사람 중 특별자치시장·특별자치도지사 또는 시장·군수·구청장이 인정하는 사람
보호·상담원	1) 상담복지 또는 소년보호 분야의 4년제 이상의 대학을 졸업하거나 이와 같은 수준 이상의 학력이 있다고 다른 법령에서 인정받은 사람 2) 4년제 이상의 대학을 졸업하거나 이와 같은 수준 이상의 학력이 있다고 다른 법령에서 인정받은 사람으로서 청소년상담복지 또는 소년보호 관련 실무경력이 2년 이상인 사람 3) 상담복지 분야의 전문대학을 졸업하거나 이와 같은 수준 이상의 학력이 있다고 다른 법령에서 인정받은 사람으로서 청소년상담복지 관련 실무경력이 2년 이상인 사람 4) 청소년상담사, 청소년지도사, 사회복지사, 초등학교 교사, 중등학교 교사, 유치원교사, 보육교사 자격증, 가족상담 전문가 등 청소년보호 및 지원을 위한 전문자격을 소지한 사람 5) 그 밖에 1)부터 4)까지의 규정에 준하는 자격이 있다고 인정되는 사람

비고

1. "상담복지 분야"란 상담학, 교육학, 심리학, 사회복지(사업)학, 아동복지(사업)학, 청소년(지도)학 및 상담복지와 관련하여 시·도지사 또는 시장·군수·구청장이 인정하는 분야를 말한다.
2. "소년보호 분야"란 교정보호학, 경찰행정학, 법학, 범죄사회학, 교정학 및 소년보호와 관련하여 시·도지사 또는 시장·군수·구청장이 인정하는 분야를 말한다.
3. "청소년상담복지 관련 실무경력"이란 다음 각 목의 어느 하나에 해당하는 경력을 말한다.
   가. 청소년 관련기관·단체에서 청소년을 대상으로 상담복지에 관한 업무를 상근으로 수행한 경력
   나. 국가 또는 지방자치단체의 청소년 관련 분야에서 청소년정책 관련 업무를 상근으로 수행한 경력
4. "소년보호 관련 실무경력"이란 다음 각 목의 어느 하나에 해당하는 경력을 말한다.
   가. 소년보호 관련기관·단체에서 소년을 대상으로 소년보호에 관한 업무를 상근으로 수행한 경력
   나. 국가 또는 지방자치단체의 소년 관련 분야에서 소년보호 정책 관련 업무를 상근으로 수행한 경력
   다. 소년심판규칙 제33조 제1항에 근거하여 위탁보호위원으로 위촉되어 활동한 경력

<표 6-4> 청소년복지시설 종사자의 직종별 배치기준(시행규칙 제18조 제1항 관련 [별표 2])

가. 청소년쉼터, 청소년자립지원관 및 청소년회복지원시설

구 분	일시 청소년 쉼터	단기 청소년쉼터				중장기 청소년 쉼터	청소년 자립 지원관	청소년 회복 지원시설
		10명 미만	10~15명 미만	15~20명 미만	20~25명 미만			
시설장	1	1	1	1	1	1	1	1
보호·상담원	4	2	3	5	6	2	–	1
자립지원요원	—	—	—	—	—	—	1	—
행정원	—	—	—	1	1	—	—	—
조리원	—	—	—	1	1	—	—	—
행정원 또는 조리원	1	1	1	–	–	1	1	—
합 계	6	4	5	8	9	4	3	2

비고 : 시설장은 상근이어야 하며, 다른 기관의 업무를 겸임할 수 없다. 다만, 청소년복지시설의 재정여건 등 불가피한 사유가 있는 경우 시설장과 보호·상담원을 겸임할 수 있다.

나. 청소년치료재활센터

구 분	20명 미만	20~30명 미만	30~40명 미만	40~50명 미만	50~60명 미만	60명 이상
시설장	1	1	1	1	1	1
관리업무 책임자	–	–	–	1	1	1
상담원	4	5	6	7	8	9
보호·자립지원요원	7	11	15	19	23	27
의 사	1	1	1	2	2	2
간호사	1	1	1	1	2	2
치료사	1	1	1	2	2	2
임상심리사	1	1	1	1	1	1
행정업무 수행직원	2	2	3	3	4	4
전산원	–	–	–	1	1	1
영양사	–	–	–	–	1	1
조리원	1	1	1	1	1	1
시설관리원	1	1	1	1	2	2
운전원	1	1	1	1	2	2

학 습 문 제

1. 청소년복지 지원법에 명시된 청소년증에 관한 내용이다. ( )에 들어갈 내용으로 옳은 것은? 제31회 기출문제

> 특별자치시장・특별자치도지사 또는 시장・군수・구청장은 (ㄱ)세 이상 (ㄴ)세 이하의 청소년에게 청소년증을 발급할 수 있다.

① ㄱ: 9, ㄴ: 15
② ㄱ: 9, ㄴ: 18
③ ㄱ: 9, ㄴ: 24
④ ㄱ: 13, ㄴ: 18
⑤ ㄱ: 13, ㄴ: 24

2. 청소년복지 지원법령상 청소년증에 관한 내용으로 옳은 것은? 제25회 기출문제

① 24세 이하의 모든 청소년에게 발급된다.
② 청소년증은 다른 사람에게 양도하거나 빌려주어서는 아니 된다.
③ 분실 시 3회에 한하여 재발급을 신청할 수 있다.
④ 청소년증의 발급은 여성가족부장관이 한다.
⑤ 청소년증 외에 청소년증과 동일한 명칭 또는 표시의 증표를 제작・사용할 수 있다.

3. 청소년복지 지원법상 소년법 제32조 제1항 제1호에 따른 감호위탁 처분을 받은 청소년에 대하여 보호자를 대신하여 그 청소년을 보호할 수 있는 자가 상담・주거・학업・자립 등의 서비스를 제공하는 청소년복지시설은? 제26회 기출문제

① 청소년쉼터
② 청소년 보호・재활센터
③ 청소년자립지원관
④ 청소년치료재활센터
⑤ 청소년회복지원시설

4. 청소년복지 지원법상 위기청소년 특별지원에 관한 설명으로 옳지 않은 것은? 제30회 기출문제

① 생활지원, 학업지원, 의료지원, 직업훈련지원 등을 물품 또는 서비스의 형태로 제공한다.
② 대상 청소년의 선정 기준, 범위 및 기간과 그 밖에 필요한 사항은 대통령령으로 정한다.
③ 반드시 필요하다고 인정되는 경우에는 금전의 형태로 제공할 수 있다.
④ 보호자는 청소년의 동의 없이 특별지원을 신청할 수 있다.
⑤ 청소년 본인도 특별지원을 신청할 수 있다.

5. 청소년복지 지원법령의 내용으로 옳은 것은? 제25회 기출문제
   ① 청소년증은 학교에서 발급될 수 있다.
   ② 위기청소년 스스로 특별지원 대상 청소년 선정을 신청할 수 있다.
   ③ 청소년의 보호자는 비행을 저지른 청소년의 동의 없이 교육적 선도를 실시할 수 있다.
   ④ 시·도교육감은 이주배경청소년지원센터를 설치·운영할 수 있다.
   ⑤ 지역사회 청소년통합지원체계 구성에 필요한 사항은 시·도교육감이 정한다.

6. 청소년복지 지원법에 의해 설립된 여성가족부 산하 공공기관으로 청소년상담 및 복지 관련 정책을 연구하고 청소년치료재활센터를 유지·관리 및 운영하는 기관은? 제32회 기출문제
   ① 한국청소년정책연구원
   ② 한국청소년상담복지개발원
   ③ 한국청소년수련시설협회
   ④ 한국청소년활동진흥원
   ⑤ 한국청소년단체협의회

7. 청소년복지 지원법상 여성가족부장관은 청소년의 의식·태도·생활 등에 관한 실태조사를 몇 년마다 실시하여야 하는가? (　　　)년

정답	1. ②	2. ②	3. ⑤	4. ④	5. ②	6. ②	7. 3

CHAPTER

07 청소년 보호법

1. 청소년 보호법의 의의

청소년 보호법은 청소년의 건전한 육성을 위해 유해한 매체물과 약물, 유해한 업소 등 청소년들을 유해한 환경으로부터 보호하기 위해 제정되었다. 이 법은 궁극적으로 청소년보호와 이들에 대한 올바른 육성은 국가의 책임이며, 이를 위한 제도의 마련과 함께, 제도를 성실하게 시행할 의무가 일차적으로 국가에 있음을 강조하고 있다. 이에 청소년 보호법 제1조에서는 청소년을 유해한 환경으로부터 보호・구제함으로써 청소년이 건전한 인격체로 성장할 수 있도록 규정하고 있으며, 청소년유해환경의 규제에 관한 형사처벌을 할 때 다른 법률보다 우선하여 적용함으로써(법 제6조) 청소년보호의 기초를 마련하였다는 데 의의가 있다.

1997년 청소년 보호법 제정 당시 제정 배경에 대해서 살펴보면 다음과 같다. 첫째, 산업화・도시화로 인한 다양한 청소년문제가 발생하였다. 1960년대 급속도로 발전한 경제 성장으로 국가의 위상은 높아졌으나 그 속에서 청소년들은 새로운 환경의 부적응과 청소년 비행 및 범죄가 증가하는 사회에 노출되는 현상이 발생하면서 청소년보호에 관한 필요성이 대두되었다. 둘째, 우리 사회의 자율화와 물질만능주의 경향에 따라 날로 심각해지고 있는 음란・폭력성의 청소년유해매체물과 유해약물 등의 청소년에 대한 유통과 유해한 업소의 청소년 출입 등의 규제에 관한 필요성이 제기되었다. 셋째, 1989년 유엔아동권리협약의 채택과 1991년 11월 20일 유엔아동권리협약 비준에 따라 우리나라에서도 청소년 권리와 보호를 위한 국가 및 사회의 다양한 노력이 확산되기 시작했다.

2. 청소년 보호법의 용어 정의

청소년 보호법 제2조에서 정의하고 있는 용어는 다음과 같다.

① "청소년"이란 만 19세 미만인 사람을 말한다(다만, 만 19세가 되는 해의 1월 1일을 맞이한 사람은 제외).

② "매체물"이란 다음 각 목의 어느 하나에 해당하는 것을 말한다.

가. 영화 및 비디오물의 진흥에 관한 법률에 따른 영화 및 비디오물

나. 게임산업진흥에 관한 법률에 따른 게임물

다. 음악산업진흥에 관한 법률에 따른 음반, 음악파일, 음악영상물 및 음악영상파일

라. 공연법에 따른 공연(국악공연은 제외)

마. 전기통신사업법에 따른 전기통신을 통한 부호·문언·음향 또는 영상정보

바. 방송법에 따른 방송 프로그램(보도 방송 프로그램은 제외)

사. 신문 등의 진흥에 관한 법률에 따른 일반일간신문(주로 정치·경제·사회에 관한 보도·논평 및 여론을 전파하는 신문은 제외), 특수일간신문(경제·산업·과학·종교 분야는 제외), 일반주간신문(정치·경제 분야는 제외), 특수주간신문(경제·산업·과학·시사·종교 분야는 제외), 인터넷신문(주로 정치·경제·사회에 관한 보도·논평 및 여론을 전파하는 신문은 제외) 및 인터넷뉴스서비스

아. 잡지 등 정기간행물의 진흥에 관한 법률에 따른 잡지(정치·경제·사회·시사·산업·과학·종교 분야는 제외), 정보간행물, 전자간행물 및 그 밖의 간행물

자. 출판문화산업 진흥법에 따른 간행물, 전자출판물 및 외국간행물(사목 및 아목에 해당하는 매체물은 제외)

차. 옥외광고물 등의 관리와 옥외광고산업 진흥에 관한 법률에 따른 옥외광고물과 가목부터 자목까지의 매체물에 수록·게재·전시되거

나 그 밖의 방법으로 포함된 상업적 광고선전물

카. 그 밖에 청소년의 정신적・신체적 건강을 해칠 우려가 있어 대통령령으로 정하는 매체물

③ "청소년유해매체물"이란 다음 각 목의 어느 하나에 해당하는 것을 말한다.

가. 제7조 제1항 본문 및 제11조에 따라 청소년보호위원회가 청소년에게 유해한 것으로 결정하거나 확인하여 여성가족부장관이 고시한 매체물

나. 제7조 제1항 단서 및 제11조에 따라 각 심의기관이 청소년에게 유해한 것으로 심의하거나 확인하여 여성가족부장관이 고시한 매체물

④ "청소년유해약물 등"이란 청소년에게 유해한 것으로 인정되는 다음 가목의 약물과 청소년에게 유해한 것으로 인정되는 다음 나목의 물건을 말한다.

가. 청소년유해약물 : 1) 주세법에 따른 주류, 2) 담배사업법에 따른 담배, 3) 마약류 관리에 관한 법률에 따른 마약류, 4) 화학물질관리법에 따른 환각물질, 5) 그 밖에 중추신경에 작용하여 습관성, 중독성, 내성 등을 유발하여 인체에 유해하게 작용할 수 있는 약물 등 청소년의 사용을 제한하지 아니하면 청소년의 심신을 심각하게 손상시킬 우려가 있는 약물로서 대통령령으로 정하는 기준에 따라 관계 기관의 의견을 들어 제36조에 따른 청소년보호위원회(이하 "청소년보호위원회")가 결정하고 여성가족부장관이 고시한 것

나. 청소년유해물건 : 1) 청소년에게 음란한 행위를 조장하는 성기구 등 청소년의 사용을 제한하지 아니하면 청소년의 심신을 심각하게 손상시킬 우려가 있는 성 관련 물건으로서 대통령령으로 정하는 기준에 따라 청소년보호위원회가 결정하고 여성가족부장관이 고시한 것, 2) 청소년에게 음란성・포악성・잔인성・사행성 등을 조장하는 완구류 등 청소년의 사용을 제한하지 아니하면 청소년의 심신을 심

각하게 손상시킬 우려가 있는 물건으로서 대통령령으로 정하는 기준에 따라 청소년보호위원회가 결정하고 여성가족부장관이 고시한 것, 3) 청소년유해약물과 유사한 형태의 제품으로 청소년의 사용을 제한하지 아니하면 청소년의 청소년유해약물 이용습관을 심각하게 조장할 우려가 있는 물건으로서 대통령령으로 정하는 기준에 따라 청소년보호위원회가 결정하고 여성가족부장관이 고시한 것

⑤ "청소년유해업소"란 청소년의 출입과 고용이 청소년에게 유해한 것으로 인정되는 다음 가목의 업소(이하 "청소년 출입·고용금지업소")와 청소년의 출입은 가능하나 고용이 청소년에게 유해한 것으로 인정되는 다음 나목의 업소(이하 "청소년고용금지업소")를 말한다. 이 경우 업소의 구분은 그 업소가 영업을 할 때 다른 법령에 따라 요구되는 허가·인가·등록·신고 등의 여부와 관계없이 실제로 이루어지고 있는 영업행위를 기준으로 한다.

가. 청소년 출입·고용금지업소 : 1) 게임산업진흥에 관한 법률에 따른 일반게임제공업 및 복합유통게임제공업 중 대통령령으로 정하는 것, 2) 사행행위 등 규제 및 처벌 특례법에 따른 사행행위영업, 3) 식품위생법에 따른 식품접객업 중 대통령령으로 정하는 것, 4) 영화 및 비디오물의 진흥에 관한 법률 제2조 제16호에 따른 비디오물감상실업·제한관람가비디오물소극장업 및 복합영상물제공업, 5) 음악산업진흥에 관한 법률에 따른 노래연습장업 중 대통령령으로 정하는 것, 6) 체육시설의 설치·이용에 관한 법률에 따른 무도학원업 및 무도장업, 7) 전기통신설비를 갖추고 불특정한 사람들 사이의 음성대화 또는 화상대화를 매개하는 것을 주된 목적으로 하는 영업(다만, 전기통신사업법 등 다른 법률에 따라 통신을 매개하는 영업은 제외한다), 8) 불특정한 사람 사이의 신체적인 접촉 또는 은밀한 부분의 노출 등 성적 행위가 이루어지거나 이와 유사한 행위가 이루어질 우려가

있는 서비스를 제공하는 영업으로서 청소년보호위원회가 결정하고 여성가족부장관이 고시한 것, 9) 청소년유해매체물 및 청소년유해약물 등을 제작・생산・유통하는 영업 등 청소년의 출입과 고용이 청소년에게 유해하다고 인정되는 영업으로서 대통령령으로 정하는 기준에 따라 청소년보호위원회가 결정하고 여성가족부장관이 고시한 것, 10) 한국마사회법 제6조 제2항에 따른 장외발매소(경마가 개최되는 날에 한정한다), 11) 경륜・경정법 제9조 제2항에 따른 장외매장(경륜・경정이 개최되는 날에 한정)

나. 청소년고용금지업소 : 1) 게임산업진흥에 관한 법률에 따른 청소년게임제공업 및 인터넷컴퓨터게임시설제공업, 2) 공중위생관리법에 따른 숙박업, 목욕장업, 이용업 중 대통령령으로 정하는 것, 3) 식품위생법에 따른 식품접객업 중 대통령령으로 정하는 것, 4) 영화 및 비디오물의 진흥에 관한 법률에 따른 비디오물소극장업, 5) 화학물질관리법에 따른 유해화학물질 영업(다만, 유해화학물질 사용과 직접 관련이 없는 영업으로서 대통령령으로 정하는 영업은 제외), 6) 회비 등을 받거나 유료로 만화를 빌려주는 만화대여업, 7) 청소년유해매체물 및 청소년유해약물 등을 제작・생산・유통하는 영업 등 청소년의 고용이 청소년에게 유해하다고 인정되는 영업으로서 대통령령으로 정하는 기준에 따라 청소년보호위원회가 결정하고 여성가족부장관이 고시한 것

⑥ "유통"이란 매체물 또는 약물 등을 판매・대여・배포・방송・공연・상영・전시・진열・광고하거나 시청 또는 이용하도록 제공하는 행위와 이러한 목적으로 매체물 또는 약물 등을 인쇄・복제 또는 수입하는 행위를 말한다.

⑦ "청소년폭력・학대"란 폭력이나 학대를 통하여 청소년에게 신체적・정신적 피해를 발생하게 하는 행위를 말한다.

⑧ "청소년유해환경"이란 청소년유해매체물, 청소년유해약물 등, 청소년유해업소 및 청소년폭력·학대를 말한다.

3. 청소년에 대한 가정·사회·국가 및 지방자치단체의 책임

1) 가정의 역할과 책임

청소년에 대하여 친권을 행사하는 사람 또는 친권자를 대신하여 청소년을 보호하는 사람은 청소년이 청소년유해환경에 접촉하거나 출입하지 못하도록 필요한 노력을 하여야 하며, 청소년이 유해한 매체물 또는 유해한 약물 등을 이용하고 있거나 유해한 업소에 출입하려고 하면 즉시 제지하여야 한다(법 제3조 제1항).

친권자 등은 이에 따른 노력이나 제지를 할 때 필요한 경우에는 청소년보호와 관련된 상담기관과 단체 등에 상담하여야 하고, 해당 청소년이 가출하거나 비행 등을 할 우려가 있다고 인정되면 청소년보호와 관련된 지도·단속 기관에 협조를 요청하여야 한다(법 제3조 제2항).

2) 사회의 책임

누구든지 청소년보호를 위하여 다음 각 호의 조치 등 필요한 노력을 하여야 한다(법 제4조 제1항).

① 청소년이 청소년유해환경에 접할 수 없도록 하거나 출입을 하지 못하도록 할 것

② 청소년이 유해한 매체물 또는 유해한 약물 등을 이용하고 있거나 청소년폭력·학대 등을 하고 있음을 알게 되었을 때에는 이를 제지하고 선도할 것

③ 청소년에게 유해한 매체물과 유해한 약물 등이 유통되고 있거나 청소년유해업소에 청소년이 고용되어 있거나 출입하고 있음을 알게 되었을 때 또는 청소년이 청소년폭력·학대 등의 피해를 입고 있음을 알게 되었을 때에는 제21조 제3항에 따른 관계기관 등에 신고·고발하는 등의 조치를 할 것

특히 매체물과 약물 등의 유통을 업으로 하거나 청소년유해업소의 경영을 업으로 하는 자와 이들로 구성된 단체 및 협회 등은 청소년유해매체물과 청소년유해약물 등이 청소년에게 유통되지 아니하도록 하고 청소년유해업소에 청소년을 고용하거나 청소년이 출입하지 못하도록 하는 등 청소년을 보호하기 위하여 자율적인 노력을 다하여야 한다(법 제4조 제2항).

3) 국가 및 지방자치단체의 책무

국가는 청소년보호를 위하여 청소년유해환경의 개선에 필요한 시책을 마련하고 시행하여야 하며, 지방자치단체는 해당 지역의 청소년유해환경으로부터 청소년을 보호하기 위하여 필요한 노력을 하여야 한다. 국가와 지방자치단체는 전자·통신기술 및 의약품 등의 발달에 따라 등장하는 새로운 형태의 매체물과 약물 등이 청소년의 정신적·신체적 건강을 해칠 우려가 있음을 인식하고, 이들 매체물과 약물 등으로부터 청소년을 보호하기 위하여 필요한 기술개발과 연구사업의 지원, 국가 간의 협력 체제 구축 등 필요한 노력을 하여야 한다(법 제5조 제1~2항).

국가와 지방자치단체는 청소년 관련 단체 등 민간의 자율적인 유해환경 감시·고발 활동을 장려하고 이에 필요한 지원을 할 수 있으며 민간의 건의사항을 관련 시책에 반영할 수 있다. 그리고 국가와 지방자치단체는 청소년을 보호하기 위하여 청소년유해환경을 규제할 때 그 의무를 충실히 수행하여야 한다(법 제5조 제3~4항).

4. 청소년유해매체물

1) 청소년유해매체물의 결정

(1) 청소년유해매체물의 심의 · 결정

청소년보호위원회는 매체물이 청소년에게 유해한지를 심의하여 청소년에게 유해하다고 인정되는 매체물을 청소년유해매체물로 결정하여야 하며(다만, 다른 법령에 따라 해당 매체물의 윤리성 · 건전성을 심의할 수 있는 기관이 있는 경우에는 예외로 한다)(법 제7조 제1항), 매체물이 청소년에게 유해한지를 각 심의기관에서 심의하지 아니하는 경우 청소년보호를 위하여 필요하다고 인정할 때에는 심의를 하도록 요청할 수 있다(법 제7조 제2항).

청소년보호위원회는 각 심의기관이 있는 경우에도 각 심의기관이 심의를 요청한 매체물, 청소년에게 유해한지에 대하여 각 심의기관의 심의를 받지 아니하고 유통되는 매체물의 어느 하나에 해당하는 매체물에 대하여는 청소년에게 유해한지를 심의하여 유해하다고 인정하는 경우에는 그 매체물을 청소년유해매체물로 결정할 수 있다(법 제7조 제3항).

청소년보호위원회나 각 심의기관은 매체물 심의 결과 그 매체물의 내용이 형법 등 다른 법령에 따라 유통이 금지되는 내용이라고 판단하는 경우에는 지체 없이 관계 기관에 형사처벌이나 행정처분을 요청하여야 하며(다만, 각 심의기관별로 해당 법령에 따로 절차가 있는 경우에는 그 절차에 따른다), 제작 · 발행의 목적 등에 비추어 청소년이 아닌 자를 상대로 제작 · 발행된 매체물, 매체물 각각을 청소년유해매체물로 결정하여서는 청소년에게 유통되는 것을 차단할 수 없는 매체물의 어느 하나에 해당하는 매체물에 대하여는 신청을 받거나 직권으로 매체물의 종류, 제목, 내용 등을 특정하여 청소년유해매체물로 결정할 수 있다(법 제7조 제4~5항).

(2) 매체물의 등급 구분

청소년보호위원회와 각 심의기관은 매체물을 심의·결정하는 경우 청소년 유해매체물로 심의·결정하지 아니한 매체물에 대하여는 그 매체물의 특성, 청소년 유해의 정도, 이용시간과 장소 등을 고려하여 이용 대상 청소년의 나이에 따른 등급을 구분할 수 있다. 이 경우 매체물의 내용에 폭력성·선정성·사행성 등이 있는지와 그 정도에 관한 정보를 덧붙일 수 있다(법 제8조).

청소년보호위원회와 각 심의기관은 청소년유해매체물로 심의·결정되지 아니한 매체물에 대하여 다음 각 호의 구분에 따라 매체물의 등급을 구분할 수 있다(시행령 제8조 제1항).

① 9세 이상가 : 9세 이상 청소년이 이용할 수 있는 매체물

② 12세 이상가 : 12세 이상 청소년이 이용할 수 있는 매체물

③ 15세 이상가 : 15세 이상 청소년이 이용할 수 있는 매체물

(3) 청소년유해매체물의 심의기준

청소년보호위원회와 각 심의기관은 청소년유해매체물 심의를 할 때 해당 매체물이 청소년에게 성적인 욕구를 자극하는 선정적인 것이거나 음란한 것, 청소년에게 포악성이나 범죄의 충동을 일으킬 수 있는 것, 성폭력을 포함한 각종 형태의 폭력 행위와 약물의 남용을 자극하거나 미화하는 것, 도박과 사행심을 조장하는 등 청소년의 건전한 생활을 현저히 해칠 우려가 있는 것, 청소년의 건전한 인격과 시민의식의 형성을 저해(沮害)하는 반사회적·비윤리적인 것, 그 밖에 청소년의 정신적·신체적 건강에 명백히 해를 끼칠 우려가 있는 것의 어느 하나에 해당하는 경우에는 청소년유해매체물로 결정하여야 한다(법 제9조 제1항). 이에 따른 기준을 구체적으로 적용할 때에는 사회의 일반적인 통념에 따르며 그 매체물이 가지고 있는 문학적·예술적·교육적·의학적·과학적 측면과 그 매체물의 특성을 함께 고려하여야 한다(법 제9조 제2~3항).

청소년유해매체물 심의 기준은 <표 7-1>과 같다.

<표 7-1> 청소년유해매체물의 심의 기준(시행령 제9조 [별표2])

1. 일반 심의 기준	가. 매체물에 관한 심의는 해당 매체물의 전체 또는 부분에 관하여 평가하되, 부분에 대하여 평가하는 경우에는 전반적 맥락을 함께 고려할 것 나. 매체물 중 연속물에 대한 심의는 개별 회분을 대상으로 할 것. 다만, 법 제7조 제5항에 해당하는 매체물에 대한 심의는 그러하지 아니하다. 다. 심의위원 중 최소한 2명 이상이 해당 매체물의 전체 내용을 파악한 후 심의할 것 라. 법 제7조 제5항에 따라 실제로 제작·발행 또는 수입이 되지 아니한 매체물에 대하여 심의할 때에는 구체적·개별적 매체물을 대상으로 하지 않고 사회통념상 매체물의 종류, 제목, 내용 등을 특정할 수 있는 포괄적인 명칭 등을 사용하여 심의할 것
2. 개별 심의 기준	가. 음란한 자태를 지나치게 묘사한 것 나. 성행위와 관련하여 그 방법·감정·음성 등을 지나치게 묘사한 것 다. 수간을 묘사하거나 혼음(混淫), 근친상간, 가학·피학성 음란증 등 변태 성행위, 매춘 행위 그 밖에 사회통념상 허용되지 아니한 성관계를 조장하는 것 라. 청소년을 대상으로 하는 성행위를 조장하거나 여성을 성적 대상으로만 기술하는 등 성 윤리를 왜곡시키는 것 마. 존속에 대한 상해·폭행·살인 등 전통적인 가족 윤리를 훼손할 우려가 있는 것 바. 잔인한 살인·폭행·고문 등의 장면을 자극적으로 묘사하거나 조장하는 것 사. 성폭력·자살·자학행위, 그 밖에 육체적·정신적 학대를 미화하거나 조장하는 것 아. 범죄를 미화하거나 범죄방법을 상세히 묘사하여 범죄를 조장하는 것 자. 역사적 사실을 왜곡하거나 국가와 사회 존립의 기본체제를 훼손할 우려가 있는 것 차. 저속한 언어나 대사를 지나치게 남용하는 것 카. 도박과 사행심 조장 등 건전한 생활 태도를 현저하게 해칠 우려가 있는 것 타. 청소년유해약물 등의 효능 및 제조방법 등을 구체적으로 기술하여 그 복용·제조 및 사용을 조장하거나 이를 매개하는 것 파. 청소년유해업소에의 청소년 고용과 청소년 출입을 조장하거나 이를 매개하는 것 하. 청소년에게 불건전한 교제를 조장 또는 매개할 우려가 있는 것

(4) 심의 결과의 조정 및 자율규제

청소년보호위원회는 청소년보호와 관련하여 각 심의기관이 동일한 매체물을 심의한 결과에 상당한 차이가 있을 경우 그 심의 결과의 조정을 요구할 수 있으며, 요구를 받은 각 심의기관은 특별한 사유가 없으면 그 요구에 따라야 한다(법 제10조).

매체물의 제작자·발행자, 유통행위자 또는 매체물과 관련된 단체는 자율적으로 청소년 유해 여부를 결정하고 결정한 내용의 확인을 청소년보호위원회나 각 심의기관에 요청할 수 있으며, 이에 따른 확인 요청을 받은 청소년보호위원회 또는 각 심의기관은 심의 결과 그 결정 내용이 적합한 경우에는 이를 확인하여야 하며, 청소년보호위원회는 필요한 경우 이를 각 심의기관에 위탁하여 처리할 수 있다(법 제11조 제1~2항). 이 경우에 청소년보호위원회나 각 심의기관이 확인을 한 경우에는 해당 매체물에 확인 표시를 부착할 수 있다(법 제11조 제3항).

매체물의 제작자·발행자, 유통행위자 또는 매체물과 관련된 단체는 청소년에게 유해하다고 판단하는 매체물에 대하여 제13조에 따른 청소년유해표시에 준하는 표시를 하거나 제14조에 따른 포장에 준하는 포장을 하여야 하며(법 제11조 제4항), 청소년보호위원회나 각 심의기관은 이에 따라 청소년유해표시 또는 포장을 한 매체물을 발견한 경우 청소년 유해 여부를 결정하여야 한다(법 제11조 제5항).

매체물의 제작자·발행자나 유통행위자는 청소년보호위원회의 심의·결정에 이의가 있는 경우 심의·결정의 결과를 통지받은 날부터 30일 이내에 청소년보호위원회에 재심의를 청구할 수 있으며, 이에 따른 재심의 청구는 제7조에 따른 심의·결정의 효력 및 제21조에 따른 청소년유해매체물 고시 절차의 진행에 영향을 주지 아니한다(법 제12조 제1~2항). 청소년보호위원회는 재심의 청구를 받은 날부터 30일 이내에 심의·결정하여 그 결과를 청구인에게 통보하여야 한다(다만, 30일 이내에 재심의 결정을 하기 어려운 경우에는 청소년보호위원회의 의결을 거쳐 30일의 범위에서 그 기간을 연장할 수 있다)(법 제12조 제3항).

<표 7-2> 청소년유해매체물 심의기관

심의기관	담당매체	심의형태	심의내용
간행물윤리위원회	간행물(소설, 만화, 정기간행물 등)	사후심의	• 청소년 유해성 • 유해성
게임물관리위원회	게임물	사전 등급분류	• 청소년 유해성
방송통신심의위원회	정보통신물	사후심의	• 청소년 유해성 • 불온성(불법성)
	방송프로그램	사전자율/ 사후심의 병행	• 청소년 유해성 • 공공성, 공정성
영상물등급위원회	영화·비디오·영상물	사전 등급분류	• 청소년 유해성 제한상영제 • 연소자 유해성
청소년보호위원회	모든 매체물(음반)	사후심의	• 청소년 유해성

출처 : 여성가족부(2022).

(5) 청소년유해매체물의 결정 등

청소년유해매체물 결정에 있어 각 심의기관은 청소년유해매체물의 결정, 확인 또는 결정 취소를 한 경우 청소년유해매체물의 목록과 그 사유를 청소년보호위원회에 통보하여야 하며(법 제21조 제1항), 여성가족부장관은 청소년보호위원회와 각 심의기관이 결정, 확인 또는 결정 취소한 청소년유해매체물의 목록과 그 사유 및 효력 발생 시기를 구체적으로 밝힌 목록표를 고시하여야 한다(법 제21조 제2항).

여성가족부장관은 청소년유해매체물 목록표를 각 심의기관, 청소년 또는 매체물과 관련이 있는 중앙행정기관, 지방자치단체, 청소년보호와 관련된 지도·단속 기관, 그 밖에 청소년보호를 위한 관련 단체 등에 통보하여야 하고, 필요한 경우 매체물의 유통을 업으로 하는 개인·법인·단체에 통보할 수 있으며, 친권자 등의 요청이 있는 경우 친권자 등에게 통지할 수 있다(법 제21조 제3항).

청소년보호위원회와 각 심의기관은 청소년유해매체물이 더 이상 청소년에게 유해하지 아니하다고 인정할 때에는 제7조에 따른 청소년유해매체물의 결정을 취소하여야 한다(법 제20조).

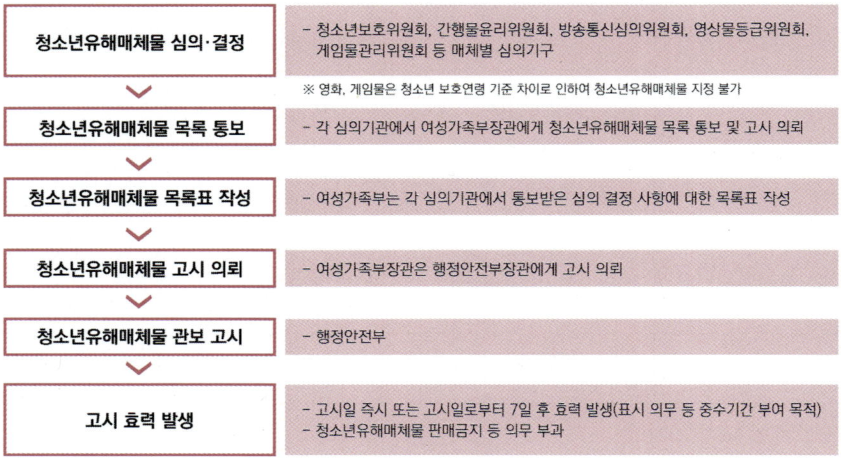

| 그림 7-1 | 청소년유해매체물 결정·고시 절차도

출처 : 여성가족부(2022).

2) 청소년유해매체물의 유통 규제

(1) 청소년유해 표시 및 포장 의무

매체물의 제작자·발행자나 유통행위자는 청소년유해매체물에 대하여 청소년에게 유해한 것임을 나타내는 표시를 하여야 한다(다만, 다른 법령에서 청소년유해표시를 하여야 할 자를 따로 정한 경우에는 해당 법령에서 정하는 바에 따른다)(법 제13조).

청소년유해매체물은 포장하여야 하며, 이 경우 매체물의 특성으로 인하여 포장할 수 없는 것은 포장에 준하는 보호조치를 마련하여 시행하여야 하며, 포장을 하여야 할 매체물의 종류, 포장에 준하는 보호조치, 포장의무자, 포장

방법, 그 밖에 포장에 필요한 사항은 대통령령으로 정한다(법 제14조 제1~2항). 또한 누구든지 제13조에 따른 청소년유해표시와 제14조에 따른 포장을 훼손하여서는 아니 된다(법 제15조).

(2) 판매 금지

청소년유해매체물로서 대통령령으로 정하는 매체물을 판매・대여・배포하거나 시청・관람・이용하도록 제공하려는 자는 그 상대방의 나이 및 본인 여부를 확인하여야 하고, 청소년에게 판매・대여・배포하거나 시청・관람・이용하도록 제공하여서는 아니 된다(법 제16조 제1항).

청소년유해표시를 하여야 할 매체물은 청소년유해표시가 되지 아니한 상태로 판매나 대여를 위하여 전시하거나 진열하여서는 아니 되며(법 제16조 제2항), 포장을 하여야 할 매체물은 포장을 하지 아니한 상태로 판매나 대여를 위하여 전시하거나 진열하여서는 아니 된다(법 제16조 제3항).

청소년유해매체물을 판매 등에 제공하는 경우에는 다음의 어느 하나에 해당하는 수단이나 방법으로 그 상대방의 나이 및 본인 여부를 확인하여야 한다(시행령 제17조).

① 대면(對面)을 통한 신분증 확인이나 팩스 또는 우편으로 수신한 신분증 사본 확인
② 전자서명법 제2조 제8호에 따른 공인인증서
③ 정보통신망 이용촉진 및 정보보호 등에 관한 법률 제23조의2 제2항에 따른 주민등록번호를 사용하지 아니하고 본인을 확인하는 방법
④ 개인정보 보호법 제24조 제2항에 따라 주민등록번호를 사용하지 아니하고 회원으로 가입할 수 있는 방법
⑤ 신용카드를 통한 인증
⑥ 휴대전화를 통한 인증. 이 경우 휴대전화를 통한 문자전송, 음성 자동응답 등의 방법을 추가하여 나이 및 본인 여부를 확인하여야 한다.

(3) 구분 · 격리

청소년유해매체물은 청소년에게 유통이 허용된 매체물과 구분 · 격리하지 아니하고서는 판매나 대여를 위하여 전시하거나 진열하여서는 아니 되며(법 제17조 제1항), 청소년유해매체물로서 제2조 제2호 가목부터 다목까지[1] 및 사목부터 자목까지에[2] 해당하는 매체물은 자동기계장치 또는 무인판매장치를 통하여 유통시킬 목적으로 전시하거나 진열하여서는 아니 된다(법 제17조 제2항).

(4) 방송시간 제한

청소년유해매체물로서 방송법에 따른 방송 프로그램(보도 방송프로그램은 제외)과 같은 호 차목 · 카목[3]에 해당하는 매체물 중 방송을 이용하는 매체물은 대통령령으로 정하는 시간에는 방송하여서는 아니 된다(법 제18조).

이에 따라 청소년유해매체물을 방송해서는 아니 되는 방송시간은 평일은 오전 7시부터 오전 9시까지와 오후 1시부터 오후 10시까지로 하고, 토요일과 관공서의 공휴일에 관한 규정 제2조에 따른 공휴일 및 여성가족부장관이 정하여 고시하는 초 · 중등교육법 제2조에 따른 초등학교 · 중학교 · 고등학교의 방학기간에는 오전 7시부터 오후 10시까지로 한다(다만, 방송법에 따른 방송 중

---

1) 가. 영화 및 비디오물의 진흥에 관한 법률에 따른 영화 및 비디오물
   나. 게임산업진흥에 관한 법률에 따른 게임물
   다. 음악산업진흥에 관한 법률에 따른 음반, 음악파일, 음악영상물 및 음악영상파일

2) 사. 신문 등의 진흥에 관한 법률에 따른 일반일간신문(주로 정치 · 경제 · 사회에 관한 보도 · 논평 및 여론을 전파하는 신문은 제외한다), 특수일간신문(경제 · 산업 · 과학 · 종교 분야는 제외한다), 일반주간신문(정치 · 경제 분야는 제외한다), 특수주간신문(경제 · 산업 · 과학 · 시사 · 종교 분야는 제외한다), 인터넷신문(주로 정치 · 경제 · 사회에 관한 보도 · 논평 및 여론을 전파하는 신문은 제외한다) 및 인터넷뉴스서비스
   아. 잡지 등 정기간행물의 진흥에 관한 법률에 따른 잡지(정치 · 경제 · 사회 · 시사 · 산업 · 과학 · 종교 분야는 제외한다), 정보간행물, 전자간행물 및 그 밖의 간행물
   자. 출판문화산업 진흥법에 따른 간행물, 전자출판물 및 외국간행물(사목 및 아목에 해당하는 매체물은 제외한다)

3) 차. 「옥외광고물 등의 관리와 옥외광고산업 진흥에 관한 법률」에 따른 옥외광고물과 가목부터 자목까지의 매체물에 수록 · 게재 · 전시되거나 그 밖의 방법으로 포함된 상업적 광고선전물
   카. 그 밖에 청소년의 정신적 · 신체적 건강을 해칠 우려가 있어 대통령령으로 정하는 매체물

시청자와의 계약에 의하여 채널별로 대가를 받고 제공하는 방송의 경우에는 오후 6시부터 오후 10시까지로 한다)(시행령 제19조 제1항).

이와 같은 방송시간에 방송되는 청소년유해매체물의 예고 방송에는 청소년에게 성적인 욕구를 자극하는 선정적인 것이거나 음란한 것, 청소년에게 포악성이나 범죄의 충동을 일으킬 수 있는 것, 성폭력을 포함한 각종 형태의 폭력 행위와 약물의 남용을 자극하거나 미화하는 것, 도박과 사행심을 조장하는 등 청소년의 건전한 생활을 현저히 해칠 우려가 있는 것, 청소년의 건전한 인격과 시민의식의 형성을 저해(沮害)하는 반사회적・비윤리적인 것, 그 밖에 청소년의 정신적・신체적 건강에 명백히 해를 끼칠 우려가 있는 것의 내용을 포함해서는 아니 된다(시행령 제19조 제2항).

(5) 광고 선전 제한

청소년유해매체물로서 옥외광고물 등 관리법에 따른 옥외광고물을 청소년 출입・고용금지업소 외의 업소, 일반인들이 통행하는 장소의 어느 하나에 해당하는 장소에 공공연하게 설치・부착 또는 배포하여서는 아니 되며, 상업적 광고선전물을 청소년의 접근을 제한하는 기능이 없는 컴퓨터 통신을 통하여 설치・부착 또는 배포하여서도 아니 된다(법 제19조 제1항).

청소년유해매체물로서 옥외광고물 등 관리법에 따른 옥외광고물 외의 상업적 광고선전물은 청소년을 대상으로 판매・대여・배포하거나 시청・관람 또는 이용하도록 제공하여서는 아니 된다(법 제19조 제2항). 이에 따른 광고 선전의 제한 방법과 제한 장소, 그 밖에 광고 제한에 필요한 사항은 대통령령으로 정한다.

(6) 외국 매체물에 대한 특례

누구든지 외국에서 제작・발행된 매체물로서 제9조의 심의 기준에 해당하는 청소년유해매체물(번역, 번안, 편집, 자막삽입 등을 한 경우를 포함)을 영리를 목적으로 청소년을 대상으로 유통하게 하거나 이와 같은 목적으로 소지하여서는 아니 된다(법 제22조).

5. 청소년의 인터넷게임 중독 예방

1) 인터넷게임 이용자의 친권자 등의 동의

게임산업진흥에 관한 법률에 따른 게임물 중 정보통신망 이용촉진 및 정보보호 등에 관한 법률 제2조 제1항 제1호에 따른 정보통신망을 통하여 실시간으로 제공되는 게임물의 제공자(전기통신사업법 제22조에 따라 부가통신사업자로 신고한 자를 말하며, 같은 조 제1항 후단 및 제4항에 따라 신고한 것으로 보는 경우를 포함)는 회원으로 가입하려는 사람이 16세 미만의 청소년일 경우에는 친권자 등의 동의를 받아야 한다. 친권자 등의 동의에 필요한 사항은 게임산업진흥에 관한 법률에서 정하는 바에 따른다(법 제24조).

2) 인터넷게임 제공자의 고지 의무

인터넷게임의 제공자는 16세 미만의 청소년 회원가입자의 친권자 등에게 해당 청소년과 관련된 제공되는 게임의 특성 · 등급(게임산업진흥에 관한 법률 제21조에 따른 게임물의 등급) · 유료화정책 등에 관한 기본적인 사항, 인터넷게임 이용시간, 인터넷게임 이용 등에 따른 결제정보의 사항을 알려야 한다(법 제25조 제1항).

3) 인터넷게임 중독 등의 피해 청소년 지원

여성가족부장관은 관계 중앙행정기관의 장과 협의하여 인터넷게임 중독(인터넷게임의 지나친 이용으로 인하여 인터넷게임 이용자가 일상생활에서 쉽게 회복할 수 없는 신체적 · 정신적 · 사회적 기능 손상을 입은 것을 말함) 등 매체물의 오용 · 남용으로 신체적 · 정신적 · 사회적 피해를 입은 청소년에 대하여 예방 · 상담 및 치료와 재활 등의 서비스를 지원할 수 있다(법 제27조).

여성가족부장관은 법 제27조 제1항에 따라 청소년의 인터넷게임 중독 여부 진단, 청소년의 인터넷게임 중독 예방을 위한 교육·상담 및 프로그램 개발·운영, 인터넷게임 중독 청소년의 치료·재활을 위한 프로그램의 개발·운영, 인터넷게임 중독 청소년의 치료·재활을 위하여 협력하는 병원의 지정, 청소년 기본법 제22조에 따른 청소년상담사 등에 대한 인터넷게임 중독 전문상담 교육의 사업을 할 수 있다(시행령 제23조).

여성가족부장관은 인터넷게임 중독 등의 피해 청소년 지원 사업을 수행하기 위하여 관련기관 및 단체의 장에게 자료의 제출 등 협조를 요청할 수 있고, 피해 청소년 지원 사업을 청소년 기본법 제3조 제8호에 따른 청소년단체 중 청소년보호를 주된 사업으로 하는 단체에 위탁할 수 있다(시행령 제23조 제2~3항).

여성가족부는 청소년의 인터넷·스마트폰 과의존으로 인한 학업성적·사회성 저하, 가정불화, 건강악화 등이 심각한 사회문제로 대두되고 있는 현실에서, 청소년의 인터넷·스마트폰 과의존 예방 및 피해 해소를 위한 단계적·체계적 대응 정책을 시행하고 있다. 먼저 한국청소년상담복지개발원을 중심으로 잠재적인 인터넷·스마트폰 과의존 청소년에 대한 예방적 상담을 위하여 전국 240개 청소년상담복지센터와 연계하여 인터넷·스마트폰 과의존 상담체계를 구축하고 있다. 둘째, 심각한 인터넷·스마트폰 과의존 청소년의 치유를 돕기 위해 전국 정신건강복지센터 및 242개 치료협력 병원 연계를 통한 치료 서비스를 지원하는 등 치료 기반을 구축하고 있다. 셋째, 17개 시·도 청소년상담복지센터를 허브로 하는 인터넷·스마트폰 과의존 대응 지역 협력망을 구축하여 지자체, 교육청, 정신건강증진센터, 건강가정지원센터, 청소년단체, 학부모단체 등 지역의 다양한 관계 기관과 협력체계를 구축하고 있다.

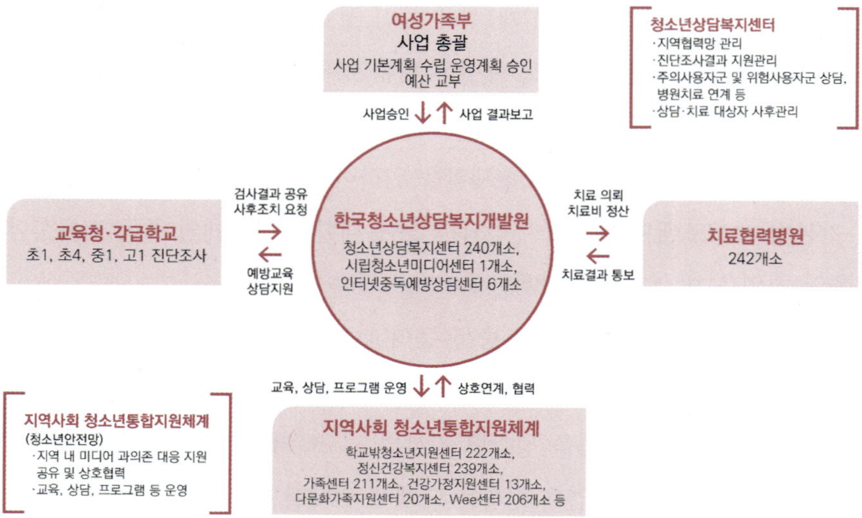

| 그림 7-2 | 여성가족부 인터넷 · 스마트폰 과의존 예방 및 해소 정책 추진체계도

출처 : 여성가족부(2023).

6. 청소년유해환경의 규제

1) 청소년유해약물 등의 판매 · 대여 금지

누구든지 청소년을 대상으로 청소년유해약물 등을 판매 · 대여 · 배포(자동기계장치 · 무인판매장치 · 통신장치를 통하여 판매 · 대여 · 배포하는 경우를 포함한다)하거나 무상으로 제공하여서는 아니 되며, 청소년의 의뢰를 받아 청소년유해약물 등을 구입하여 청소년에게 제공하거나 청소년에게 권유 · 유인 · 강요하여 청소년유해약물 등을 구매하게 하여서는 아니 된다(법 제28조 제1~3항).

청소년유해약물 등을 판매 · 대여 · 배포하고자 하는 자는 그 상대방의 나이 및 본인 여부를 확인하여야 하며, 다음 각 호의 어느 하나에 해당하는 자가 청소년유해약물 중 주류나 담배(이하 "주류 등")를 판매 · 대여 · 배포하는 경우 그 업소(자동기계장치 · 무인판매장치를 포함)에 청소년을 대상으로 주류 등의 판매 · 대여 · 배포를 금지하는 내용을 표시하여야 한다(법 제28조 제4~5항).

① 주류 면허 등에 관한 법률에 따른 주류소매업의 영업자
② 담배사업법에 따른 담배소매업의 영업자
③ 그 밖에 대통령령으로 정하는 업소의 영업자

2) 청소년 고용 금지 및 출입 제한

청소년유해업소의 업주는 청소년을 고용하여서는 아니 된다. 청소년유해업소의 업주가 종업원을 고용하려면 미리 나이를 확인하여야 하며(법 제29조 제1항), 청소년 출입·고용금지업소의 업주와 종사자는 출입자의 나이를 확인하여 청소년이 그 업소에 출입하지 못하게 하여야 한다(법 제29조 제2항). 이 경우 청소년이 청소년에 대하여 친권을 행사하는 사람 또는 친권자를 대신하여 청소년을 보호하는 사람(이하 "친권자 등")을 동반한 경우에는 청소년을 출입하게 할 수 있으며, 청소년 출입·고용금지업소의 업주 및 종사자는 청소년과 친권자 등과의 관계를 확인하여야 한다(다만, 식품위생법에 따른 식품접객업 중 대통령령으로 정하는 업소인 단란주점영업소 및 유흥주점영업소의 경우에는 출입할 수 없다)(법 제29조 제5항, 시행령 제27조 제1~2항).

제2조 제5호 나목 2)(공중위생관리법에 따른 숙박업, 목욕장업, 이용업 중 대통령령으로 정하는 것)의 숙박업을 운영하는 업주는 종사자를 배치하거나 대통령령으로 정하는 설비 등을 갖추어 출입자의 나이를 확인하고 제30조 제8호의 우려가 있는 경우(청소년을 남녀 혼숙하게 하는 등 풍기를 문란하게 하는 영업행위를 하거나 이를 목적으로 장소를 제공하는 행위)에는 청소년의 출입을 제한하여야 한다(법 제29조 제3항).

청소년유해업소의 업주와 종사자는 법 제1항부터 제3항까지에 따른 나이 확인을 위하여 필요한 경우 주민등록증이나 그 밖에 나이를 확인할 수 있는 증표의 제시를 요구할 수 있으며, 증표 제시를 요구받고도 정당한 사유 없이 증표를 제시하지 아니하는 사람에게는 그 업소의 출입을 제한할 수 있다(법 제29조 제4항).

청소년유해업소의 업주와 종사자는 그 업소의 출입구 중 가장 잘 보이는 곳에 청소년의 출입·이용과 고용을 제한하는 내용의 표지를 부착하여야 한다(법 제29조 제6항, 시행령 제28조).

> [대법원 2013. 9. 27., 선고, 2013도8385, 판결]
> 청소년유해업소인 유흥주점의 업주가 종업원을 고용할 때 대상자의 연령을 확인하여야 하는 의무의 내용
>
> 청소년 보호법의 입법목적 등에 비추어 볼 때, 유흥주점과 같은 청소년유해업소의 업주에게는 청소년보호를 위하여 청소년을 당해 업소에 고용하여서는 아니 될 매우 엄중한 책임이 부여되어 있으므로, 유흥주점의 업주가 당해 유흥업소에 종업원을 고용할 때에는 주민등록증이나 이에 유사한 정도로 연령에 관한 공적 증명력이 있는 증거에 의하여 대상자의 연령을 확인하여야 하고, 만일 대상자가 제시한 주민등록증상의 사진과 실물이 다르다는 의심이 들면 청소년이 자신의 신분과 연령을 감추고 유흥업소 취업을 감행하는 사례가 적지 않은 유흥업계의 취약한 고용실태 등에 비추어 볼 때, 업주로서는 주민등록증상의 사진과 실물을 자세히 대조하거나 주민등록증상의 주소 또는 주민등록번호를 외워보도록 하는 등 추가적인 연령확인조치를 취하여야 할 의무가 있다.

3) 청소년유해행위의 금지

누구든지 청소년에게 영리를 목적으로 청소년으로 하여금 신체적인 접촉 또는 은밀한 부분의 노출 등 성적 접대행위를 하게 하거나 이러한 행위를 알선·매개하는 행위, 영리를 목적으로 청소년으로 하여금 손님과 함께 술을 마시거나 노래 또는 춤 등으로 손님의 유흥을 돋우는 접객행위를 하게 하거나 이러한 행위를 알선·매개하는 행위, 영리나 흥행을 목적으로 청소년에게 음란한 행위를 하게 하는 행위, 영리나 흥행을 목적으로 청소년의 장애나 기형 등의 모습을 일반인들에게 관람시키는 행위, 청소년에게 구걸을 시키거나 청소년을 이용하여 구걸하는 행위, 청소년을 학대하는 행위, 영리를 목적으로 청소년으로 하여금 거리에서 손님을 유인하는 행위를 하게 하는 행위, 청소년

을 남녀 혼숙하게 하는 등 풍기를 문란하게 하는 영업행위를 하거나 이를 목적으로 장소를 제공하는 행위, 주로 차 종류를 조리・판매하는 업소에서 청소년으로 하여금 영업장을 벗어나 차 종류를 배달하는 행위를 하게 하거나 이를 조장하거나 묵인하는 행위를 하여서는 아니 된다(법 제30조).

4) 청소년 통행금지・제한구역의 지정 등

특별자치시장・특별자치도지사・시장・군수・구청장은 청소년보호를 위하여 필요하다고 인정할 경우 청소년의 정신적・신체적 건강을 해칠 우려가 있는 구역을 청소년 통행금지구역 또는 청소년 통행제한구역으로 지정하여야 하며(법 제31조 제1항), 시장・군수・구청장은 청소년 범죄 또는 탈선의 예방 등 특별한 이유가 있으면 대통령령으로 정하는 바에 따라 시간을 정하여 지정된 구역에 청소년이 통행하는 것을 금지하거나 제한할 수 있다(법 제31조 제2항).

청소년 통행금지구역 또는 통행제한구역의 구체적인 지정기준과 선도 및 단속 방법 등은 조례로 정하여야 한다. 이 경우 관할 경찰관서 및 학교 등 해당 지역의 관계 기관과 지역 주민의 의견을 반영하여야 한다(법 제31조 제3항).

시장・군수・구청장 및 관할 경찰서장은 청소년이 통행금지나 제한을 위반하여 청소년 통행금지구역 또는 통행제한구역을 통행하려고 할 때에는 통행을 막을 수 있으며, 통행하고 있는 청소년은 해당 구역 밖으로 나가게 할 수 있다(법 제31조 제4항).

청소년에게 정신적・신체적 건강을 해칠 우려가 있는 구역을 청소년 보호법 제31조 및 각 지자체 조례에 의거하여 청소년 통행금지・제한구역으로 지정・운영 중에 있다. 2021년 12월 말 기준 총 53개 구역이 지정・운영되고 있다.

<표 7-3> 청소년 통행금지·제한구역 현황 (단위 : 개소)

구 분	계	통행금지구역	통행제한구역
계	52	41	11
서울	5	3	2
부산	3	2	1
대구	0	0	0
인천	1	0	1
광주	5	4	1
대전	2	2	0
울산	0	0	0
세종	0	0	0
경기	21	20	1
강원	3	3	0
충북	1	1	0
충남	2	2	0
전북	0	0	0
전남	2	1	1
경북	5	3	2
경남	2	0	2
제주	0	0	0

주 : 1) 통행금지구역 : 윤락행위가 행해지거나 행해질 우려 지역(24시간 통행금지).
2) 통행제한구역 : 청소년유해업소가 밀집한 지역 등 청소년유해매체물·약물 등 판매·대여 등 제공행위가 빈번히 행해지거나 행해질 우려 지역(일정 시간 통행 제한).
출처 : 여성가족부(2023).

5) 청소년에 대하여 가지는 채권의 효력 제한

법 제30조에 따른 청소년유해행위를 한 자가 그 행위와 관련하여 청소년에 대하여 가지는 채권은 그 계약의 형식이나 명목에 관계없이 무효로 한다(법 제32조 제1항).

특히 단란주점영업 및 유흥주점영업, 휴게음식점영업으로서 주로 차 종류를 조리·판매하는 영업 중 종업원에게 영업장을 벗어나 차 종류 등을 배달·

판매하게 하면서 소요 시간에 따라 대가를 받게 하거나 이를 조장 또는 묵인하는 형태로 운영되는 영업 및 일반음식점영업 중 음식류의 조리・판매보다는 주로 주류의 조리・판매를 목적으로 하는 소주방・호프・카페 등의 형태로 운영되는 영업에 따른 업소의 업주가 고용과 관련하여 청소년에 대하여 가지는 채권은 그 계약의 형식이나 명목에 관계없이 무효로 한다(법 제32조 제2항, 시행령 제6조).

7. 청소년보호 사업의 추진

1) 청소년보호종합대책의 수립

여성가족부장관은 3년마다 관계 중앙행정기관의 장 및 지방자치단체의 장과 협의하여 청소년유해환경으로부터 청소년을 보호하기 위한 종합대책을 수립・시행하여야 한다(법 제33조 제1항).

여성가족부장관은 종합대책의 추진상황을 매년 점검하여야 하고, 이를 위하여 관계 기관 점검회의를 운영할 수 있다(법 제33조 제2항). 여성가족부장관은 종합대책 수립 및 점검회의 운영을 위하여 필요한 자료를 관계 기관의 장에게 요청할 수 있다. 이 경우 관계 기관의 장은 정당한 사유가 없으면 이에 따라야 한다(법 제33조 제3항).

여성가족부장관은 종합대책의 효과적 수립・시행을 위하여 청소년의 유해환경에 대한 접촉실태 조사를 정기적으로 실시하여야 하고, 관계 중앙행정기관 또는 지방자치단체의 장과 협력하여 청소년유해환경에 대한 종합적인 점검 및 단속 등을 실시할 수 있다(법 제33조 제4항).

2) 청소년의 유해환경에 대한 대응능력 제고

여성가족부장관은 관계 중앙행정기관의 장과 협의하여 청소년의 유해환경에 대한 대응능력 제고와 청소년의 매체물 오용·남용으로 인한 피해의 예방 및 해소 등을 위하여 다음 각 호의 사업을 추진할 수 있다(법 제34조 제1항).

① 청소년의 유해환경에 대한 대응능력 제고를 위한 교육 및 프로그램의 개발과 보급

② 청소년의 유해환경에 대한 대응능력 제고와 관련된 전문인력의 양성

③ 청소년의 매체물 이용과 관련한 상담 및 안내

④ 매체물 오용·남용으로 피해를 입은 청소년에 대한 전문적 상담과 치료 등

⑤ 청소년유해약물 피해 예방 및 피해를 입은 청소년에 대한 치료와 재활 등의 사업

여성가족부장관은 이와 같은 사업을 청소년보호를 목적으로 하는 법인 또는 단체에 위탁하여 실시할 수 있다. 이 경우 여성가족부장관은 예산의 범위에서 사업 수행에 필요한 경비의 전부 또는 일부를 지원할 수 있다(법 제34조 제2항).

3) 환각물질 중독치료 등

여성가족부장관은 환각물질 흡입 청소년의 중독 여부 판별 검사, 환각물질 중독으로 판명된 청소년에 대한 치료와 재활의 사항을 지원하기 위하여 중독 정신의학 또는 청소년정신의학 전문의 등의 인력과 관련 장비를 갖춘 시설 또는 기관을 청소년 환각물질 중독 전문 치료기관으로 지정·운영할 수 있다. 이 경우 판별 검사, 치료와 재활에 필요한 비용의 전부 또는 일부를 지원할 수 있다(법 제34조의2 제1항).

여성가족부장관은 환각물질 흡입 청소년에 대하여 본인, 친권자 등 대통령령으로 정하는 사람의 신청, 소년법에 따른 법원의 보호처분 결정 또는 검사의 조건부기소유예처분 등이 있는 경우 청소년 전문 치료기관에서 중독 여부

를 판별하기 위한 검사를 받도록 지원할 수 있다. 이 경우 검사 기간은 1개월 이내로 한다(법 제34조의2 제2항).

여성가족부장관은 환각물질 중독자로 판명된 청소년에 대하여 본인, 친권자 등 대통령령으로 정하는 사람의 신청, 소년법에 따른 법원의 보호처분 결정 또는 검사의 조건부기소유예처분 등이 있는 경우 청소년 전문 치료기관에서 치료와 재활을 받도록 지원할 수 있다. 이 경우 치료 및 재활 기간은 6개월 이내로 하되, 3개월의 범위에서 연장할 수 있으며, 법 제2항 및 제3항에 따른 결정을 하는 경우에 정신과 전문의 등에게 자문할 수 있다(법 제34조의2 제3~4항). 이때 청소년 전문 치료기관의 장과 그 종사자 또는 그 직에 있었던 사람은 직무상 알게 된 비밀을 누설하여서는 아니 된다(법 제34조의2 제5항).

4) 청소년 보호 · 재활센터의 설치 · 운영

여성가족부장관은 청소년유해환경으로부터 청소년을 보호하고 피해 청소년의 치료와 재활을 지원하기 위하여 청소년 보호 · 재활센터를 설치 · 운영할 수 있다(법 제35조 제1항). 여성가족부장관은 청소년 보호 · 재활센터의 설치 · 운영을 청소년보호를 목적으로 하는 법인 또는 단체에 위탁할 수 있다. 이 경우 청소년 보호 · 재활센터의 설치 · 운영에 필요한 경비의 전부 또는 일부를 지원할 수 있다(법 제35조 제2항).

8. 청소년보호를 위한 위원회

1) 청소년보호위원회

청소년유해매체물 · 청소년유해약물 등, 청소년유해업소 등의 심의 · 결정 등에 관한 사항, 법 제54조 제1항에 따른 과징금 부과에 관한 사항, 여성가족부장관이 청소년보호를 위하여 필요하다고 인정하여 심의를 요청한 사항, 그 밖에 다른 법률에서 위원회가 심의·결정하도록 정한 사항에 관하여 심의·결정하기 위하여 여성가족부장관 소속으로 청소년보호위원회를 둔다(법 제36조).

위원회는 위원장 1명을 포함한 11명 이내의 위원으로 구성하되, 고위공무원단에 속하는 공무원 중 여성가족부장관이 지명하는 청소년 업무 담당 공무원 1명을 당연직 위원으로 한다(법 제37조 제1항). 위원회의 위원장은 청소년 관련 경험과 식견이 풍부한 사람 중에서 여성가족부장관의 제청으로 대통령이 임명하고, 그 밖의 위원은 판사, 검사 또는 변호사로 5년 이상 재직한 사람, 대학이나 공인된 연구기관에서 부교수 이상 또는 이에 상당하는 직에 있거나 있었던 사람으로서 청소년 관련 분야를 전공한 사람, 3급 또는 3급 상당 이상의 공무원이나 고위공무원단에 속하는 공무원과 공공기관에서 이에 상당하는 직에 있거나 있었던 사람으로서 청소년 관련 업무에 실무경험이 있는 사람, 청소년 시설·단체 및 각급 교육기관 등에서 청소년 관련 업무를 10년 이상 담당한 사람 중에서 위원장의 추천을 받아 여성가족부장관의 제청으로 대통령이 임명하거나 위촉한다(법 제37조 제2항).

2) 유해매체물 심의분과위원회

여성가족부장관은 청소년보호위원회의 청소년유해매체물 심의·결정을 지원하기 위하여 유해매체물 심의분과위원회를 둘 수 있다(법 제41조의2 제1항). 유해매체물 심의분과위원회는 매체물별로 둘 수 있으며, 위원장 1명을 포함하여 13명 이내의 위원으로 구성한다. 심의분과위원회의 위원은 해당 매체물 또는 청소년 분야에 관하여 전문지식과 식견을 갖춘 사람 중에서 여성가족부장관이 위촉하고, 위원장은 위원 중에서 호선(互選)한다. 심의분과위원회 위원의 임기는 2년으로 한다(시행령 제34조 제1항~제4항).

학 습 문 제

1. 청소년 보호법상 규정하고 있지 않은 것은? 제30회 기출문제
   ① 청소년 통행금지·제한구역의 지정 등
   ② 청소년유해매체물의 심의·결정
   ③ 심야 시간대의 인터넷게임 제공 시간제한
   ④ 청소년유해약물 등의 판매·대여 등의 금지
   ⑤ 청소년유해매체물의 자율 규제

2. 청소년 보호법상 청소년유해환경으로부터 청소년을 보호하기 위한 종합대책을 수립·시행하여야 하는 자는? 제32회 기출문제
   ① 여성가족부장관 ② 법무부장관
   ③ 교육부장관 ④ 보건복지부장관
   ⑤ 행정안전부장관

3. 청소년 보호법에 명시된 청소년의 출입과 고용이 모두 금지된 업소는? 제27회 기출문제
   ① 공중위생관리법에 따른 목욕장업
   ② 영화 및 비디오물의 진흥에 관한 법률에 따른 비디오물소극장업
   ③ 체육시설의 설치·이용에 관한 법률에 따른 무도학원업
   ④ 게임산업진흥에 관한 법률에 따른 청소년게임제공업
   ⑤ 회비 등을 받거나 유료로 만화를 빌려주는 만화대여업

4. 청소년 보호법상 여성가족부장관이 청소년유해환경으로부터 청소년을 보호하고 피해 청소년의 치료와 재활을 지원하기 위하여 설치·운영할 수 있는 기관은? 제28회 기출문제
   ① 청소년특화시설 ② 청소년자립지원관
   ③ 청소년치료재활센터 ④ 청소년 보호·재활센터
   ⑤ 청소년회복지원시설

5. 청소년 보호법상 청소년보호종합대책을 수립하여야 하는 주기는?
   ① 1년 ② 2년 ③ 3년 ④ 4년 ⑤ 5년

정답 1. ③ 2. ① 3. ③ 4. ④ 5. ③

CHAPTER

08 아동·청소년의 성보호에 관한 법률(약칭 : 청소년성보호법)

1. 아동·청소년의 성보호에 관한 법률의 의의

아동·청소년의 성보호에 관한 법률은 아동·청소년대상 성범죄의 처벌과 절차에 관한 특례를 규정하고 피해아동·청소년을 위한 구제 및 지원 절차를 마련하며 아동·청소년대상 성범죄자를 체계적으로 관리함으로써 아동·청소년을 성범죄로부터 보호하고 아동·청소년이 건강한 사회 구성원으로 성장할 수 있도록 하기 위해 제정되었다(법 제1조).

좀 더 구체적으로 법제처가 밝히고 있는 입법 취지에 대해 살펴보면, 청소년의 성을 사는 행위, 성매매를 조장하는 온갖 형태의 중간매개행위 및 청소년에 대한 성폭력행위를 하는 자들을 강력하게 처벌하고, 성매매와 성폭력행위의 대상이 된 청소년을 보호·구제하는 장치를 마련함으로써 청소년의 인권을 보장하고 건전한 사회 구성원으로 복귀할 수 있도록 하는 한편, 청소년을 대상으로 하는 성매매 및 성폭력행위자의 신상을 공개함으로써 범죄예방효과를 극대화하려는 것으로 하고 있다.

한편, 이 법을 해석·적용할 때에는 아동·청소년의 권익을 우선적으로 고려하여야 하며, 이해관계인과 그 가족의 권리가 부당하게 침해되지 아니하도록 주의하여야 함을 법 제3조에서 규정하고 있는데, 이는 청소년의 성보호만을 특별히 보호하고자 하는 목적으로 하는 별도의 단행 법률이라는 점에서 그 의의가 있다.

2. 아동 · 청소년의 성보호에 관한 법률의 용어 정의

아동 · 청소년의 성보호에 관한 법률 제2조에서 정의하고 있는 용어는 다음과 같다.

① "아동 · 청소년"이란 19세 미만의 자를 말한다(다만, 19세에 도달하는 연도의 1월 1일을 맞이한 자는 제외).

② "아동 · 청소년대상 성범죄"란 다음 각 목의 어느 하나에 해당하는 죄를 말한다.

가. 제7조, 제7조의2, 제8조, 제8조의2, 제9조부터 제15조까지 및 제15조의2의 죄

나. 아동 · 청소년에 대한 성폭력범죄의 처벌 등에 관한 특례법 제3조부터 제15조까지의 죄

다. 아동 · 청소년에 대한 형법 제297조, 제297조의2 및 제298조부터 제301조까지, 제301조의2, 제302조, 제303조, 제305조, 제339조 및 제342조(제339조의 미수범에 한정한다)의 죄

라. 아동 · 청소년에 대한 아동복지법 제17조 제2호의 죄

③ "아동 · 청소년대상 성폭력범죄"란 아동 · 청소년대상 성범죄에서 제11조부터 제15조까지 및 제15조의2의 죄를 제외한 죄를 말한다.

③의2. "성인대상 성범죄"란 성폭력범죄의 처벌 등에 관한 특례법 제2조에 따른 성폭력범죄를 말한다. 다만, 아동 · 청소년에 대한 형법 제302조 및 제305조의 죄는 제외한다.

④ "아동 · 청소년의 성을 사는 행위"란 아동 · 청소년, 아동 · 청소년의 성(性)을 사는 행위를 알선한 자 또는 아동 · 청소년을 실질적으로 보호 · 감독하는 자 등에게 금품이나 그 밖의 재산상 이익, 직무 · 편의제공 등 대가를 제공하거나 약속하고 다음 각 목의 어느 하나에 해당하는 행위를 아동 · 청소년을 대상으로 하거나 아동 · 청소년으로 하여금 하게 하는 것을 말한다.

가. 성교 행위

나. 구강·항문 등 신체의 일부나 도구를 이용한 유사 성교 행위

다. 신체의 전부 또는 일부를 접촉·노출하는 행위로서 일반인의 성적 수치심이나 혐오감을 일으키는 행위

라. 자위 행위

⑤ "아동·청소년성착취물"이란 아동·청소년 또는 아동·청소년으로 명백하게 인식될 수 있는 사람이나 표현물이 등장하여 제4호 각 목의 어느 하나에 해당하는 행위를 하거나 그 밖의 성적 행위를 하는 내용을 표현하는 것으로서 필름·비디오물·게임물 또는 컴퓨터나 그 밖의 통신매체를 통한 화상·영상 등의 형태로 된 것을 말한다.

⑥ "피해아동·청소년"이란 제2호 나목부터 라목까지, 제7조, 제7조의2, 제8조, 제8조의2, 제9조부터 제15조까지 및 제15조의2의 죄의 피해자가 된 아동·청소년(제13조 제1항의 죄의 상대방이 된 아동·청소년을 포함한다)을 말한다.

⑥의2. "성매매 피해아동·청소년"이란 피해아동·청소년 중 제13조 제1항의 죄의 상대방 또는 제13조 제2항·제14조·제15조의 죄의 피해자가 된 아동·청소년을 말한다.

⑦ 삭제 <2020. 5. 19.>

⑧ 삭제 <2020. 6. 9.>

⑨ "등록정보"란 법무부장관이 성폭력범죄의 처벌 등에 관한 특례법 제42조 제1항의 등록대상자에 대하여 같은 법 제44조 제1항에 따라 등록한 정보를 말한다.

3. 청소년에 대한 국가 및 지방자치단체 · 사회의 책임

국가와 지방자치단체는 아동 · 청소년대상 성범죄를 예방하고, 아동 · 청소년을 성적 착취와 학대 행위로부터 보호하기 위하여 필요한 조사 · 연구 · 교육 및 계도와 더불어 법적 · 제도적 장치를 마련하며 필요한 재원을 조달하여야 하며, 아동 · 청소년에 대한 성적 착취와 학대 행위가 국제적 범죄임을 인식하고 범죄 정보의 공유, 범죄 조사 · 연구, 국제사법 공조, 범죄인 인도 등 국제협력을 강화하는 노력을 하여야 한다(법 제4조 제1~2항). 더불어 모든 국민은 아동 · 청소년이 이 법에서 정한 범죄의 상대방이나 피해자가 되거나 이 법에서 정한 범죄를 저지르지 아니하도록 사회환경을 정비하고 아동 · 청소년을 보호 · 선도 · 교육하는 데에 최선을 다하여야 한다(법 제5조).

한편 이 법을 해석 · 적용할 때에는 아동 · 청소년의 권익을 우선적으로 고려하여야 하며, 이해관계인과 그 가족의 권리가 부당하게 침해되지 아니하도록 주의하여야 한다(법 제3조).

4. 아동 · 청소년대상 성범죄의 처벌과 절차에 관한 특례

1) 아동 · 청소년에 대한 강간 · 강제추행 등

폭행 또는 협박으로 아동 · 청소년을 강간한 사람은 무기징역 또는 5년 이상의 유기징역에 처하며, 폭행이나 협박으로 다음의 어느 하나에 해당하는 행위를 한 자는 5년 이상의 유기징역에 처한다(법 제7조 제1~2항).

① 구강 · 항문 등 신체(성기는 제외)의 내부에 성기를 넣는 행위

② 성기 · 항문에 손가락 등 신체(성기는 제외)의 일부나 도구를 넣는 행위

아동 · 청소년에 대하여 형법 제298조의 죄를 범한 자는 2년 이상의 유기징역 또는 1천만 원 이상 3천만 원 이하의 벌금에 처하며, 형법 제299조의 죄(준

강간, 준강제추행)를 범한 자는 제1항부터 제3항까지의 예에 따른다(법 제7조 제3~4항). 위계(僞計) 또는 위력으로써 아동・청소년을 간음하거나 아동・청소년을 추행한 자는 제1항부터 제3항까지의 예에 따르며, 제1항부터 제5항까지의 미수범은 처벌한다(법 제7조 제5~6항). 이상의 죄를 범할 목적으로 예비 또는 음모한 사람은 3년 이하의 징역에 처한다(법 제7조의2).

2) 장애인인 아동・청소년에 대한 간음 등

19세 이상의 사람이 장애 아동・청소년(장애인복지법 제2조 제1항에 따른 장애인으로서 신체적인 또는 정신적인 장애로 사물을 변별하거나 의사를 결정할 능력이 미약한 13세 이상의 아동・청소년을 말함)을 간음하거나 장애 아동・청소년으로 하여금 다른 사람을 간음하게 하는 경우에는 3년 이상의 유기징역에 처한다(법 제8조 제1항). 19세 이상의 사람이 장애 아동・청소년을 추행한 경우 또는 장애 아동・청소년으로 하여금 다른 사람을 추행하게 하는 경우에는 10년 이하의 징역 또는 5천만 원 이하의 벌금에 처한다(법 제8조 제2항).

3) 강간 등 상해・치상, 살인・치사

법 제7조(아동・청소년에 대한 강간・강제추행 등)의 죄를 범한 사람이 다른 사람을 상해하거나 상해에 이르게 한 때에는 무기징역 또는 7년 이상의 징역에 처하고(법 제9조), 다른 사람을 살해한 때에는 사형 또는 무기징역에 처하며, 다른 사람을 사망에 이르게 한 때에는 사형, 무기징역 또는 10년 이상의 징역에 처한다(법 제10조 제1~2항).

4) 아동・청소년이용 음란물의 제작・배포 등

아동・청소년이용 음란물을 제작・수입 또는 수출한 자는 무기징역 또는 5년 이상의 유기징역에 처하는데(법 제11조 제1항), 영리를 목적으로 아동・청소년이용 음란물을 판매・대여・배포・제공하거나 이를 목적으로 소지・운반하거나 공연히 전시 또는 상영한 자는 5년 이하의 징역에 처한다(법 제11조 제2항). 아동 · 청소년이용 음란물을 배포 · 제공하거나 공연히 전시 또는 상영한 자는 3년 이상의 징역에 처하며(법 제11조 제3항), 아동 · 청소년이용 음란물을 제작할 것이라는 정황을 알면서 아동 · 청소년을 아동 · 청소년이용 음란물의 제작자에게 알선한 자는 3년 이상의 징역에 처하고(법 제11조 제4항), 아동 · 청소년이용 음란물임을 알면서 이를 소지한 자는 1년 이상의 징역에 처한다(법 제11조 제5항).

5) 아동 · 청소년 매매행위 및 성을 사는 행위 등

아동 · 청소년의 성을 사는 행위 또는 아동 · 청소년이용 음란물을 제작하는 행위의 대상이 될 것을 알면서 아동 · 청소년을 매매 또는 국외에 이송하거나 국외에 거주하는 아동 · 청소년을 국내에 이송한 자는 무기징역 또는 5년 이상의 징역에 처한다(법 제12조 제1항).

아동 · 청소년의 성을 사는 행위를 한 자는 1년 이상 10년 이하의 징역 또는 2천만 원 이상 5천만 원 이하의 벌금에 처하며, 아동 · 청소년의 성을 사기 위하여 아동 · 청소년을 유인하거나 성을 팔도록 권유한 자는 3년 이하의 징역 또는 3천만 원 이하의 벌금에 처한다(법 제13조 제1~2항). 특히 장애 아동 · 청소년을 대상으로 죄를 범한 경우에는 그 죄에 정한 형의 2분의 1까지 가중처벌한다(법 제13조 제3항).

6) 아동 · 청소년에 대한 강요행위 등

다음의 어느 하나에 해당하는 자는 5년 이상의 유기징역에 처한다(법 제14조 제1항).

① 폭행이나 협박으로 아동 · 청소년으로 하여금 아동 · 청소년의 성을 사는 행위의 상대방이 되게 한 자

② 선불금(先拂金), 그 밖의 채무를 이용하는 등의 방법으로 아동·청소년을 곤경에 빠뜨리거나 위계 또는 위력으로 아동·청소년으로 하여금 아동·청소년의 성을 사는 행위의 상대방이 되게 한 자
③ 업무·고용이나 그 밖의 관계로 자신의 보호 또는 감독을 받는 것을 이용하여 아동·청소년으로 하여금 아동·청소년의 성을 사는 행위의 상대방이 되게 한 자
④ 영업으로 아동·청소년을 아동·청소년의 성을 사는 행위의 상대방이 되도록 유인·권유한 자

①부터 ③까지의 죄를 범한 자가 그 대가의 전부 또는 일부를 받거나 이를 요구 또는 약속한 때에는 7년 이상의 유기징역에 처하며, 아동·청소년의 성을 사는 행위의 상대방이 되도록 유인·권유한 자는 7년 이하의 징역 또는 5천만 원 이하의 벌금에 처한다(법 제14조 제2~3항).

7) 알선영업행위 등

다음의 어느 하나에 해당하는 자는 7년 이상의 유기징역에 처한다(법 제15조 제1항).

① 아동·청소년의 성을 사는 행위의 장소를 제공하는 행위를 업으로 하는 자
② 아동·청소년의 성을 사는 행위를 알선하거나 정보통신망에서 알선정보를 제공하는 행위를 업으로 하는 자
③ 제1호 또는 제2호의 범죄에 사용되는 사실을 알면서 자금·토지 또는 건물을 제공한 자
④ 영업으로 아동·청소년의 성을 사는 행위의 장소를 제공·알선하는 업소에 아동·청소년을 고용하도록 한 자

다음의 어느 하나에 해당하는 자는 7년 이하의 징역 또는 5천만 원 이하의 벌금에 처한다(법 제15조 제2항).

① 영업으로 아동・청소년의 성을 사는 행위를 하도록 유인・권유 또는 강요한 자
② 아동・청소년의 성을 사는 행위의 장소를 제공한 자
③ 아동・청소년의 성을 사는 행위를 알선하거나 정보통신망에서 알선정보를 제공한 자
④ 영업으로 제2호 또는 제3호의 행위를 약속한 자

아동・청소년의 성을 사는 행위를 하도록 유인・권유 또는 강요한 자는 5년 이하의 징역 또는 3천만 원 이하의 벌금에 처한다(법 제15조 제3항).

8) 신고의무자의 성범죄에 대한 가중처벌 등의 특례

법 제34조 제2항 각 호의 기관・시설 또는 단체의 장과 그 종사자가 자기의 보호・감독 또는 진료를 받는 아동・청소년을 대상으로 성범죄를 범한 경우에는 그 죄에 정한 형의 2분의 1까지 가중처벌한다(법 제18조). 음주 또는 약물로 인한 심신장애 상태에서 아동・청소년대상 성폭력범죄를 범한 때에는 형법 제10조 제1항(심신장애로 인하여 사물을 변별할 능력이 없거나 의사를 결정할 능력이 없는 자의 행위는 벌하지 아니한다)・제2항(심신장애로 인하여 전항의 능력이 미약한 자의 행위는 형을 감경한다) 및 제11조(농아자의 행위는 형을 감경한다)를 적용하지 아니할 수 있다(법 제19조).

아동・청소년대상 성범죄의 공소시효는 형사소송법 제252조 제1항에도 불구하고 해당 성범죄로 피해를 당한 아동・청소년이 성년에 달한 날부터 진행한다(법 제20조 제1항). 제7조의 죄는 디엔에이(DNA)증거 등 그 죄를 증명할 수 있는 과학적인 증거가 있는 때에는 공소시효가 10년 연장된다(법 제20조 제2항).

13세 미만의 사람 및 신체적인 또는 정신적인 장애가 있는 사람에 대하여 다음의 죄를 범한 경우에는 제1항과 제2항에도 불구하고 형사소송법 제249조

부터 제253조까지 및 군사법원법 제291조부터 제295조까지에 규정된 공소시효를 적용하지 아니한다(법 제20조 제3항).

① 형법 제297조(강간), 제298조(강제추행), 제299조(준강간, 준강제추행), 제301조(강간 등 상해·치상) 또는 제301조의2(강간 등 살인·치사)의 죄

② 제9조(강간 등 상해·치상) 및 제10조(강간 등 살인·치사)의 죄

③ 성폭력범죄의 처벌 등에 관한 특례법 제6조 제2항, 제7조 제2항, 제8조, 제9조의 죄

9) 형벌과 수강명령 등의 병과

법원은 아동·청소년대상 성범죄를 범한 소년법 제2조의 소년에 대하여 형의 선고를 유예하는 경우에는 반드시 보호관찰을 명하여야 한다(법 제21조 제1항). 법원은 아동·청소년대상 성범죄를 범한 자에 대하여 유죄판결을 선고하는 경우에는 500시간의 범위에서 재범예방에 필요한 수강명령 또는 성폭력 치료 프로그램의 이수명령을 병과(倂科)[1]하여야 한다(다만, 수강명령 또는 이수명령을 부과할 수 없는 특별한 사정이 있는 경우에는 그러하지 아니하다)(법 제21조 제2항). 법무부장관은 수강명령 또는 이수명령을 선고받아 그 집행을 마친 사람에 대하여 그 효과를 평가하기 위하여 아동·청소년대상 성범죄 재범 여부를 조사할 수 있고 재범 여부 조사를 위하여 수강명령 또는 이수명령의 집행을 마친 때부터 5년 동안 관계 기관의 장에게 그 사람에 관한 범죄경력자료 및 수사경력자료를 요청할 수 있다(법 제21조의2).

아동·청소년대상 성범죄를 범한 자에 대하여 제2항의 수강명령은 형의 집행을 유예할 경우에 그 집행유예기간 내에서 병과하고, 이수명령은 벌금 이상의 형을 선고할 경우에 병과한다(다만, 이수명령은 아동·청소년대상 성범죄자가 특정 범죄자에 대한 보호관찰 및 전자장치 부착 등에 관한 법률 제9조의2 제1항 제4호에 따른 성폭력 치료 프로그램의 이수명령을 부과받은 경우에는 병과하지 아니한다)(법 제

1) 병과(倂科)란 동시(同時)에 둘 이상(以上)의 형벌에 처하는 경우를 말한다.

21조 제3항). 법원이 아동·청소년대상 성범죄를 범한 사람에 대하여 형의 집행을 유예하는 경우에는 제2항에 따른 수강명령 외에 그 집행유예기간 내에서 보호관찰 또는 사회봉사 중 하나 이상의 처분을 병과할 수 있다(법 제21조 제4항).

수강명령 또는 이수명령은 형의 집행을 유예할 경우에는 그 집행유예기간 내에, 벌금형을 선고할 경우에는 형 확정일부터 6개월 이내에, 징역형 이상의 실형(實刑)을 선고할 경우에는 형기 내에 각각 집행한다(다만, 수강명령 또는 이수명령은 아동·청소년대상 성범죄를 범한 사람이 성폭력범죄의 처벌 등에 관한 특례법 제16조에 따른 수강명령 또는 이수명령을 부과받은 경우에는 병과하지 아니한다)(법 제21조 제5항).

수강명령 또는 이수명령이 형의 집행유예 또는 벌금형과 병과된 경우에는 보호관찰소의 장이 집행하고, 징역형 이상의 실형과 병과된 경우에는 교정시설의 장이 집행한다. 다만, 징역형 이상의 실형과 병과된 수강명령 또는 이수명령을 모두 이행하기 전에 석방 또는 가석방되거나 미결구금일수 산입 등의 사유로 형을 집행할 수 없게 된 경우에는 보호관찰소의 장이 남은 수강명령 또는 이수명령을 집행한다(법 제21조 제6항).

수강명령 또는 이수명령은 다음의 내용으로 한다(법 제21조 제7항).

① 일탈적 이상행동의 진단·상담

② 성에 대한 건전한 이해를 위한 교육

③ 그 밖에 성범죄를 범한 사람의 재범예방을 위하여 필요한 사항

보호관찰소의 장 또는 교정시설의 장은 수강명령 또는 이수명령 집행의 전부 또는 일부를 여성가족부장관에게 위탁할 수 있으며(법 제21조 제8항), 보호관찰, 사회봉사, 수강명령 및 이수명령에 관하여 이 법에 규정한 사항 외의 사항에 대하여는 보호관찰 등에 관한 법률을 준용한다(법 제21조 제9항).

10) 판결 전 조사

법원은 피고인에 대하여 제21조에 따른 보호관찰, 사회봉사, 수강명령 또는 이수명령을 부과하기 위하여 필요하다고 인정하면 그 법원의 소재지 또는 피고인의 주거지를 관할하는 보호관찰소의 장에게 피고인의 신체적·심리적 특성 및 상태, 정신성적 발달과정, 성장배경, 가정환경, 직업, 생활환경, 교우관계, 범행동기, 병력(病歷), 피해자와의 관계, 재범위험성 등 피고인에 관한 사항의 조사를 요구할 수 있다(법 제22조 제1항).

제1항의 요구를 받은 보호관찰소의 장은 지체 없이 이를 조사하여 서면으로 해당 법원에 알려야 한다. 이 경우 필요하다고 인정하면 피고인이나 그 밖의 관계인을 소환하여 심문하거나 소속 보호관찰관에게 필요한 사항을 조사하게 할 수 있으며(법 제22조 제2항), 법원은 제1항의 요구를 받은 보호관찰소의 장에게 조사 진행 상황에 관한 보고를 요구할 수 있다(법 제22조 제3항).

11) 친권상실 청구 등

아동·청소년대상 성범죄 사건을 수사하는 검사는 그 사건의 가해자가 피해아동·청소년의 친권자나 후견인인 경우에 법원에 민법 제924조의 친권상실선고 또는 같은 법 제940조의 후견인 변경 결정을 청구하여야 한다. 다만, 친권상실선고 또는 후견인 변경 결정을 하여서는 아니 될 특별한 사정이 있는 경우에는 그러하지 아니하다(법 제23조 제1항).

다음의 기관·시설 또는 단체의 장은 검사에게 제1항의 청구를 하도록 요청할 수 있다. 이 경우 청구를 요청받은 검사는 요청받은 날부터 30일 내에 해당 기관·시설 또는 단체의 장에게 그 처리 결과를 통보하여야 한다(법 제23조 제2항).

① 아동복지법 제45조에 따른 아동보호전문기관

② 성폭력방지 및 피해자보호 등에 관한 법률 제10조의 성폭력피해상담소 및 같은 법 제12조의 성폭력피해자보호시설

③ 청소년복지 지원법 제29조 제1항에 따른 청소년상담복지센터 및 같은 법 제31조 제1호에 따른 청소년쉼터

법 제2항 각 호 외의 부분 후단에 따라 처리 결과를 통보받은 기관 · 시설 또는 단체의 장은 그 처리 결과에 대하여 이의가 있을 경우 통보받은 날부터 30일 내에 직접 법원에 제1항의 청구를 할 수 있다(법 제23조 제3항).

12) 피해아동 · 청소년의 보호조치 결정

법원은 아동 · 청소년대상 성범죄 사건의 가해자에게 민법 제924조에 따라 친권상실선고를 하는 경우에는 피해아동 · 청소년을 다른 친권자 또는 친족에게 인도하거나 제45조 또는 제46조의 기관 · 시설 또는 단체에 인도하는 등의 보호조치를 결정할 수 있다. 이 경우 그 아동 · 청소년의 의견을 존중하여야 한다(법 제24조).

13) 수사 및 재판 절차에서의 배려

수사기관과 법원 및 소송관계인은 아동 · 청소년대상 성범죄를 당한 피해자의 나이, 심리 상태 또는 후유장애의 유무 등을 신중하게 고려하여 조사 및 심리 · 재판 과정에서 피해자의 인격이나 명예가 손상되거나 사적인 비밀이 침해되지 아니하도록 주의하여야 한다(법 제25조 제1항).

수사기관과 법원은 아동 · 청소년대상 성범죄의 피해자를 조사하거나 심리 · 재판할 때 피해자가 편안한 상태에서 진술할 수 있는 환경을 조성하여야 하며, 조사 및 심리 · 재판 횟수는 필요한 범위에서 최소한으로 하여야 한다(법 제25조 제2항).

14) 영상물의 촬영 · 보존, 증거보전 등

아동 · 청소년대상 성범죄 피해자의 진술내용과 조사과정은 비디오녹화기 등

영상물 녹화장치로 촬영・보존하여야 한다(제1항에 따른 영상물 녹화는 피해자 또는 법정대리인이 이를 원하지 아니하는 의사를 표시한 때에는 촬영을 하여서는 아니 된다. 다만, 가해자가 친권자 중 일방인 경우는 그러하지 아니하다)(법 제26조 제1~2항).

제1항에 따른 영상물 녹화는 조사의 개시부터 종료까지의 전 과정 및 객관적 정황을 녹화하여야 하고, 녹화가 완료된 때에는 지체 없이 그 원본을 피해자 또는 변호사 앞에서 봉인하고 피해자로 하여금 기명날인 또는 서명하게 하여야 한다(법 제26조 제3항).

검사 또는 사법경찰관은 피해자가 제1항의 녹화장소에 도착한 시각, 녹화를 시작하고 마친 시각, 그 밖에 녹화과정의 진행 경과를 확인하기 위하여 필요한 사항을 조서 또는 별도의 서면에 기록한 후 수사기록에 편철하여야 한다(법 제26조 제4항). 검사 또는 사법경찰관은 피해자 또는 법정대리인이 신청하는 경우에는 영상물 촬영과정에서 작성한 조서의 사본을 신청인에게 교부하거나 영상물을 재생하여 시청하게 하여야 한다(법 제26조 제5항).

제1항부터 제4항까지의 절차에 따라 촬영한 영상물에 수록된 피해자의 진술은 공판준비기일 또는 공판기일에 피해자 또는 조사과정에 동석하였던 신뢰 관계에 있는 자의 진술에 의하여 그 성립의 진정함이 인정된 때에는 증거로 할 수 있다(법 제26조 제6항).

아동・청소년대상 성범죄의 피해자, 그 법정대리인 또는 경찰은 피해자가 공판기일에 출석하여 증언하는 것에 현저히 곤란한 사정이 있을 때에는 그 사유를 소명하여 제26조에 따라 촬영된 영상물 또는 그 밖의 다른 증거물에 대하여 해당 성범죄를 수사하는 검사에게 형사소송법 제184조 제1항에 따른 증거보전의 청구를 할 것을 요청할 수 있다(법 제27조 제1항).

15) 신뢰 관계에 있는 사람의 동석

법원은 아동・청소년대상 성범죄의 피해자를 증인으로 신문하는 경우에 검사, 피해자 또는 법정대리인이 신청하는 경우에는 재판에 지장을 줄 우려가 있는 등 부득이한 경우가 아니면 피해자와 신뢰 관계에 있는 사람을 동석하게 하여야 한다(법 제28조 제1항). 제1항은 수사기관이 제1항의 피해자를 조사하는 경우에 관하여 준용한다(법 제28조 제2항).

제1항 및 제2항의 경우 법원과 수사기관은 피해자와 신뢰 관계에 있는 사람이 피해자에게 불리하거나 피해자가 원하지 아니하는 경우에는 동석하게 하여서는 아니 된다(법 제28조 제3항).

16) 비밀누설 금지

아동・청소년대상 성범죄의 수사 또는 재판을 담당하거나 이에 관여하는 공무원 또는 그 직에 있었던 사람은 피해아동・청소년 또는 대상아동・청소년의 주소・성명・연령・학교 또는 직업・용모 등 그 아동・청소년을 특정할 수 있는 인적사항이나 사진 등 또는 그 아동・청소년의 사생활에 관한 비밀을 공개하거나 타인에게 누설하여서는 아니 된다(법 제31조 제1항). 제45조 및 제46조의 기관・시설 또는 단체의 장이나 이를 보조하는 자 또는 그 직에 있었던 자는 직무상 알게 된 비밀을 타인에게 누설하여서는 아니 된다(법 제31조 제2항).

누구든지 피해아동・청소년 및 대상아동・청소년의 주소・성명・연령・학교 또는 직업・용모 등 그 아동・청소년을 특정하여 파악할 수 있는 인적사항이나 사진 등을 신문 등 인쇄물에 싣거나 방송법 제2조 제1호에 따른 방송 또는 정보통신망을 통하여 공개하여서는 아니 된다(법 제31조 제3항).

제1항부터 제3항까지를 위반한 자는 7년 이하의 징역 또는 5천만 원 이하의 벌금에 처한다. 이 경우 징역형과 벌금형은 병과할 수 있다(법 제31조 제4항).

17) 양벌규정

법인의 대표자나 법인 또는 개인의 대리인, 사용인, 그 밖의 종업원이 그 법인 또는 개인의 업무에 관하여 제11조 제3항・제5항, 제14조 제3항, 제15조 제2항・제3항 또는 제31조 제3항의 어느 하나에 해당하는 위반행위를 하면 그 행위자를 벌하는 외에 그 법인 또는 개인에게도 해당 조문의 벌금형을 과(科)하고, 제11조 제1항·제2항·제4항·제6항, 제12조, 제14조 제1항·제2항·제4항 또는 제15조 제1항의 어느 하나에 해당하는 위반행위를 하면 그 행위자를 벌하는 외에 그 법인 또는 개인을 5천만 원 이하의 벌금에 처한다(다만, 법인 또는 개인이 그 위반행위를 방지하기 위하여 해당 업무에 관하여 상당한 주의와 감독을 게을리하지 아니한 경우에는 그러하지 아니하다)(법 제32조).

5. 아동·청소년대상 성범죄의 신고·응급조치와 지원

1) 아동·청소년대상 성범죄의 신고

누구든지 아동·청소년대상 성범죄의 발생 사실을 알게 된 때에는 수사기관에 신고할 수 있으며(법 제34조 제1항), 다음의 어느 하나에 해당하는 기관·시설 또는 단체의 장과 그 종사자는 직무상 아동·청소년대상 성범죄의 발생 사실을 알게 된 때에는 즉시 수사기관에 신고하여야 한다(법 제34조 제2항).

① 유아교육법 제2조 제2호의 유치원

② 초·중등교육법 제2조의 학교

②의2. 초·중등교육법 제28조에 따라 직접 설치·운영하거나 위탁하여 운영하는 학생상담지원시설 또는 위탁교육시설

②의3. 제주특별자치도 설치 및 국제자유도시 조성을 위한 특별법 제23조에 따라 설립된 국제학교

③ 의료법 제3조의 의료기관

④ 아동복지법 제3조 제10호의 아동복지시설

⑤ 장애인복지법 제58조의 장애인복지시설

⑥ 영유아보육법 제2조 제3호의 어린이집

⑦ 학원의 설립·운영 및 과외교습에 관한 법률 제2조 제1호의 학원 및 같은 조 제2호의 교습소

⑧ 성매매방지 및 피해자보호 등에 관한 법률 제5조의 성매매피해자 등을 위한 지원시설 및 같은 법 제10조의 성매매피해상담소
⑨ 한부모가족지원법 제19조에 따른 한부모가족복지시설
⑩ 가정폭력방지 및 피해자보호 등에 관한 법률 제5조의 가정폭력 관련 상담소 및 같은 법 제7조의 가정폭력피해자 보호시설
⑪ 성폭력방지 및 피해자보호 등에 관한 법률 제10조의 성폭력피해상담소 및 같은 법 제12조의 성폭력피해자보호시설
⑫ 청소년활동 진흥법 제2조 제2호의 청소년활동시설
⑬ 청소년복지 지원법 제29조 제1항에 따른 청소년상담복지센터 및 같은 법 제31조 제1호에 따른 청소년쉼터
⑭ 청소년 보호법 제35조의 청소년 보호 · 재활센터
⑮ 국민체육진흥법 제2조 제9호 가목 및 나목의 체육단체

다른 법률에 규정이 있는 경우를 제외하고는 누구든지 신고자 등의 인적사항이나 사진 등 그 신원을 알 수 있는 정보나 자료를 출판물에 게재하거나 방송 또는 정보통신망을 통하여 공개하여서는 아니 된다(법 제34조 제3항).

2) 신고의무자에 대한 교육

관계 행정기관의 장은 제34조 제2항 각 호의 기관 · 시설 또는 단체의 장과 그 종사자의 자격취득 과정에 아동 · 청소년대상 성범죄 예방 및 신고의무와 관련된 교육내용을 포함시켜야 한다(법 제35조 제1항).

여성가족부장관은 제34조 제2항 각 호의 기관 · 시설 또는 단체의 장과 그 종사자에 대하여 성범죄 예방 및 신고의무와 관련된 교육을 실시할 수 있다(법 제35조 제2항).

3) 피해아동 · 청소년의 보호, 상담 · 치료 등

아동 · 청소년대상 성범죄를 저지른 자가 피해아동 · 청소년과 가정폭력범

죄의 처벌 등에 관한 특례법 제2조 제2호의 가정 구성원인 관계에 있는 경우로서 피해아동·청소년을 보호할 필요가 있는 때에는 같은 법 제5조, 제8조, 제29조 및 제49조부터 제53조까지의 규정을 준용한다(법 제36조).

국가는 피해아동·청소년 등의 신체적·정신적 회복을 위하여 제46조의 상담시설 또는 성폭력방지 및 피해자보호 등에 관한 법률 제27조의 성폭력 전담의료기관으로 하여금 다음의 사람에게 상담이나 치료 프로그램(이하 "상담·치료프로그램")을 제공하도록 요청할 수 있다(법 제37조 제1항). 상담·치료 프로그램 제공을 요청받은 기관은 정당한 이유 없이 그 요청을 거부할 수 없다(법 제37조 제2항).

① 피해아동·청소년

② 피해아동·청소년의 보호자 및 형제·자매

③ 그 밖에 대통령령으로 정하는 사람

4) 성매매 피해아동·청소년에 대한 조치 등

「성매매알선 등 행위의 처벌에 관한 법률」 제21조 제1항에도 불구하고 대상아동·청소년에 대하여는 보호를 위하여 처벌하지 아니한다(법 제38조 제1항). 검사 또는 사법경찰관은 성매매 피해아동·청소년을 발견한 경우 신속하게 사건을 수사한 후 지체 없이 여성가족부장관 및 성매매 피해아동·청소년 지원센터를 관할하는 특별시장·광역시장·특별자치시장·도지사·특별자치도지사(이하 "시·도지사")에게 통지하여야 하며, 여성가족부장관은 해당 성매매 피해아동·청소년에 대하여 보호시설 또는 상담시설의 연계, 성매매 피해아동·청소년 지원센터에서 제공하는 교육·상담 및 지원 프로그램 등의 참여에 중 어느 하나에 해당하는 조치를 하여야 한다(법 제38조 제3항).

5) 피해아동·청소년 등을 위한 조치의 청구

검사는 성범죄의 피해를 받은 아동·청소년을 위하여 지속적으로 위해의 배제와 보호가 필요하다고 인정하는 경우 법원에 ①의 보호관찰과 함께 ②부터 ⑤까지의 조치를 청구할 수 있다. 다만, 특정 범죄자에 대한 보호관찰 및 전자장치 부착 등에 관한 법률 제9조의2 제1항 제2호 및 제3호에 따라 가해자에게 특정지역 출입금지 등의 준수사항을 부과하는 경우에는 그러하지 아니하다(법 제41조).

① 가해자에 대한 보호관찰 등에 관한 법률에 따른 보호관찰
② 피해를 받은 아동 · 청소년의 주거 등으로부터 가해자를 분리하거나 퇴거하는 조치
③ 피해를 받은 아동 · 청소년의 주거, 학교 등으로부터 100미터 이내에 가해자 또는 가해자의 대리인의 접근을 금지하는 조치
④ 전기통신기본법 제2조 제1호의 전기통신이나 우편물을 이용하여 가해자가 피해를 받은 아동 · 청소년 또는 그 보호자와 접촉을 하는 행위의 금지
⑤ 제45조에 따른 보호시설에 대한 보호위탁결정 등 피해를 받은 아동 · 청소년의 보호를 위하여 필요한 조치

6) 피해아동 · 청소년 등에 대한 보호처분의 판결

법원은 법 제41조에 따른 보호처분의 청구가 이유 있다고 인정할 때에는 6개월의 범위에서 기간을 정하여 판결로 보호처분을 선고하여야 한다(법 제42조 제1항). 이때 법 제41조 각 호의 보호처분은 병과할 수 있으며(법 제42조 제2항), 검사는 제1항에 따른 보호처분 기간의 연장이 필요하다고 인정하는 경우 법원에 그 기간의 연장을 청구할 수 있다. 이 경우 보호처분 기간의 연장 횟수는 3회 이내로 하고, 연장기간은 각각 6개월 이내로 한다(법 제42조 제3항).

보호처분 청구사건의 판결은 아동 · 청소년대상 성범죄 사건의 판결과 동시에 선고하여야 하며(법 제42조 제4항), 피해자 또는 법정대리인은 제41조 제1호 및 제2호의 보호처분 후 주거 등을 옮긴 때에는 관할 법원에 보호처분 결정의 변경을 신청할 수 있다(법 제42조 제5항).

법원은 제1항에 따른 보호처분을 결정한 때에는 검사, 피해자, 가해자, 보호관찰관 및 보호처분을 위탁받아 행하는 보호시설의 장에게 각각 통지하여야 한다. 다만, 보호시설이 민간에 의하여 운영되는 기관인 경우에는 그 시설의 장으로부터 수탁에 대한 동의를 받아야 한다(법 제42조 제6항).

7) 피해아동 · 청소년 등에 대한 보호처분의 변경과 종결

검사는 제42조에 따른 보호처분에 대하여 그 내용의 변경 또는 종결을 법원에 청구할 수 있다(법 제43조 제1항). 법원은 제1항에 따른 청구가 있는 경우 해당 보호처분이 피해를 받은 아동 · 청소년의 보호에 적절한지 여부에 대하여 심사한 후 보호처분의 변경 또는 종결이 필요하다고 인정하는 경우에는 이를 변경 또는 종결하여야 한다(법 제43조 제2항).

8) 가해아동 · 청소년의 처리

10세 이상 14세 미만의 아동 · 청소년이 제2조 제2호 나목 및 다목의 죄와 제7조의 죄를 범한 경우에 수사기관은 신속히 수사하고, 그 사건을 관할 법원 소년부에 송치하여야 한다(법 제44조 제1항).

14세 이상 16세 미만의 아동 · 청소년이 제1항의 죄를 범하여 그 사건이 관할 법원 소년부로 송치된 경우 송치받은 법원 소년부 판사는 그 아동 · 청소년에게 다음의 어느 하나에 해당하는 보호처분을 할 수 있다(법 제44조 제2항).

① 소년법 제32조 제1항 각 호의 보호처분

가. 보호자 또는 보호자를 대신하여 소년을 보호할 수 있는 자에게 감호위탁

나. 수강명령

다. 사회봉사명령

라. 보호관찰관의 단기(短期) 보호관찰

마. 보호관찰관의 장기(長期) 보호관찰

바. 아동복지법에 따른 아동복지시설이나 그 밖의 소년보호시설에 감호 위탁

사. 병원, 요양소 또는 보호소년 등의 처우에 관한 법률에 따른 소년의료 보호시설에 위탁

아. 1개월 이내의 소년원 송치

자. 단기 소년원 송치

차. 장기 소년원 송치

② 청소년 보호법 제35조의 청소년 보호 · 재활센터에 선도보호를 위탁하는 보호처분

사법경찰관은 제1항에 따른 가해아동 · 청소년을 발견한 경우 특별한 사정이 없으면 그 사실을 가해아동 · 청소년의 법정대리인 등에게 통지하여야 하며, 판사는 제1항 및 제2항에 따라 관할 법원 소년부에 송치된 가해아동 · 청소년에 대하여 소년법 제32조 제1항 제4호 또는 제5호의 처분을 하는 경우 재범예방에 필요한 수강명령을 하여야 한다(법 제44조 제3~4항).

검사는 가해아동 · 청소년에 대하여 소년부 송치 여부를 검토한 결과 소년부 송치가 적절하지 아니한 경우 가해아동 · 청소년으로 하여금 재범예방에 필요한 교육과정이나 상담과정을 마치게 하여야 한다(법 제44조 제5항).

9) 보호시설과 상담시설

보호시설은 성매매방지 및 피해자보호 등에 관한 법률 제5조 제1항 제2호의 청소년 지원시설, 청소년복지 지원법 제29조 제1항에 따른 청소년상담복지센터 및 같은 법 제31조 제1호에 따른 청소년쉼터 또는 청소년 보호법 제35조의 청소년 보호 · 재활센터로 다음의 업무를 수행할 수 있다(법 제45조).

① 제46조 제1항(상담시설) 각 호의 업무

② 대상아동 · 청소년의 보호 · 자립지원

③ 장기치료가 필요한 대상아동 · 청소년의 다른 기관과의 연계 및 위탁

상담시설은 성매매방지 및 피해자보호 등에 관한 법률 제17조의 성매매피해상담소 및 청소년복지 지원법 제29조 제1항에 따른 청소년상담복지센터로 다음 각 호의 업무를 수행할 수 있다(법 제46조).

① 제7조부터 제18조까지의 범죄 신고의 접수 및 상담

② 성매매 피해아동·청소년과 병원 또는 관련 시설과의 연계 및 위탁

③ 그 밖에 아동·청소년 성매매 등과 관련한 조사·연구

또한 성폭력방지 및 피해자보호 등에 관한 법률 제10조의 성폭력피해상담소 및 같은 법 제12조의 성폭력피해자보호시설은 다음 각 호의 업무를 수행할 수 있다(법 제46조 제3항).

① 제7조, 제8조, 제8조의2, 제9조부터 제11조까지 및 제16조의 범죄에 대한 신고의 접수 및 상담

② 아동·청소년대상 성폭력범죄로 인하여 정상적인 생활이 어렵거나 그 밖의 사정으로 긴급히 보호를 필요로 하는 피해아동·청소년을 병원이나 성폭력피해자보호시설로 데려다 주거나 일시 보호하는 업무

③ 피해아동·청소년의 신체적·정신적 안정회복과 사회복귀를 돕는 업무

④ 가해자에 대한 민사상·형사상 소송과 피해배상청구 등의 사법처리절차에 관하여 대한변호사협회·대한법률구조공단 등 관계 기관에 필요한 협조와 지원을 요청하는 업무

⑤ 아동·청소년대상 성폭력범죄의 가해아동·청소년과 그 법정대리인에 대한 교육·상담 프로그램의 운영

⑥ 아동·청소년 관련 성보호 전문가에 대한 교육

⑦ 아동·청소년대상 성폭력범죄의 예방과 방지를 위한 홍보

⑧ 아동·청소년대상 성폭력범죄 및 그 피해에 관한 조사·연구

⑨ 그 밖에 피해아동·청소년의 보호를 위하여 필요한 업무

10) 성매매 피해아동 · 청소년 지원센터의 설치

여성가족부장관 또는 시 · 도지사 및 시장 · 군수 · 구청장(자치구의 구청장을 말한다)은 성매매 피해아동 · 청소년의 보호를 위하여 성매매 피해아동 · 청소년 지원센터(이하 "성매매 피해아동 · 청소년 지원센터")를 설치 · 운영할 수 있으며, 다음 각 호의 업무를 수행한다(법 제47조의2 제1~2항).

① 제12조부터 제15조까지의 범죄에 대한 신고의 접수 및 상담

② 성매매 피해아동 · 청소년의 교육 · 상담 및 지원

③ 성매매 피해아동 · 청소년을 병원이나 성매매방지 및 피해자보호 등에 관한 법률 제9조에 따른 지원시설로 데려다 주거나 일시 보호하는 업무

④ 성매매 피해아동 · 청소년의 신체적 · 정신적 치료 · 안정회복과 사회복귀를 돕는 업무

⑤ 성매매 피해아동 · 청소년의 법정대리인을 대상으로 한 교육 · 상담 프로그램 운영

⑥ 아동 · 청소년 성매매 등에 관한 조사 · 연구

⑦ 그 밖에 성매매 피해아동 · 청소년의 보호 및 지원을 위하여 필요한 업무로서 대통령령으로 정하는 업무

가. 진로상담 및 지원

나. 진학 상담 및 지원

다. 직업훈련 상담 및 지원

2020년 아동 · 청소년의 성보호에 관한 법률 개정으로 성매매에 유입된 아동 · 청소년은 '대상아동 · 청소년'이 아닌 '성매매 피해아동 · 청소년'으로 규정하게 되었고, 성매매 피해아동 · 청소년 지원센터의 설치 근거가 마련되었다. 이에 따라 여성가족부는 2021년에 성매매 피해아동 · 청소년 지원센터 중앙지원센터 1개소(한국여성인권진흥원), 지역지원센터 17개소를 신설 · 운영하고 있다.

11) 청소년성문화센터의 설치 및 운영

청소년들이 성에 대한 정보를 주로 성인물, 음란성 게임, 미디어 및 인터넷 또는 또래를 통해 얻고 있는 데 반해 기존 학교의 성교육은 이론 중심의 단편적인 지식 전달 위주로 진행된다는 점이 지적되며, 청소년의 눈높이에 맞는 성교육에 대한 필요성이 제기되었다. 또한 일부 지역에서는 멀티미디어와 다양한 설치물을 활용한 참여형 성교육이 실시되어 성과를 거두고 있으나, 한정된 지역에서만 교육 서비스가 제공됨으로써 지역 간 불균형이 발생하였고, 전국적으로 통일된 효과적인 성교육을 실시할 필요성이 커졌다.

이에 여성가족부 및 지방자치단체는 아동·청소년의 성보호에 관한 법률 제47조에 따라 아동·청소년의 건전한 성 가치관 조성과 성범죄 예방을 위하여 아동·청소년대상 성교육 전문기관으로 청소년성문화센터를 설치·운영하고 있으며, 2023년 현재 고정형 47개소와 이동형 10개소로 총 57개소가 운영되고 있다. 청소년성문화센터는 청소년 스스로 자기주도적·실천적 체험학습을 통해 올바른 성지식을 습득하게 하도록 하여 건강한 성 가치관을 지닌 개인으로 성장하도록 지원하고 있다.

6. 성범죄로 유죄판결이 확정된 자의 신상정보 공개와 취업제한

1) 등록정보의 공개

법원은 다음의 어느 하나에 해당하는 자에 대하여 판결로 제4항의 공개정보를 성폭력범죄의 처벌 등에 관한 특례법 제45조 제1항의 등록기간 동안 정보통신망을 이용하여 공개하도록 하는 명령(공개명령)을 등록대상 사건의 판결과 동시에 선고하여야 한다. 다만, 피고인이 아동·청소년인 경우, 그 밖에 신상정보를 공개하여서는 아니 될 특별한 사정이 있다고 판단하는 경우에는 그러하지 아니하다(법 제49조 제1항).

① 아동 · 청소년대상 성폭력범죄를 저지른 자

② 성폭력범죄의 처벌 등에 관한 특례법 제2조 제1항 제3호 · 제4호, 같은 조 제2항(제1항 제3호 · 제4호에 한정한다), 제3조부터 제15조까지의 범죄를 저지른 자

③ 13세 미만의 아동 · 청소년을 대상으로 아동 · 청소년대상 성범죄를 저질렀지만 심신장애인으로서 13세 미만의 아동 · 청소년을 대상으로 아동 · 청소년대상 성범죄를 다시 범할 위험성이 있다고 인정되는 자

등록정보의 공개기간(형의 실효 등에 관한 법률 제7조에 따른 기간을 초과하지 못함)은 판결이 확정된 때부터 기산한다. 다만, 공개명령을 받은 자(공개대상자)가 실형 또는 치료감호를 선고받은 경우에는 그 형 또는 치료감호의 전부 또는 일부의 집행을 종료하거나 집행이 면제된 때부터 기산하고, 제1항에 따른 등록정보의 등록 원인이 된 성범죄(등록대상 성범죄)와 경합된 범죄, 등록대상 성범죄로 수용되어 있는 도중 재판을 받게 된 다른 범죄, 다른 범죄로 수용되어 있는 도중 등록대상 성범죄로 재판을 받게 된 경우 다른 범죄로 교정시설 또는 치료감호시설에 수용된 기간은 공개기간에 넣어 계산하지 아니한다(법 제49조 제2~3항).

공개하도록 제공되는 등록정보는 "① 성명, ② 나이, ③ 주소 및 실제거주지(도로명주소법 제2조 제5호의 도로명 및 같은 조 제7호의 건물번호까지로 함), ④ 신체정보(키와 몸무게), ⑤ 사진, ⑥ 등록대상 성범죄 요지(판결일자, 죄명, 선고형량을 포함), ⑦ 성폭력범죄 전과사실(죄명 및 횟수), ⑧ 특정 범죄자에 대한 보호관찰 및 전자장치 부착 등에 관한 법률에 따른 전자장치 부착 여부"이다(법 제49조 제4항).

2) 등록정보의 고지

법원은 공개대상자 중 다음의 어느 하나에 해당하는 자에 대하여 판결로

제49조에 따른 공개명령 기간 동안 제4항에 따른 고지정보를 제5항에 규정된 사람에 대하여 고지하도록 하는 명령(고지명령)을 등록대상 성범죄 사건의 판결과 동시에 선고하여야 한다(다만, 피고인이 아동·청소년인 경우, 그 밖에 신상정보를 고지하여서는 아니 될 특별한 사정이 있다고 판단하는 경우에는 그러하지 아니하다)(법 제50조 제1항).

① 아동·청소년대상 성폭력범죄를 저지른 자
② 성폭력범죄의 처벌 등에 관한 특례법 제2조 제1항 제3호·제4호, 같은 조 제2항(제1항 제3호·제4호에 한정), 제3조부터 제15조까지의 범죄를 저지른 자
③ ① 또는 ②의 죄를 범하였으나 형법 제10조 제1항에 따라 처벌할 수 없는 자로서 ① 또는 ②의 죄를 다시 범할 위험성이 있다고 인정되는 자

고지명령을 선고받은 자(이하 "고지대상자")는 공개명령을 선고받은 자로 보며, 다음 각 호의 기간 내에 하여야 한다(법 제50조 제2~3항).

① 집행유예를 선고받은 고지대상자는 신상정보 최초 등록일부터 1개월 이내
② 금고 이상의 실형을 선고받은 고지대상자는 출소 후 거주할 지역에 전입한 날부터 1개월 이내
③ 고지대상자가 다른 지역으로 전출하는 경우에는 변경정보 등록일부터 1개월 이내 고지하여야 하는 고지정보는 다음과 같다(법 제50조 제4항).
가. 고지대상자가 이미 거주하고 있거나 전입하는 경우에는 제49조 제3항의 공개정보. 다만, 제49조 제3항 제3호에 따른 주소 및 실제거주지는 상세주소를 포함한다.
나. 고지대상자가 전출하는 경우에는 제1호의 고지정보와 그 대상자의 전출 정보

고지정보는 고지대상자가 거주하는 읍·면·동의 아동·청소년의 친권자 또는 법정대리인이 있는 가구, 영유아보육법에 따른 어린이집의 원장, 유아교

육법에 따른 유치원의 장, 초 · 중등교육법 제2조에 따른 학교의 장, 읍 · 면사무소와 동 주민자치센터의 장(경계를 같이하는 읍 · 면 또는 동을 포함한다), 학원의 설립 · 운영 및 과외교습에 관한 법률 제2조의2에 따른 학교교과교습학원의 장과 아동복지법 제52조 제1항 제8호에 따른 지역아동센터 및 청소년활동 진흥법 제10조 제1호에 따른 청소년수련시설의 장에게 고지한다(법 제50조 제5항).

3) 고지명령의 집행

고지명령의 집행은 여성가족부장관이 한다(법 제51조 제1항). 법원은 고지명령의 판결이 확정되면 판결문 등본을 판결이 확정된 날부터 14일 이내에 법무부장관에게 송달하여야 하며, 법무부장관은 제50조 제3항에 따른 기간 내에 고지명령이 집행될 수 있도록 최초등록 및 변경등록 시 고지대상자, 고지기간 및 같은 조 제4항 각 호에 규정된 고지정보를 지체 없이 여성가족부장관에게 송부하여야 한다(법 제51조 제2항).

법무부장관은 고지대상자가 출소하는 경우 출소 1개월 전까지 고지대상자의 출소 예정일과 고지대상자의 출소 후 거주지 상세주소에 관한 정보를 여성가족부장관에게 송부하여야 하며(법 제51조 제3항), 여성가족부장관은 제50조 제4항에 따른 고지정보를 관할구역에 거주하는 아동 · 청소년의 친권자 또는 법정대리인이 있는 가구, 영유아보육법에 따른 어린이집의 원장 및 유아교육법에 따른 유치원의 장과 초 · 중등교육법 제2조에 따른 학교의 장, 읍 · 면사무소와 동 주민자치센터의 장, 학원의 설립 · 운영 및 과외교습에 관한 법률 제2조의2에 따른 학교교과교습학원의 장과 아동복지법 제52조 제1항 제8호에 따른 지역아동센터 및 청소년활동 진흥법 제10조 제1호에 따른 청소년수련시설의 장에게 우편으로 송부하고, 읍 · 면사무소 또는 동(경계를 같이하는 읍 · 면 또는 동을 포함) 주민자치센터 게시판에 30일간 게시하는 방법으로 고지명령을 집행한다(법 제51조 제4항).

여성가족부장관은 고지명령의 집행 이후 관할구역에 출생신고·입양신고·전입신고가 된 아동·청소년의 친권자 또는 법정대리인이 있는 가구 및 관할구역에 설립·설치된 영유아보육법에 따른 어린이집의 원장, 유아교육법에 따른 유치원의 장 및 초·중등교육법 제2조에 따른 학교의 장, 학원의 설립·운영 및 과외교습에 관한 법률 제2조의2에 따른 학교교과교습학원의 장과 아동복지법 제52조 제1항 제8호에 따른 지역아동센터 및 청소년활동 진흥법 제10조 제1호에 따른 청소년수련시설의 장으로서 고지대상자의 고지정보를 우편으로 송부받지 못한 자에 대하여 제50조 제4항에 따른 고지정보를 우편으로 송부하여야 한다(법 제51조 제5항).

4) 공개명령의 집행

공개명령은 여성가족부장관이 정보통신망을 이용하여 집행한다(법 제52조 제1항). 법원은 공개명령의 판결이 확정되면 판결문 등본을 판결이 확정된 날부터 14일 이내에 법무부장관에게 송달하여야 하며, 법무부장관은 제49조 제2항에 따른 공개기간 동안 공개명령이 집행될 수 있도록 최초등록 및 변경등록 시 공개대상자, 공개기간 및 같은 조 제3항 각 호에 규정된 공개정보를 지체 없이 여성가족부장관에게 송부하여야 한다(법 제52조 제2항).

5) 아동·청소년 관련기관 등에의 취업제한

법원은 아동·청소년대상 성범죄 또는 성인대상 성범죄(이하 "성범죄")로 형 또는 치료감호를 선고하는 경우에는 판결(약식명령을 포함한다. 이하 같다)로 그 형 또는 치료감호의 전부 또는 일부의 집행을 종료하거나 집행이 유예·면제된 날(벌금형을 선고받은 경우에는 그 형이 확정된 날)부터 일정 기간(이하 "취업제한 기간") 동안 다음 각 호에 따른 시설·기관 또는 사업장(이하 "아동·청소년 관련기관 등"이라 한다)을 운영하거나 아동·청소년 관련기관 등에 취업 또는 사실상 노무를 제공할 수 없도록 하는 명령(이하 "취업제한 명령")을 성범죄 사건의 판결과 동시에 선고(약식명령의 경우에는 고지)하여야 한다(다만, 재범의 위험성이 현저히 낮은 경우, 그 밖에 취업을 제한하여서는 아니 되는 특별한 사정이 있다고 판단하는 경우에는 그러하지 아니한다)(법 제56조 제1항).

① 유아교육법 제2조 제2호의 유치원

② 초·중등교육법 제2조의 학교, 같은 법 제28조와 같은 법 시행령 제54조에 따른 위탁 교육기관 및 고등교육법 제2조의 학교

②의2. 특별시·광역시·특별자치시·도·특별자치도 교육청 또는 지방교육자치에 관한 법률 제34조에 따른 교육지원청이 초·중등교육법 제28조에 따라 직접 설치·운영하거나 위탁하여 운영하는 학생상담지원시설 또는 위탁 교육시설

②의3. 제주특별자치도 설치 및 국제자유도시 조성을 위한 특별법 제223조에 따라 설립된 국제학교

③ 학원의 설립·운영 및 과외교습에 관한 법률 제2조 제1호의 학원, 같은 조 제2호의 교습소 및 같은 조 제3호의 개인과외교습자(아동·청소년의 이용이 제한되지 아니하는 학원·교습소로서 교육부장관이 지정하는 학원·교습소 및 아동·청소년을 대상으로 하는 개인과외교습자를 말한다)

④ 청소년 보호법 제35조의 청소년 보호·재활센터

⑤ 청소년활동 진흥법 제2조 제2호의 청소년활동시설

⑥ 청소년복지 지원법 제29조 제1항에 따른 청소년상담복지센터 및 같은 법 제31조 제1호에 따른 청소년쉼터

⑦ 영유아보육법 제2조 제3호의 어린이집

⑧ 아동복지법 제3조 제10호의 아동복지시설 및 같은 법 제37조에 따른 통합서비스 수행기관

⑨ 성매매방지 및 피해자보호 등에 관한 법률 제9조 제1항 제2호의 청소년 지원시설과 같은 법 제17조의 성매매피해상담소

⑩ 주택법 제2조 제3호의 공동주택의 관리사무소. 이 경우 경비업무에 직접 종사하는 사람에 한정한다.

⑪ 체육시설의 설치·이용에 관한 법률 제3조에 따라 설립된 체육시설 중 아동·청소년의 이용이 제한되지 아니하는 체육시설로서 문화체육관광부장관이 지정하는 체육시설

⑫ 의료법 제3조의 의료기관. 이 경우 의료법 제2조에 따른 의료인에 한정한다.

⑬ 게임산업진흥에 관한 법률에 따른 다음 각 목의 영업을 하는 사업장

가. 게임산업진흥에 관한 법률 제2조 제7호의 인터넷컴퓨터게임시설제공업

나. 게임산업진흥에 관한 법률 제2조 제8호의 복합유통게임제공업

⑭ 경비업법 제2조 제1호의 경비업을 행하는 법인. 이 경우 경비업무에 직접 종사하는 사람에 한정한다.

⑮ 영리의 목적으로 청소년 기본법 제3조 제3호의 청소년활동의 기획·주관·운영을 하는 사업장

⑯ 대중문화예술기획업소

⑰ 아동·청소년의 고용 또는 출입이 허용되는 다음 각 목의 어느 하나에 해당하는 기관·시설 또는 사업장으로서 대통령령으로 정하는 유형의 시설 등

가. 아동·청소년과 해당 시설 등의 운영자·근로자 또는 사실상 노무 제공자 사이에 업무상 또는 사실상 위력 관계가 존재하거나 존재할 개연성이 있는 시설 등

나. 아동·청소년이 선호하거나 자주 출입하는 시설 등으로서 해당 시설 등의 운영 과정에서 운영자·근로자 또는 사실상 노무 제공자에 의한 아동·청소년대상 성범죄의 발생이 우려되는 시설 등

⑱ 가정을 방문하거나 아동·청소년이 찾아오는 방식 등으로 아동·청소년에게 직접교육서비스를 제공하는 사람을 모집하거나 채용하는 사업장. 이 경우 아동·청소년에게 직접교육서비스를 제공하는 업무에 종사하는 사람에 한정한다.

⑲ 장애인 등에 대한 특수교육법 제11조의 특수교육지원센터 및 같은 법 제28조에 따라 특수교육 관련서비스를 제공하는 기관·단체

⑳ 지방자치법 제161조에 따른 공공시설 중 아동·청소년이 이용하는 시설로서 행정안전부장관이 지정하는 공공시설

㉑ 지방교육자치에 관한 법률 제32조에 따른 교육기관 중 아동·청소년을 대상으로 하는 교육기관

㉒ 어린이 식생활안전관리 특별법 제21조 제1항의 어린이급식관리지원센터

제1항에 따른 취업제한 기간은 10년을 초과하지 못하며, 법원이 취업제한 명령을 선고하려는 경우 정신건강의학과 의사, 심리학자, 사회복지학자, 그 밖의 관련 전문가로부터 취업제한 명령 대상자의 재범 위험성 등에 관한 의견을 들을 수 있다(법 제56조 제2~3항).

아동·청소년 관련기관 등의 설치 또는 설립 인가·신고를 관할하는 지방자치단체의 장, 교육감 또는 교육장은 아동·청소년 관련기관 등을 운영하려는 자에 대한 성범죄 경력 조회를 관계 기관의 장에게 요청하여야 하며(법 제56조 제4항), 아동·청소년 관련기관 등의 장은 그 기관에 취업 중이거나 사실상 노무를 제공 중인 자 또는 취업하려 하거나 사실상 노무를 제공하려는 자(취업자 등)에 대하여 성범죄의 경력을 확인하여야 하며, 이 경우 본인의 동의를 받아 관계 기관의 장에게 성범죄의 경력 조회를 요청하여야 한다. 다만, 취업자 등이 성범죄 경력 조회 회신서를 아동·청소년 관련기관 등의 장에게 직접 제출한 경우에는 성범죄 경력 조회를 한 것으로 본다(법 제56조 제5항).

6) 성범죄의 경력자 점검·확인

여성가족부장관 또는 관계 중앙행정기관의 장은 다음 각 호의 구분에 따라 성범죄로 취업제한 명령을 선고받은 자가 아동·청소년 관련기관 등을 운영하거나 아동·청소년 관련기관 등에 취업 또는 사실상 노무를 제공하고 있는지를 직접 또는 관계 기관 조회 등의 방법으로 연 1회 이상 점검·확인하여야

한다(법 제57조 제1항).

① **교육부장관** : 제56조 제1항 제2호의 기관 중 고등교육법 제2조의 학교

② **행정안전부장관** : 제56조 제1항 제20호의 공공시설

③ **여성가족부장관** : 제56조 제1항 제4호의 청소년 보호·재활센터, 같은 항 제6호의2의 학교밖청소년지원센터

④ **식품의약품안전처장** : 제56조 제1항 제22호의 어린이급식관리지원센터

⑤ **경찰청장** : 제56조 제1항 제14호의 경비업을 행하는 법인

시·도지사 또는 시장·군수·구청장은 성범죄로 취업제한 명령을 선고받은 자가 다음 각 호의 아동·청소년 관련기관 등을 운영하거나 아동·청소년 관련기관 등에 취업 또는 사실상 노무를 제공하고 있는지를 직접 또는 관계 기관 조회 등의 방법으로 연 1회 이상 점검·확인하여야 한다(법 제57조 제3항).

① 제56조 제1항 제5호의 청소년활동시설

② 제56조 제1항 제6호의 청소년상담복지센터 및 청소년쉼터

③ 제56조 제1항 제7호의 어린이집

④ 제56조 제1항 제8호의 아동복지시설 및 통합서비스 수행기관

⑤ 제56조 제1항 제9호의 청소년 지원시설 및 성매매피해상담소

⑥ 제56조 제1항 제10호의 공동주택의 관리사무소

⑦ 제56조 제1항 제11호의 체육시설

⑧ 제56조 제1항 제12호의 의료기관

⑨ 제56조 제1항 제13호 각 목의 인터넷컴퓨터게임시설제공업 또는 복합유통게임제공업을 하는 사업장

⑩ 제56조 제1항 제15호의 청소년활동기획업소

⑪ 대중문화예술기획업소

⑫ 제56조 제1항 제17호의 아동·청소년의 고용 또는 출입이 허용되는 시설 등으로서 대통령령으로 정하는 유형의 시설 등

⑬ 제56조 제1항 제18호의 가정방문 등 학습교사 사업장

7. 보호관찰

1) 보호관찰명령

검사는 아동·청소년대상 성범죄를 범하고 재범의 위험성이 있다고 인정되는 사람에 대하여는 형의 집행이 종료한 때부터 보호관찰 등에 관한 법률에 따른 보호관찰을 받도록 하는 명령을 법원에 청구하여야 한다(다만, 검사가 특정 범죄자에 대한 보호관찰 및 전자장치 부착 등에 관한 법률 제21조의2에 따른 보호관찰명령을 청구한 경우에는 그러하지 아니하다)(법 제61조 제1항).

법원은 공소가 제기된 아동·청소년대상 성범죄 사건을 심리한 결과 보호관찰명령을 선고할 필요가 있다고 인정하는 때에는 검사에게 보호관찰명령의 청구를 요청할 수 있으며, 아동·청소년대상 성범죄를 범한 사람이 금고 이상의 선고형에 해당하고 보호관찰명령 청구가 이유 있다고 인정하는 때에는 2년 이상 5년 이하의 범위에서 기간을 정하여 보호관찰명령을 병과하여 선고하여야 한다(법 제61조 제2~3항).

법원은 보호관찰을 명하기 위하여 필요한 때에는 피고인의 주거지 또는 소속 법원(지원을 포함) 소재지를 관할하는 보호관찰소(지소를 포함)의 장에게 범죄 동기, 피해자와의 관계, 심리상태, 재범의 위험성 등 피고인에 관하여 필요한 사항의 조사를 요청할 수 있다. 이 경우 보호관찰소의 장은 지체 없이 이를 조사하여 서면으로 해당 법원에 통보하여야 한다(법 제61조 제4항). 보호관찰기간은 보호관찰을 받을 자(보호관찰 대상자)의 형의 집행이 종료한 날부터 기산하되, 보호관찰 대상자가 가석방된 경우에는 가석방된 날부터 기산한다(법 제61조 제5항).

보호관찰 대상자가 보호관찰 기간 중에 보호관찰 등에 관한 법률 제32조에 따른 준수사항을 위반하는 등 재범의 위험성이 중대한 경우에 법원은 보호관찰소의 장의 신청에 따른 검사의 청구로 제61조 제3항에 따른 5년을 초과하여 보호관찰의 기간을 연장할 수 있다. 그리고 준수사항은 재판장이 재판정에서 설명하고 서면으로도 알려주어야 한다(법 제62조).

2) 보호관찰 대상자의 신고의무

보호관찰 대상자는 출소 후의 거주 예정지, 근무 예정지, 교우(交友) 관계, 그 밖에 보호관찰을 위하여 필요한 사항으로서 대통령령으로 정하는 사항을 출소 전에 미리 교도소・소년교도소・구치소・군교도소 또는 치료감호시설의 장에게 신고하여야 하며, 출소 후 10일 이내에 거주지, 직업 등 보호관찰을 위하여 필요한 사항으로서 대통령령으로 정하는 사항을 보호관찰관에게 서면으로 신고하여야 한다(법 제63조).

3) 보호관찰의 종료

보호관찰 등에 관한 법률에 따른 보호관찰 심사위원회는 보호관찰 대상자의 관찰성적이 양호하여 재범의 위험성이 없다고 판단하는 경우 보호관찰 기간이 끝나기 전이라도 보호관찰의 종료를 결정할 수 있다(법 제64조).

학습문제

1. 아동·청소년의 성보호에 관한 법률상 내용으로 옳은 것은? 제30회 기출문제

① 아동·청소년이란 21세 미만의 자를 말한다.

② 사법경찰관리는 아동·청소년대상 디지털 성범죄의 수사 목적을 달성하기 위하여 부득이한 경우 신분위장수사를 할 수 있다.

③ 신고의무자가 아동·청소년을 대상으로 성범죄를 범한 경우에는 그 죄에 정한 형의 2배까지 가중처벌한다.

④ 아동·청소년대상 성범죄의 공소시효는 피해 사건 발생일로부터 진행한다.

⑤ 공개정보 내용은 성명, 나이, 주소, 직업, 신체정보 등이다.

2. 아동·청소년의 성보호에 관한 법률상 성범죄로 유죄판결이 확정된 자의 신상정보 공개 사항이 아닌 것은? 제31회 기출문제

① 성명

② 나이

③ 전화번호

④ 신체정보(키와 몸무게)

⑤ 성폭력범죄 전과사실(죄명 및 횟수)

3. 아동·청소년의 성보호에 관한 법률상 19세 이상의 사람이 13세 이상의 장애 아동·청소년을 추행한 경우에 대한 명시된 처벌 기준은? 제32회 기출문제

① 1년 이하의 징역 또는 1천만 원 이하의 벌금

② 3년 이하의 징역 또는 3천만 원 이하의 벌금

③ 5년 이하의 징역 또는 5천만 원 이하의 벌금

④ 10년 이하의 징역 또는 5천만 원 이하의 벌금

⑤ 사형, 무기 또는 10년 이상의 징역

4. 아동 · 청소년의 성보호에 관한 법률상 아동 · 청소년의 성을 사는 행위의 상대방이 되도록 유인 · 권유한 자에 관한 처벌 기준은? 제30회 기출문제

① 1년 이하의 징역 또는 1천만 원 이하의 벌금
② 2년 이하의 징역 또는 3천만 원 이하의 벌금
③ 3년 이하의 징역 또는 3천만 원 이하의 벌금
④ 7년 이하의 징역 또는 5천만 원 이하의 벌금
⑤ 10년 이하의 징역 또는 5천만 원 이하의 벌금

5. 아동 · 청소년에 대한 성범죄자로 유죄판결을 받는 자의 신상정보 공개명령의 권한을 가진 기관은? (   )

정답	1. ②	2. ③	3. ④	4. ④	5. 법원

PART

03

청소년육성 관련법

CHAPTER

09 아동복지법

1. 아동복지법의 의의

아동복지법은 아동이 건강하게 출생하여 행복하고 안전하게 자랄 수 있도록 아동의 복지를 보장하는 것을 목적으로 1981년 제정되었다. 아동복지법은 1961년 제정된 아동복리법이 요보호아동을 위한 소극적 대책을 중심으로 한 입법 한계점을 보완하여 요보호아동뿐만 아니라 일반아동의 건전한 육성을 위한 적극적 아동복지정책 실현을 목적으로 하였다는 점에서 실질적 의의가 있다.

우라나라에서 아동복지에 관한 필요성과 사회적 관심이 대두되기 시작한 계기는 1950년 한국전쟁이었다. 한국전쟁으로 발생한 전쟁고아들의 보호에 관한 문제는 매우 심각한 사회문제였으나, 전쟁 직후의 국가 상황에서는 뚜렷한 정책적 대안을 제시하지 못하는 실정이었다. 이에 외국의 선교단체 및 원조기관에 의존하는 복지대책이 추진되었으며, 그 과정에서 고아원의 설립과 지원, 해외 입양 등의 아동보호사업이 추진되었다. 이러한 국가적 상황에서 아동보호체계를 법제화한 것이 1961년 12월 30일 제정된 아동복리법이다. 그러나 아동복리법은 전쟁고아 등의 요보호아동을 중심으로 하는 구호적 성격의 아동복지서비스 제공에 중점을 두고 있어 사회·경제적 발전에 따라 새롭게 발생한 사회적 욕구에는 부응하지 못하였다. 이에 1981년 모든 아동의 보호와 복지증진 보장을 주된 내용으로 하는 아동복지법을 제정하게 되었다.

2. 아동복지법의 용어 정의

아동복지법 제3조에서 정의하고 있는 용어는 다음과 같다.

① "아동"이란 18세 미만인 사람을 말한다.

② "아동복지"란 아동이 행복한 삶을 누릴 수 있는 기본적인 여건을 조성하고 조화롭게 성장·발달할 수 있도록 하기 위한 경제적·사회적·정서적 지원을 말한다.

③ "보호자"란 친권자, 후견인, 아동을 보호·양육·교육하거나 그러한 의무가 있는 자 또는 업무·고용 등의 관계로 사실상 아동을 보호·감독하는 자를 말한다.

④ "보호대상아동"이란 보호자가 없거나 보호자로부터 이탈된 아동 또는 보호자가 아동을 학대하는 경우 등 그 보호자가 아동을 양육하기에 적당하지 아니하거나 양육할 능력이 없는 경우의 아동을 말한다.

⑤ "지원대상아동"이란 아동이 조화롭고 건강하게 성장하는 데에 필요한 기초적인 조건이 갖추어지지 아니하여 사회적·경제적·정서적 지원이 필요한 아동을 말한다.

⑥ "가정위탁"이란 보호대상아동의 보호를 위하여 성범죄, 가정폭력, 아동학대, 정신질환 등의 전력이 없는 보건복지부령으로 정하는 기준에 적합한 가정에 보호대상아동을 일정 기간 위탁하는 것을 말한다.

⑦ "아동학대"란 보호자를 포함한 성인이 아동의 건강 또는 복지를 해치거나 정상적 발달을 저해할 수 있는 신체적·정신적·성적 폭력이나 가혹행위를 하는 것과 아동의 보호자가 아동을 유기하거나 방임하는 것을 말한다.

⑦의2. "아동학대관련범죄"란 다음 각 목의 어느 하나에 해당하는 죄를 말한다.

가. 아동학대범죄의 처벌 등에 관한 특례법 제2조 제4호에 따른 아동학대범죄

나. 아동에 대한 형법 제2편 제24장 살인의 죄 중 제250조부터 제255조까지의 죄

⑧ "피해아동"이란 아동학대로 인하여 피해를 입은 아동을 말한다.

⑨ 삭제 <2016. 3. 22.>

⑩ "아동복지시설"이란 제50조에 따라 설치된 시설을 말한다.

⑪ "아동복지시설 종사자"란 아동복지시설에서 아동의 상담·지도·치료·양육, 그 밖에 아동의 복지에 관한 업무를 담당하는 사람을 말한다.

3. 아동복지의 책임

1) 국가와 지방자치단체의 책무

국가와 지방자치단체는 아동의 안전·건강 및 복지증진을 위하여 아동과 그 보호자 및 가정을 지원하기 위한 정책을 수립·시행하여야 하며, 보호대상아동 및 지원대상아동의 권익을 증진하기 위한 정책을 수립·시행하여야 한다(법 제4조 제1~2항).

국가와 지방자치단체는 장애아동의 권익을 보호하기 위하여 필요한 시책을 강구하여야 하며, 아동이 자신 또는 부모의 성별, 연령, 종교, 사회적 신분, 재산, 장애 유무, 출생지역 또는 인종 등에 따른 어떠한 종류의 차별도 받지 아니하도록 필요한 시책을 강구하여야 한다. 또한 「아동의 권리에 관한 협약」에서 규정한 아동의 권리 및 복지증진 등을 위하여 필요한 시책을 수립·시행하고, 이에 필요한 교육과 홍보를 하여야 하며, 아동의 보호자가 아동을 행복하고 안전하게 양육하기 위하여 필요한 교육을 지원하여야 한다(법 제4조 제3~7항).

2) 보호자 등의 책무

아동의 보호자는 아동을 가정에서 그의 성장 시기에 맞추어 건강하고 안전하게 양육하여야 하며, 아동에게 신체적 고통이나 폭언 등의 정신적 고통을 가하여서는 아니 된다(법 제5조 제1~2항). 아울러 모든 국민은 아동의 권익과 안전을 존중하여야 하며, 아동을 건강하게 양육하여야 한다(법 제5조 제3항).

4. 아동복지정책의 수립 및 시행

1) 아동정책 기본계획 및 시행계획의 수립과 시행

보건복지부장관은 아동정책의 효율적인 추진을 위하여 5년마다 아동정책 기본계획(이하 "기본계획")을 수립하여야 하며, 다음 각 호의 사항을 포함하여야 한다(법 제7조 제1~2항).

① 이전의 기본계획에 관한 분석·평가

② 아동정책에 관한 기본 방향 및 추진목표

③ 주요 추진과제 및 추진방법

④ 재원조달방안

⑤ 그 밖에 아동정책을 시행하기 위하여 특히 필요하다고 인정되는 사항

보건복지부장관은 기본계획을 수립할 때에는 미리 관계 중앙행정기관의 장과 협의하여야 하며, 기본계획은 제10조에 따른 아동정책조정위원회의 심의를 거쳐 확정한다. 이 경우 보건복지부장관은 확정된 기본계획을 관계 중앙행정기관의 장 및 특별시장·광역시장·도지사·특별자치도지사(이하 "시·도지사")에게 알려야 한다(법 제7조 제3~4항).

보건복지부장관, 관계 중앙행정기관의 장 및 시·도지사는 매년 기본계획에 따라 연도별 아동정책시행계획(이하 "시행계획")을 수립·시행하여야 하며, 관계 중앙행정기관의 장 및 시·도지사는 다음 연도의 시행계획 및 전년도의

시행계획에 따른 추진실적을 대통령령으로 정하는 바에 따라 매년 보건복지부장관에게 제출하고, 보건복지부장관은 매년 시행계획에 따른 추진실적을 평가하여야 한다(법 제8조 제1~2항).

2) 아동종합실태조사

보건복지부장관은 5년마다 아동의 양육 및 생활환경, 언어 및 인지 발달, 정서적·신체적 건강, 아동안전, 아동학대 등 아동의 종합실태를 조사하여 그 결과를 공표하고, 이를 기본계획과 시행계획에 반영하여야 한다. 다만, 보건복지부장관은 필요한 경우 보건복지부령으로 정하는 바에 따라 분야별 실태조사를 할 수 있다(법 제11조 제1항).

3) 아동정책조정위원회

아동의 권리증진과 건강한 출생 및 성장을 위하여 종합적인 아동정책을 수립하고 관계 부처의 의견을 조정하며 그 정책의 이행을 감독하고 평가하기 위하여 국무총리 소속으로 아동정책조정위원회(이하 "위원회")를 두며, 다음 각 호의 사항을 심의·조정한다(법 제10조 제1~2항).

① 기본계획의 수립에 관한 사항
② 아동의 권익 및 복지증진을 위한 기본 방향에 관한 사항
③ 아동정책의 개선과 예산지원에 관한 사항
④ 아동 관련 국제조약의 이행 및 평가·조정에 관한 사항
⑤ 아동정책에 관한 관련 부처 간 협조에 관한 사항
⑥ 그 밖에 위원장이 부의하는 사항

위원회는 위원장을 포함한 25명 이내의 위원으로 구성하되, 위원장은 국무총리가 되고 위원은 다음 각 호의 사람이 된다(법 제10조 제3항).

① 기획재정부장관 · 교육부장관 · 법무부장관 · 행정안전부장관 · 문화체육관광부장관 · 산업통상자원부장관 · 보건복지부장관 · 고용노동부장관 · 여성가족부장관
② 아동 관련 단체의 장이나 아동에 대한 학식과 경험이 풍부한 사람 중 위원장이 위촉하는 15명 이내의 위원

위원회는 제2항 제4호에 따른 국제조약의 이행확인을 위하여 필요한 업무를 관계 전문기관 또는 단체에게 위탁할 수 있고, 필요하다고 인정하는 때에는 관계 행정기관에 대하여 그 소속 직원의 출석 · 설명과 자료의 제출을 요구할 수 있다(법 제10조 제4~5항).

4) 아동복지심의위원회

시 · 도지사, 시장 · 군수 · 구청장(자치구의 구청장을 말한다. 이하 같다)은 다음 각 호의 사항을 심의하기 위하여 그 소속으로 아동복지심의위원회(이하 "심의위원회")를 각각 둔다(법 제12조 제1항).

① 제8조에 따른 시행계획 수립 및 시행에 관한 사항
② 제15조에 따른 보호조치에 관한 사항
③ 제16조에 따른 퇴소조치에 관한 사항
④ 제18조에 따른 친권행사의 제한이나 친권상실 선고 청구에 관한 사항
⑤ 제19조에 따른 아동의 후견인의 선임이나 변경 청구에 관한 사항
⑥ 지원대상아동의 선정과 그 지원에 관한 사항
⑦ 그 밖에 아동의 보호 및 지원서비스를 위하여 시 · 도지사 또는 시장 · 군수 · 구청장이 필요하다고 인정하는 사항

5) 아동복지전담공무원과 아동위원

아동복지에 관한 업무를 담당하기 위하여 특별시 · 광역시 · 도 · 특별자치

도(이하 "시·도") 및 시·군·구(자치구)에 각각 아동복지전담공무원(이하 "전담공무원")을 둘 수 있으며, 전담공무원은 사회복지사업법 제11조에 따른 사회복지사의 자격을 가진 사람으로 하고 그 임용 등에 필요한 사항은 해당 시·도 및 시·군·구의 조례로 정한다(법 제13조 제1~2항).

전담공무원은 아동에 대한 상담 및 보호조치, 가정환경에 대한 조사, 아동복지시설에 대한 지도·감독, 아동범죄 예방을 위한 현장 확인 및 지도·감독 등 지역 단위에서 아동의 복지증진을 위한 업무를 수행한다(법 제13조 제3항).

또한 시·군·구에 아동위원을 두며, 그 관할구역의 아동에 대하여 항상 그 생활상태 및 가정환경을 상세히 파악하고 아동복지에 필요한 원조와 지도를 행하며 전담공무원 및 관계 행정기관과 협력하여야 한다(법 제14조 제1~2항).

6) 아동권리보장원의 설립과 운영

보건복지부장관은 아동정책에 대한 종합적인 수행과 아동복지 관련 사업의 효과적인 추진을 위하여 필요한 정책의 수립을 지원하고 사업평가 등의 업무를 수행할 수 있도록 아동권리보장원(이하 "보장원")을 설립하며, 다음 각 호의 업무를 수행한다(법 제10조의2).

① 아동정책 수립을 위한 자료 개발 및 정책 분석
② 제7조의 기본계획 수립 및 제8조 제2항의 시행계획 평가 지원
③ 제10조의 위원회 운영 지원
④ 제11조의2의 아동정책영향평가 지원
⑤ 제15조, 제15조의2, 제15조의3, 제16조, 제16조의2의 아동보호서비스에 대한 기술지원
⑥ 아동학대의 예방과 방지를 위한 제22조 제6항 각 호의 업무
⑦ 가정위탁사업 활성화 등을 위한 제48조 제6항 각 호의 업무
⑧ 지역 아동복지사업 및 아동복지시설의 원활한 운영을 위한 지원

⑨ 「국내입양에 관한 특별법」 및 「국제입양에 관한 법률」에 따른 입양 체계의 구축 및 운영을 위한 다음 각 목의 업무

가. 국내외 입양정책 및 서비스에 관한 조사·연구

나. 양부모 및 예비양부모에 대한 교육 운영

다. 「국내입양에 관한 특별법」에 따른 입양정책위원회 운영 지원

라. 입양정보 공개 청구 관련 업무

마. 입양 관련 국제협력 업무

바. 「국내입양에 관한 특별법」 및 「국제입양에 관한 법률」에 따라 보건복지부장관으로부터 위탁받은 업무

사. 그 밖에 「국내입양에 관한 특별법」 및 「국제입양에 관한 법률」에 따른 입양 체계 구축 및 운영과 관련하여 보건복지부장관이 필요하다고 인정하는 업무

⑩ 아동 관련 조사 및 통계 구축

⑪ 아동 관련 교육 및 홍보

⑫ 아동 관련 해외정책 조사 및 사례분석

⑬ 그 밖에 이 법 또는 다른 법령에 따라 보건복지부장관, 국가 또는 지방자치단체로부터 위탁받은 업무

5. 아동에 대한 보호서비스

1) 보호조치

시·도지사 또는 시장·군수·구청장은 그 관할구역에서 보호대상아동을 발견하거나 보호자의 의뢰를 받은 때에는 아동의 최상의 이익을 위하여 대통령령으로 정하는 바에 따라 다음 각 호에 해당하는 보호조치를 하여야 한다(법 제15조 제1항).

① 전담공무원, 민간전문인력 또는 아동위원에게 보호대상아동 또는 그 보호자에 대한 상담・지도를 수행하게 하는 것
② 민법 제777조 제1호 및 제2호에 따른 친족에 해당하는 사람의 가정에서 보호・양육할 수 있도록 조치하는 것
③ 보호대상아동을 적합한 유형의 가정에 위탁하여 보호・양육할 수 있도록 조치하는 것
④ 보호대상아동을 그 보호조치에 적합한 아동복지시설에 입소시키는 것
⑤ 약물 및 알코올 중독, 정서・행동・발달 장애, 성폭력・아동학대 피해 등으로 특수한 치료나 요양 등의 보호를 필요로 하는 아동을 전문치료기관 또는 요양소에 입원 또는 입소시키는 것
⑥ 「국내입양에 관한 특별법」 및 「국제입양에 관한 법률」에 따른 입양과 관련하여 필요한 조치를 하는 것

시・도지사 또는 시장・군수・구청장 이외의 자가 보호대상아동을 발견하거나 보호자의 의뢰를 받은 때에는 지체 없이 시・도지사 또는 시장・군수・구청장에게 보호조치를 의뢰하여야 하며, 보호조치가 적합하지 아니한 보호대상아동에 대하여 제1항 제3호부터 제6호까지의 보호조치를 할 수 있다. 이 경우 제1항 제3호부터 제5호까지의 보호조치를 하기 전에 보호대상아동에 대한 상담, 건강검진, 심리검사 및 가정환경에 대한 조사를 실시하여야 한다(법 제15조 제2~3항).

2) 보호대상아동의 퇴소조치

법 제15조 제1항 제3호부터 제5호까지의 보호조치 중인 보호대상아동의 연령이 18세에 달하였거나, 보호 목적이 달성되었다고 인정되면 해당 시・도지사, 시장・군수・구청장 또는 아동복지시설의 장은 그 보호 중인 아동의 보호조치를 종료하거나 해당 시설에서 퇴소시켜야 한다(법 제16조 제1항).

다만, 시·도지사 또는 시장·군수·구청장은 연령이 18세에 달한 보호대상아동이 보호조치를 연장할 의사가 있는 경우에는 제16조 제1항에도 불구하고 그 보호기간을 해당 아동이 25세에 달할 때까지로 연장하여야 하며, 보호기간이 연장된 사람이 보호조치의 종료를 요청하는 경우 그 보호조치를 종료하여야 한다. 다만, 자립 능력이 부족하여 보호기간의 연장이 필요한 경우로서 대통령령으로 정하는 경우에는 심의위원회의 심의를 거쳐 종료하지 아니할 수 있다(법 제16조의3).

3) 금지행위

누구든지 다음 각 호의 어느 하나에 해당하는 행위를 하여서는 아니 된다(법 제17조).

① 아동을 매매하는 행위
② 아동에게 음란한 행위를 시키거나 이를 매개하는 행위 또는 아동에게 성적 수치심을 주는 성희롱 등의 성적 학대행위
③ 아동의 신체에 손상을 주거나 신체의 건강 및 발달을 해치는 신체적 학대행위
④ 삭제 <2014. 1. 28.>
⑤ 아동의 정신건강 및 발달에 해를 끼치는 정서적 학대행위
⑥ 자신의 보호·감독을 받는 아동을 유기하거나 의식주를 포함한 기본적 보호·양육·치료 및 교육을 소홀히 하는 방임행위
⑦ 장애를 가진 아동을 공중에 관람시키는 행위
⑧ 아동에게 구걸을 시키거나 아동을 이용하여 구걸하는 행위
⑨ 공중의 오락 또는 흥행을 목적으로 아동의 건강 또는 안전에 유해한 곡예를 시키는 행위 또는 이를 위하여 아동을 제3자에게 인도하는 행위
⑩ 정당한 권한을 가진 알선기관 외의 자가 아동의 양육을 알선하고 금품을 취득하거나 금품을 요구 또는 약속하는 행위

⑪ 아동을 위하여 증여 또는 급여된 금품을 그 목적 외의 용도로 사용하는 행위

4) 친권상실 선고의 청구

시・도지사, 시장・군수・구청장 또는 검사는 아동의 친권자가 그 친권을 남용하거나 현저한 비행이나 아동학대, 그 밖에 친권을 행사할 수 없는 중대한 사유가 있는 것을 발견한 경우 아동의 복지를 위하여 필요하다고 인정할 때에는 법원에 친권행사의 제한 또는 친권상실의 선고를 청구하여야 한다(법 제18조 제1항).

아동복지시설의 장 및 초・중등교육법에 따른 학교의 장(이하 "학교의 장")은 제1항의 사유에 해당하는 경우 시・도지사, 시장・군수・구청장 또는 검사에게 법원에 친권행사의 제한 또는 친권상실의 선고를 청구하도록 요청할 수 있으며, 시・도지사, 시장・군수・구청장 또는 검사는 제1항 및 제2항에 따라 친권행사의 제한 또는 친권상실의 선고 청구를 할 경우 보장원 또는 아동보호전문기관 등 아동복지시설의 장, 아동을 상담・치료한 의사 및 해당 아동의 의견을 존중하여야 한다(법 제18조 제2~3항). 또한 시・도지사, 시장・군수・구청장 또는 검사는 제2항에 따라 친권행사의 제한 또는 친권상실의 선고 청구를 요청받은 경우에는 요청받은 날부터 30일 내에 청구 여부를 결정한 후 해당 요청기관에 청구 또는 미청구 요지 및 이유를 서면으로 알려야 한다(법 제18조 제4항). 처리결과를 통보받은 아동복지시설의 장 및 학교의 장은 그 처리결과에 대하여 이의가 있을 경우 통보받은 날부터 30일 내에 직접 법원에 친권행사의 제한 또는 친권상실의 선고를 청구할 수 있다(법 제18조 제5항).

5) 아동의 후견인, 보조인의 선임

시・도지사, 시장・군수・구청장, 아동복지시설의 장 및 학교의 장은 친권자 또는 후견인이 없는 아동을 발견한 경우 그 복지를 위하여 필요하다고 인

정할 때에는 법원에 후견인의 선임을 청구하여야 한다(법 제19조 제1항). 시·도지사, 시장·군수·구청장, 아동복지전담기관의 장, 아동복지시설의 장, 학교의 장 또는 검사는 후견인이 해당 아동을 학대하는 등 현저한 비행을 저지른 경우에는 후견인 변경을 법원에 청구하여야 하며(법 제19조 제2항), 이때 제1항에 따른 후견인의 선임 및 제2항에 따른 후견인의 변경 청구를 할 때에는 해당 아동의 의견을 존중하여야 한다(법 제19조 제3항). 아동복지시설에 입소 중인 보호대상아동에 대하여는 보호시설에 있는 미성년자의 후견직무에 관한 법률을 적용한다(법 제19조 제4항).

법원은 피해아동을 증인으로 신문하는 경우 검사, 피해아동과 그 보호자 또는 보장원, 아동보호전문기관의 신청이 있는 경우에는 피해아동과 신뢰 관계에 있는 사람의 동석을 허가할 수 있다(법 제21조 제2항).

한편, 법원의 심리과정에서 변호사, 법정대리인, 직계친족, 형제자매, 아동학대전담공무원, 보장원 또는 아동보호전문기관의 상담원은 학대아동사건의 심리에 있어서 보조인이 될 수 있다. 다만, 변호사가 아닌 경우에는 법원의 허가를 받아야 한다.

6. 아동학대의 예방 및 방지

1) 아동학대의 예방과 방지 의무

국가와 지방자치단체는 아동학대의 예방과 방지를 위하여 다음 각 호의 조치를 취하여야 한다(법 제22조 제1항).

① 아동학대의 예방과 방지를 위한 각종 정책의 수립 및 시행

② 아동학대의 예방과 방지를 위한 연구·교육·홍보 및 아동학대 실태조사

③ 아동학대에 관한 신고체제의 구축·운영

④ 피해아동의 보호와 치료 및 피해아동의 가정에 대한 지원
⑤ 그 밖에 대통령령으로 정하는 아동학대의 예방과 방지를 위한 사항

지방자치단체는 아동학대를 예방하고 수시로 신고를 받을 수 있도록 긴급전화를 설치하여야 하며(법 제22조 제2항), 긴급전화는 아동학대전담공무원이 근무하는 기관에 전용회선으로 설치・운영해야 하고, 전국적으로 통일된 번호로 매일 24시간 동안 운영하여야 한다(시행령 제24조). 시 ・도지사 또는 시장・군수・구청장은 피해아동의 발견 및 보호를 위하여 ① 아동학대 신고접수, 현장조사 및 응급보호, ② 피해아동, 피해아동의 가족 및 아동학대행위자에 대한 상담・조사, ③ 그 밖에 대통령령으로 정하는 아동학대 관련업무를 수행하여야 하며, 각 호의 업무를 수행하기 위하여 아동학대전담공무원을 두어야 한다(법 제22조 제2~4항).

보장원은 아동학대예방사업의 활성화 등을 위하여 다음 각 호의 업무를 수행한다(법 제22조 제6항).

① 아동보호전문기관에 대한 지원
② 아동학대예방사업과 관련된 연구 및 자료 발간
③ 효율적인 아동학대예방사업을 위한 연계체계 구축
④ 아동학대예방사업을 위한 프로그램 개발 및 평가
⑤ 아동보호전문기관・학대피해아동쉼터 직원 및 아동학대전담공무원 직무교육, 아동학대예방 관련 교육 및 홍보
⑥ 아동보호전문기관 전산시스템 구축 및 운영
⑦ 그 밖에 대통령령으로 정하는 아동학대예방사업과 관련된 업무

아동의 건강한 성장을 도모하고, 범국민적으로 아동학대의 예방과 방지에 관한 관심을 높이기 위하여 매년 11월 19일을 아동학대예방의 날로 지정하고, 아동학대예방의 날부터 1주일을 아동학대예방 주간으로 하며, 국가와 지방자치단체는 아동학대예방의 날의 취지에 맞는 행사와 홍보를 실시하도록 노력

하여야 한다(법 제23조 제1~2항). 보건복지부장관은 아동학대의 예방과 방지, 위반행위자의 계도를 위한 교육 등에 관한 홍보영상을 제작하여 방송법 제2조 제23호의 방송편성책임자에게 배포하여야 한다(법 제24조 제1항).

2) 아동학대 신고의무자에 대한 교육

관계 중앙행정기관의 장은 아동학대범죄의 처벌 등에 관한 특례법 제10조 제2항 각 호의 어느 하나에 해당하는 사람(이하 "아동학대 신고의무자")의 자격 취득 과정이나 보수교육 과정에 아동학대 예방 및 신고의무와 관련된 교육 내용을 포함하도록 하여야 하며, 아동학대 신고의무자에게 본인이 아동학대 신고의무자라는 사실을 고지할 수 있고, 아동학대 예방 및 신고의무와 관련한 교육(이하 이 조에서 "신고의무 교육")을 실시할 수 있다(법 제26조 제1~2항). 또한 아동학대 신고의무자가 소속된 기관·시설 등의 장은 소속 아동학대 신고의무자에게 신고의무 교육을 실시하고, 그 결과를 관계 중앙행정기관의 장에게 제출하여야 한다(법 제26조 제3항).

3) 아동학대 등의 통보 및 응급조치

사법경찰관리는 아동 사망 및 상해사건, 가정폭력 사건 등에 관한 직무를 행하는 경우 아동학대가 있었다고 의심할 만한 사유가 있는 때에는 아동보호전문기관에 그 사실을 통보하여야 하며, 사법경찰관 또는 보호관찰관은 아동학대범죄의 처벌 등에 관한 특례법 제14조 제1항에 따라 임시조치의 청구를 신청하였을 때에는 아동보호전문기관에 그 사실을 통보하여야 한다(법 제27조의2 제1~2항).

법 제1항 및 제2항의 통보를 받은 아동보호전문기관은 피해아동 보호조치 등 필요한 조치를 하여야 한다(법 제27조의2 제3항). 이 경우에 아동학대범죄의 처벌 등에 관한 특례법 제12조 제1항 제3호 또는 제4호에 따라 사법경찰관리 또는 아동보호전문기관의 직원이 피해아동을 인도하는 경우에는 아동학대 관련 보호시설이나 의료기관은 정당한 사유 없이 이를 거부하여서는 아니 된다(법 제27조의3).

4) 피해아동 및 그 가족에 대한 지원

아동보호전문기관의 장은 아동학대가 종료된 이후에도 가정방문, 전화상담 등을 통하여 아동학대의 재발 여부를 확인하여야 하며, 아동학대가 종료된 이후에도 아동학대의 재발 방지 등을 위하여 필요하다고 인정하는 경우 피해아동 및 보호자를 포함한 피해아동의 가족에게 필요한 지원을 제공할 수 있다(법 제28조 제1~2항).

보건복지부장관은 피해아동, 그 가족 및 학대행위자에 관한 정보와 아동학대예방사업에 관한 정보를 제1항에 따른 아동학대정보시스템에 입력·관리하여야 한다. 이 경우 보건복지부장관은 관계 중앙행정기관의 장, 시·도지사, 시장·군수·구청장, 아동보호전문기관 등에 필요한 자료를 요청할 수 있다(법 제28조의2 제2항).

피해아동 및 그 가족 등에 대한 지원에 있어 아동보호전문기관의 장은 아동의 안전 확보와 재학대 방지, 건전한 가정기능의 유지 등을 위하여 피해아동 및 보호자를 포함한 피해아동의 가족에게 상담, 교육 및 의료적·심리적 치료 등의 필요한 지원을 제공하여야 하며(법 제29조 제1항), 보호자를 포함한 피해아동의 가족은 아동보호전문기관이 제1항에 따라 제공하는 지원에 성실하게 참여하여야 한다(법 제29조 제3항).

아동보호전문기관의 장은 제1항의 지원 여부의 결정 및 지원의 제공 등 모든 과정에서 피해아동의 이익을 최우선으로 고려하여야 하며(법 제29조 제4항), 특히 초·중등교육법 제2조 각 호의 학교에 재학 중인 피해아동 및 피해아동의 가족이 주소지 외의 지역에서 취학(입학·재입학·전학·편입학을 포함한다. 이하 같다)할 필요가 있을 때에는 그 취학이 원활하게 이루어질 수 있도록 지원하여야 한다(법 제29조 제5항).

5) 아동학대행위자에 대한 처분

시·도지사, 시장·군수·구청장, 보장원의 장 또는 아동보호전문기관의 장은 아동학대행위자에 대하여 상담·교육 및 심리적 치료 등 필요한 지원을 제공하여야 하며, 이 경우 아동학대행위자는 상담·교육 및 심리적 치료 등에 성실히 참여하여야 하며, 상담·교육 및 심리적 치료 등에 참여할 수 없는 정당한 사유가 있는 아동학대행위자는 그 사유가 해소되는 즉시 이에 참여하여야 한다(법 제29조의2 제1~2항).

법원은 아동학대관련범죄로 형 또는 치료감호를 선고하는 경우에는 판결(약식명령을 포함한다)로 그 형 또는 치료감호의 전부 또는 일부의 집행을 종료하거나 집행이 유예·면제된 날(벌금형을 선고받은 경우에는 그 형이 확정된 날을 말한다)부터 일정 기간(이하 "취업제한기간"이라 한다) 동안 다음 각 호에 따른 시설 또는 기관(이하 "아동관련기관"이라 한다)을 운영하거나 아동관련기관에 취업 또는 사실상 노무를 제공할 수 없도록 하는 명령(이하 "취업제한명령"이라 한다)을 아동학대관련범죄 사건의 판결과 동시에 선고(약식명령의 경우에는 고지를 말한다)하여야 한다. 다만, 재범의 위험성이 현저히 낮은 경우나 그 밖에 취업을 제한하여서는 아니 되는 특별한 사정이 있다고 판단하는 경우에는 그러하지 아니하다(법 제29조의3 제1항).

① 보장원, 지방자치단체(전담공무원, 민간전문인력, 아동학대전담공무원으로 한정한다), 제37조에 따른 취약계층 아동 통합서비스 수행기관, 아동보호전문기관, 제44조의2에 따른 다함께돌봄센터, 제48조에 따른 가정위탁지원센터 및 제52조의 아동복지시설

② 가정폭력방지 및 피해자보호 등에 관한 법률 제4조의6의 긴급전화센터, 같은 법 제5조의 가정폭력 관련 상담소 및 같은 법 제7조의2의 가정폭력피해자 보호시설

③ 건강가정기본법 제35조의 건강가정지원센터

④ 다문화가족지원법 제12조의 다문화가족지원센터

⑤ 성매매방지 및 피해자보호 등에 관한 법률 제5조의 성매매피해자 등을 위한 지원시설 및 같은 법 제10조의 성매매피해상담소
⑥ 성폭력방지 및 피해자보호 등에 관한 법률 제10조의 성폭력피해상담소 및 같은 법 제12조의 성폭력피해자보호시설 및 같은 법 제18조의 성폭력피해자통합지원센터
⑦ 영유아보육법 제2조 제3호의 어린이집, 같은 법 제7조에 따른 육아종합지원센터 및 같은 법 제26조의2에 따른 시간제보육서비스지정기관
⑧ 유아교육법 제2조 제2호의 유치원
⑨ 의료법 제3조의 의료기관(같은 법 제2조의 의료인에 한정한다)
⑩ 장애인복지법 제58조의 장애인복지시설
⑪ 정신건강증진 및 정신질환자 복지서비스 지원에 관한 법률 제3조에 따른 정신건강복지센터, 정신건강증진시설, 정신요양시설 및 정신재활시설
⑫ 주택법 제2조 제3호의 공동주택의 관리사무소(경비업무 종사자에 한정한다)
⑬ 청소년 기본법 제3조에 따른 청소년시설, 청소년단체
⑭ 청소년활동 진흥법 제2조 제2호의 청소년활동시설
⑮ 청소년복지 지원법 제29조 제1항의 청소년상담복지센터, 같은 법 제30조의 이주배경청소년지원센터 및 같은 법 제31조 각 호의 청소년쉼터, 청소년자립지원관, 청소년치료재활센터
⑯ 청소년 보호법 제35조의 청소년 보호・재활센터
⑰ 체육시설의 설치・이용에 관한 법률 제2조 제1호의 체육시설 중 아동의 이용이 제한되지 아니하는 체육시설로서 문화체육관광부장관이 지정하는 체육시설
⑱ 초・중등교육법 제2조 각 호의 학교 및 같은 법 제28조에 따라 학습부진아 등에 대한 교육을 실시하는 기관

⑲ 학원의 설립·운영 및 과외교습에 관한 법률 제2조 제1호의 학원 및 같은 조 제2호의 교습소 중 아동의 이용이 제한되지 아니하는 학원과 교습소로서 교육부장관이 지정하는 학원·교습소
⑳ 한부모가족지원법 제19조의 한부모가족복지시설
㉑ 아동보호전문기관 또는 학대피해아동쉼터를 운영하는 법인
㉒ 보호소년 등의 처우에 관한 법률에 따른 소년원 및 소년분류심사원
㉓ 민법 제32조에 따라 보건복지부장관의 설립 허가를 받아 아동인권, 아동복지 등 아동을 위한 사업을 수행하는 비영리법인(대표자 및 아동을 직접 대면하는 업무에 종사하는 사람에 한정한다)
㉔ 아이돌봄 지원법 제11조에 따른 서비스제공기관
㉕ 국내입양에 관한 특별법 제37조 제1항 및 국제입양에 관한 법률 제32조 제1항에 따라 업무를 위탁받은 사회복지법인 및 단체
㉖ 모자보건법 제15조의18에 따른 산후조리도우미 서비스를 제공하는 사람을 모집하거나 채용하는 기관(직접 산후조리도우미 서비스를 제공하는 사람에 한정한다)
㉗ 모자보건법 제15조에 따른 산후조리원

아동관련기관의 장은 그 기관에 취업 중이거나 사실상 노무를 제공 중인 사람 또는 취업하려 하거나 사실상 노무를 제공하려는 사람에 대하여 아동학대관련범죄 전력을 확인하여야 하며, 이 경우 본인의 동의를 받아 관계기관의 장에게 아동학대관련범죄 전력 조회를 요청하여야 한다(법 제29조의3 제5항).

보건복지부장관 또는 관계 중앙행정기관의 장은 아동학대관련범죄전력자가 제29조의3 제1항을 위반하여 다음 각 호의 아동관련기관에 취업 또는 사실상 노무를 제공하고 있는지를 직접 또는 관계 기관 조회 등의 방법으로 연 1회 이상 점검·확인하여야 한다(법 제29조의4 제1항).

① **교육부장관** : 제29조의3 제1항 제8호 · 제18호 · 제19호에 따른 아동관련기관
② **문화체육관광부장관** : 제29조의3 제1항 제17호에 따른 아동관련기관
③ **보건복지부장관** : 제29조의3 제1항 제1호 · 제7호 · 제9호 · 제10호 · 제11호 · 제23호 · 제25호에 따른 아동관련기관
④ **여성가족부장관** : 제29조의3 제1항 제2호 · 제3호 · 제4호 · 제5호 · 제6호 · 제13호 · 제14호 · 제15호 · 제16호 · 제20호에 따른 아동관련기관
⑤ **국토교통부장관** : 제29조의3 제1항 제12호에 따른 아동관련기관
⑥ **법무부장관** : 제29조의3 제1항 제22호에 따른 아동관련기관

법 제29조의4 제1항 각 호의 중앙행정기관의 장은 제29조의3 제1항을 위반하여 취업하거나 사실상 노무를 제공하는 사람에 대하여 아동관련기관의 장에게 그의 해임을 요구하여야 한다(법 제29조의5 제1항).

7. 아동에 대한 지원서비스

1) 아동 안전 및 건강지원

국가는 대통령령으로 정하는 바에 따라 아동복지시설과 아동용품에 대한 안전기준을 정하고 아동용품을 제작 · 설치 · 관리하는 자에게 이를 준수하도록 하여야 한다(법 제30조).

아동복지시설의 장, 영유아보육법에 따른 어린이집의 원장, 유아교육법에 따른 유치원의 원장 및 초 · 중등교육법에 따른 학교의 장은 교육대상 아동의 연령을 고려하여 대통령령으로 정하는 바에 따라 매년 다음 각 호의 사항에 관한 교육계획을 수립하여 교육을 실시하여야 한다(법 제31조 제1항).

① 성폭력 및 아동학대 예방

①의2. 아동학대 예방

② 실종・유괴의 예방과 방지

③ 감염병 및 약물의 오남용 예방 등 보건위생관리

④ 재난대비 안전

⑤ 교통안전

아동복지시설의 장, 영유아보육법에 따른 어린이집의 원장은 제1항에 따른 교육계획 및 교육실시 결과를 관할 시장・군수・구청장에게 매년 1회 보고하여야 하며, 유아교육법에 따른 유치원의 원장 및 초・중등교육법에 따른 학교의 장은 제1항에 따른 교육계획 및 교육실시 결과를 대통령령으로 정하는 바에 따라 관할 교육감에게 매년 1회 보고하여야 한다(법 제31조 제2~3항).

국가와 지방자치단체는 유괴 등 범죄의 위험으로부터 아동을 보호하기 위하여 필요하다고 인정하는 경우에는 다음 각 호의 어느 하나에 해당되는 시설의 주변구역을 아동보호구역으로 지정하여 범죄의 예방을 위한 순찰 및 아동지도 업무 등 필요한 조치를 할 수 있다(법 제32조 제1항).

① 도시공원 및 녹지 등에 관한 법률 제15조에 따른 도시공원

② 영유아보육법 제10조에 따른 어린이집

③ 초・중등교육법 제38조에 따른 초등학교 및 같은 법 제55조에 따른 특수학교

④ 유아교육법 제2조에 따른 유치원

2) 아동의 건강한 심신의 보존

아동의 보호자는 아동의 건강 유지와 향상을 위하여 최선의 주의와 노력을 하여야 하며, 국가와 지방자치단체는 아동의 건강 증진과 체력 향상을 위하여 다음 각 호에 해당하는 사항을 지원하여야 한다(법 제35조 제1~2항).

① 신체적 건강 증진에 관한 사항
② 자살 및 각종 중독의 예방 등 정신적 건강 증진에 관한 사항
③ 급식지원 등을 통한 결식예방 및 영양개선에 관한 사항
④ 비만 방지 등 체력 및 여가 증진에 관한 사항

보건소는 이 법에 따라 아동의 전염병 예방조치, 아동의 건강상담, 신체검사와 보건위생에 관한 지도, 아동의 영양개선의 업무를 행한다(법 제36조).

8. 취약계층 아동 통합서비스지원 및 자립지원

1) 취약계층 아동에 대한 통합서비스지원

국가와 지방자치단체는 아동의 건강한 성장과 발달을 도모하기 위하여 대통령령으로 정하는 바에 따라 아동의 성장 및 복지 여건이 취약한 가정을 선정하여 그 가정의 지원대상아동과 가족을 대상으로 보건, 복지, 보호, 교육, 치료 등을 종합적으로 지원하는 통합서비스를 실시한다(법 제37조 제1항).

2) 자립지원

국가와 지방자치단체는 보호대상아동의 위탁보호 종료 또는 아동복지시설 퇴소 이후의 자립을 지원하기 위하여 다음 각 호에 해당하는 조치를 시행하여야 한다(법 제38조 제1항).

① 자립에 필요한 주거 · 생활 · 교육 · 취업 등의 지원
② 자립에 필요한 자산의 형성 및 관리 지원(이하 "자산형성지원")
③ 자립에 관한 실태조사 및 연구
④ 사후관리체계 구축 및 운영
⑤ 그 밖에 자립지원에 필요하다고 대통령령으로 정하는 사항(시행령 제38조)
  가. 자립생활 역량 강화를 위한 프로그램 개발 및 운영

나. 아동복지시설(법 제52조 제1항 제1호 및 제3호부터 제5호까지의 시설만 해당한다) 및 가정위탁지원센터의 종사자에 대한 자립지원 관련 교육
다. 주거비 등을 지원하기 위한 자립정착금의 지급
라. 생활비 등을 지원하기 위한 자립수당의 정기적인 지급

3) 자립지원계획 수립 등

보장원의 장, 가정위탁지원센터의 장 및 아동복지시설의 장은 보호하고 있는 15세 이상의 아동을 대상으로 매년 개별 아동에 대한 자립지원계획을 수립하고, 그 계획을 수행하는 종사자를 대상으로 자립지원에 관한 교육을 실시하여야 하며(법 제39조 제1항), 보건복지부장관은 보호대상아동의 위탁보호 종료 또는 아동복지시설 퇴소 이후의 자립지원, 생활 및 정서적・신체적 건강 등에 대한 실태조사를 3년마다 실시하여야 한다(법 제38조의2 제1항).

국가와 지방자치단체는 보호대상아동의 위탁보호 종료 또는 아동복지시설 퇴소 이후의 자립을 지원하기 위하여 자립지원전담기관을 설치・운영할 수 있으며(법 제39조의2), 자립지원전담기관 설치・운영, 자립지원 관련 데이터베이스 구축 및 운영, 자립지원 프로그램의 개발 및 보급 등에 관한 업무를 법인에 위탁할 수 있다(법 제40조).

4) 자산형성지원사업의 추진

국가와 지방자치단체는 아동이 건전한 사회인으로 성장・발전할 수 있도록 자산형성 및 자산관리 지원사업을 실시할 수 있으며, 아동의 범위와 해당 아동의 선정・관리, 각 사업의 방법・절차 등에 필요한 사항은 보건복지부령으로 전한다(법 제42조 제1~2항).

보건복지부장관은 제42조에 따른 자산형성 및 자산관리 지원사업을 효율적으로 추진하기 위하여 자산형성 및 자산관리 지원사업 운영업무 및 금융자산관리업무를 하여야 하며, 운영업무는 다음 각 호와 같다(법 제43조 제1~2항).

① 자산형성 및 자산관리 지원사업 대상 아동의 관리
② 자산형성 및 자산관리 지원사업의 후원자 발굴 및 관리
③ 자산형성 및 자산관리 지원사업에 관한 교육 및 홍보
④ 자산형성 및 자산관리 지원사업에 관한 조사·연구 및 평가
⑤ 자산관리와 관련한 계약의 체결 지원 상담
⑥ 그 밖에 자산형성 및 자산관리 지원사업과 관련하여 보건복지부령으로 정하는 사항

보건복지부장관은 자산형성 및 자산관리 지원사업의 운영업무를 법인에 위탁할 수 있으며, 금융자산관리업무는 「은행법」에 따른 은행, 「우체국예금·보험에 관한 법률」에 따른 체신관서, 「농업협동조합법」에 따른 농업협동조합중앙회, 「수산업협동조합법」에 따른 수산업협동조합중앙회 또는 「중소기업은행법」에 따른 중소기업은행에 위탁할 수 있다(법 제44조 제1~2항).

9. 아동복지전담기관

1) 다함께돌봄센터

시·도지사 및 시장·군수·구청장은 초등학교의 정규교육 이외의 시간 동안 다음 각 호의 돌봄서비스를 실시하기 위하여 다함께돌봄센터를 설치·운영할 수 있다(법 제44조의2).

① 아동의 안전한 보호
② 안전하고 균형 있는 급식 및 간식의 제공
③ 등·하교 전후, 야간 또는 긴급상황 발생 시 돌봄서비스 제공
④ 체험활동 등 교육·문화·예술·체육 프로그램의 연계·제공
⑤ 돌봄 상담, 관련 정보의 제공 및 서비스의 연계
⑥ 그 밖에 보건복지부령으로 정하는 방과후 돌봄서비스의 제공

2) 아동보호전문기관

지방자치단체는 학대받은 아동의 치료, 아동학대의 재발 방지 등 사례관리 및 아동학대예방을 담당하는 아동보호전문기관을 시·도 및 시·군·구에 1개소 이상 두어야 하며(법 제45조 제2항), 피해아동, 피해아동의 가족 및 아동학대행위자를 위한 상담·치료 및 교육, 아동학대예방 교육 및 홍보, 피해아동 가정의 사후관리, 그 밖에 대통령령으로 정하는 아동학대예방사업과 관련된 업무를 수행한다(법 제46조 제2항).

여기에서 대통령령으로 정하는 아동학대예방사업과 관련된 업무란 다음 각 호를 말한다(시행령 제45조 제2항).

① 국가아동학대정보시스템에 피해아동, 그 가족 및 아동학대행위자에 대한 정보와 아동학대예방사업에 관한 정보의 입력에 필요한 자료의 제공
② 아동복지시설, 영유아보육법에 따른 어린이집, 유아교육법에 따른 유치원, 초·중등교육법에 따른 학교, 경찰서, 주민자치센터, 보건소, 의료기관 및 사회복지사업법에 따른 사회복지관 등 아동학대예방·피해아동 보호와 관련된 기관 간의 연계
③ 피해아동 및 피해아동 가정의 기능 회복 서비스 제공

3) 가정위탁지원센터

지방자치단체는 보호대상아동에 대한 가정위탁사업을 활성화하기 위하여 시·도 및 시·군·구에 가정위탁지원센터를 둔다(다만, 시·도지사는 조례로 정하는 바에 따라 둘 이상의 시·군·구를 통합하여 하나의 가정위탁지원센터를 설치·운영할 수 있다)(법 제48조 제2항).

보장원과 가정위탁지원센터의 업무는 <표 9-1>과 같다.

<표 9-1> 보장원과 가정위탁지원센터의 업무

구 분	내 용
보장원 (법 제48조 제6항)	① 가정위탁지원센터에 대한 지원 ② 효과적인 가정위탁사업을 위한 연계체계 구축 ③ 가정위탁사업과 관련된 연구 및 자료발간 ④ 가정위탁사업을 위한 프로그램의 개발 및 평가 ⑤ 상담원에 대한 교육 등 가정위탁에 관한 교육 및 홍보 ⑥ 가정위탁사업을 위한 정보기반 구축 및 정보제공 ⑦ 그 밖에 대통령령으로 정하는 가정위탁사업과 관련된 업무
가정위탁지원센터 (법 제49조 제2항)	① 가정위탁사업의 홍보 및 가정위탁을 하고자 하는 가정의 발굴 ② 가정위탁을 하고자 하는 가정에 대한 조사 및 가정위탁 대상 아동에 대한 상담 ③ 가정위탁을 하고자 하는 사람과 위탁가정 부모에 대한 교육 ④ 위탁가정의 사례관리 ⑤ 친부모 가정으로의 복귀 지원 ⑥ 가정위탁 아동의 자립계획 및 사례관리 ⑦ 관할구역 내 가정위탁 관련 정보제공 ⑧ 그 밖에 대통령령으로 정하는 가정위탁과 관련된 업무

4) 아동복지시설

국가 또는 지방자치단체는 아동복지시설을 설치할 수 있으며, 국가 또는 지방자치단체 외의 자는 관할 시장・군수・구청장에게 신고하고 아동복지시설을 설치할 수 있다(법 제50조 제1~2항).

아동복지시설의 시설기준 및 설치 등에 필요한 사항은 보건복지부령으로 정하며(법 제50조 제4항), 아동복지시설을 폐업 또는 휴업하거나 그 운영을 재개하고자 하는 자는 보건복지부령으로 정하는 바에 따라 미리 시장・군수・구청장에게 신고하여야 한다(법 제51조 제1항).

아동복지시설의 종류와 기능(법 제52조 제1항)은 ＜표 9-2＞와 같다.

<표 9-2> 아동복지시설의 종류와 기능

시설 종류	시설의 기능
아동양육시설	보호대상아동을 입소시켜 보호, 양육 및 취업훈련, 자립지원 서비스 등을 제공하는 것을 목적으로 하는 시설
아동일시 보호시설	보호대상아동을 일시보호하고 아동에 대한 향후의 양육대책수립 및 보호조치를 행하는 것을 목적으로 하는 시설
아동보호 치료시설	아동에게 보호 및 치료 서비스를 제공하는 다음 각 목의 시설 가. 불량행위를 하거나 불량행위를 할 우려가 있는 아동으로서 보호자가 없거나 친권자나 후견인이 입소를 신청한 아동 또는 가정법원, 지방법원소년부지원에서 보호위탁된 19세 미만인 사람을 입소시켜 치료와 선도를 통하여 건전한 사회인으로 육성하는 것을 목적으로 하는 시설 나. 정서적·행동적 장애로 인하여 어려움을 겪고 있는 아동 또는 학대로 인하여 부모로부터 일시 격리되어 치료받을 필요가 있는 아동을 보호·치료하는 시설
공동생활가정	보호대상아동에게 가정과 같은 주거여건과 보호, 양육, 자립지원 서비스를 제공하는 것을 목적으로 하는 시설
자립지원시설	아동복지시설에서 퇴소한 사람에게 취업준비기간 또는 취업 후 일정 기간 동안 보호함으로써 자립을 지원하는 것을 목적으로 하는 시설
아동상담소	아동과 그 가족의 문제에 관한 상담, 치료, 예방 및 연구 등을 목적으로 하는 시설
아동전용시설	어린이공원, 어린이놀이터, 아동회관, 체육·연극·영화·과학실험전시 시설, 아동휴게숙박시설, 야영장 등 아동에게 건전한 놀이·오락, 그 밖의 각종 편의를 제공하여 심신의 건강유지와 복지증진에 필요한 서비스를 제공하는 것을 목적으로 하는 시설
지역아동센터	지역사회 아동의 보호·교육, 건전한 놀이와 오락의 제공, 보호자와 지역사회의 연계 등 아동의 건전육성을 위하여 종합적인 아동복지서비스를 제공하는 시설
아동보호전문기관	–
가정위탁지원센터	법 제48조
자립지원전담기관	법 제39조의2
보장원	법 제10조의2
학대피해아동쉼터	법 제53조의2
협동돌봄센터	보호자나 또는 보호자와 돌봄종사자가 조합(영리를 목적으로 하지 아니하는 조합에 한정한다)을 결성하여 초등학교의 정규교육 이외의 시간 동안 방과후 돌봄서비스를 제공하는 시설

법 제52조 제1항에 따른 아동복지시설은 통합하여 설치할 수 있으며, 각 시설 고유의 목적 사업을 해치지 아니하고 각 시설별 설치기준 및 운영기준을 충족하는 경우 <표 9-3>과 같은 사업을 추가로 실시할 수 있다(법 제52조 제2~3항).

<표 9-3> 고유 업무 외의 사업 내용

사업의 종류	내 용
아동가정지원사업	지역사회아동의 건전한 발달을 위하여 아동, 가정, 지역 주민에게 상담, 조언 및 정보를 제공하여 주는 사업
아동주간보호사업	부득이한 사유로 가정에서 낮 동안 보호를 받을 수 없는 아동을 대상으로 개별적인 보호와 교육을 통하여 아동의 건전한 성장을 도모하는 사업
아동전문상담사업	학교부적응아동 등을 대상으로 올바른 인격형성을 위한 상담, 치료 및 학교폭력예방을 실시하는 사업
학대아동보호사업	학대아동의 발견, 보호, 치료 및 아동학대의 예방 등을 전문적으로 실시하는 사업
공동생활가정사업	보호대상아동에게 가정과 같은 주거여건과 보호를 제공하는 것을 목적으로 하는 사업
방과후 아동지도사업	저소득층 아동을 대상으로 방과후 개별적인 보호와 교육을 통하여 건전한 인격형성을 목적으로 하는 사업

학습문제

1. 아동복지법에 대한 내용으로 옳지 않은 것은?

① 아동은 자신 또는 부모의 성별, 연령, 종교, 사회적 신분, 재산, 장애유무, 출생지역, 인종 등에 따른 어떠한 종류의 차별도 받지 않고 자라나야 한다.
② 아동복지법상 아동의 연령은 18세 미만의 자를 말한다.
③ 아동에 관한 모든 활동에 있어 보호자의 이익이 최우선적으로 고려되어야 한다.
④ 아동은 완전하고 조화로운 인격발달을 위하여 안정된 가정환경에서 행복하게 자라나야 한다.
⑤ 아동이 건강하게 출생하여 행복하고 안전하게 자라나도록 그 복지를 보장함을 목적으로 한다.

2. 아동복지법상 아동학대 예방 교육의 실시에 관한 내용이다. (　)에 들어갈 내용으로 옳은 것은? 제28회 기출문제

> 국가기관과 지방자치단체의 장, 공공기관과 공공단체의 장은 아동학대의 예방과 방지를 위하여 필요한 교육을 연 1회 이상 실시하고, 그 결과를 ( )에게 제출하여야 한다.

① 교육부장관　② 법무부장관
③ 보건복지부장관　④ 행정안전부장관
⑤ 여성가족부장관

3. 다음 중 아동복지법상 아동복지시설의 종류가 아닌 것은?

① 아동일시보호시설　② 아동양육시설
③ 아동보호치료시설　④ 아동장기보호시설
⑤ 아동전용시설

4. 다음 중 아동복지시설의 업무사항과 관련이 없는 것은?

① 공동생활가정사업　② 아동 주·야간 보호사업
③ 아동가정지원사업　④ 학대아동보호사업
⑤ 방과후 아동지도사업

5. 아동복지법에 명시된 정의에 관한 내용이다. ( )에 들어갈 용어는? 제32회 기출문제

> (   )(이)란 아동이 행복한 삶을 누릴 수 있는 기본적인 여건을 조성하고 조화롭게 성장・발달할 수 있도록 하기 위한 경제적・사회적・정서적 지원을 말한다.

① 아동보호
② 아동육성
③ 아동복지
④ 아동활동
⑤ 아동지원

6. 아동복지법상 지역사회 아동의 보호・교육, 건전한 놀이와 오락의 제공, 보호자와 지역사회의 연계 등 아동의 건전육성을 위하여 종합적인 아동복지서비스를 제공하는 시설은? 제31회 기출문제

① 아동양육시설
② 지역아동센터
③ 공동생활가정
④ 자립지원시설
⑤ 아동상담소

7. 가정위탁지원센터의 업무사항으로 볼 수 없는 것은?

① 가정위탁사업을 위한 프로그램 개발 및 평가
② 가정위탁사업과 관련된 연구 및 자료발간
③ 가정위탁 아동의 자립계획 및 사례관리
④ 효과적인 가정위탁사업을 위한 연계체계 구축
⑤ 가정위탁사업을 위한 정보기반 구축 및 정보제공

정답	1. ③	2. ③	3. ④	4. ②	5. ③	6. ②	7. ③

CHAPTER

10 아동학대범죄의 처벌 등에 관한 특례법(약칭 : 아동학대처벌법)

1. 아동학대범죄의 처벌 등에 관한 특례법의 의의

아동학대범죄의 처벌 등에 관한 특례법은 아동학대범죄에 대한 처벌을 가중하고 아동학대범죄가 발생한 경우 긴급한 조치 및 보호가 가능하도록 제도를 마련하여 아동학대에 대한 강력한 대처와 예방을 통해 아동이 건강한 사회 구성원으로 성장하도록 하는 것을 목적으로 제정되었으며,[1] 법률 적용에 있어 '아동학대범죄에 대해서는 이 법을 우선 적용한다(다만, 성폭력범죄의 처벌 등에 관한 특례법, 아동·청소년의 성보호에 관한 법률에서 가중처벌되는 경우에는 그 법에서 정한 바에 따른다)(법 제3조)'고 규정함으로써 아동학대에 관한 독자적인 법률을 제정하였다는 데 의의가 있다.

그동안 아동학대범죄는 친고죄나 반의사불벌죄에 해당하는 비율이 높게 나타나는 점을 반영하여 "친고죄에서 고소가 없거나 취소된 경우"이거나 "반의사불벌죄에서 처벌을 원하지 아니하는 의사표시가 있거나 처벌을 원하는 의사표시를 취소한 경우"에는 아동학대행위자에 대한 교육·상담 등이 필요한 경우가 있으므로 이에 대한 특례를 규정하여 아동보호사건으로 처리할 수 있도록 하였다.

---

1) 아동학대처벌법은 2013년 의붓딸에게 소금 밥을 먹여 숨지게 한 사건, 울산 계모 사건 등이 발생하면서 아동학대문제가 심각한 사회문제로 대두되면서 형법 및 아동복지법의 규정을 강화하여 특별법으로 제정되었다.

2. 아동학대범죄의 처벌 등에 관한 특례법의 용어 정의

아동학대범죄의 처벌 등에 관한 특례법 제2조에서 정의하는 용어는 다음과 같다.

① "아동"이란 아동복지법 제3조 제1호에 따른 아동을 말한다.

② "보호자"란 아동복지법 제3조 제3호에 따른 보호자를 말한다.

③ "아동학대"란 아동복지법 제3조 제7호에 따른 아동학대를 말한다.

④ "아동학대범죄"란 보호자에 의한 아동학대로서 다음 각 목의 어느 하나에 해당하는 죄를 말한다.

가. 형법 제2편 제25장 상해와 폭행의 죄 중 제257조(상해) 제1항 · 제3항, 제258조의2(특수상해) 제1항(제257조 제1항의 죄에만 해당) · 제3항(제1항 중 제257조 제1항의 죄에만 해당), 제260조(폭행) 제1항, 제261조(특수폭행) 및 제262조(폭행치사상)(상해에 이르게 한 때에만 해당)의 죄

나. 형법 제2편 제28장 유기와 학대의 죄 중 제271조(유기) 제1항, 제272조(영아유기), 제273조(학대) 제1항, 제274조(아동혹사) 및 제275조(유기 등 치사상)(상해에 이르게 한 때에만 해당)의 죄

다. 형법 제2편 제29장 체포와 감금의 죄 중 제276조(체포, 감금) 제1항, 제277조(중체포, 중감금) 제1항, 제278조(특수체포, 특수감금), 제280조(미수범) 및 제281조(체포 · 감금 등의 치사상)(상해에 이르게 한 때에만 해당)의 죄

라. 형법 제2편 제30장 협박의 죄 중 제283조(협박) 제1항, 제284조(특수협박) 및 제286조(미수범)의 죄

마. 형법 제2편 제31장 약취, 유인 및 인신매매의 죄 중 제287조(미성년자 약취, 유인), 제288조(추행 등 목적 약취, 유인 등), 제289조(인신매매) 및 제290조(약취, 유인, 매매, 이송 등 상해 · 치상)의 죄

바. 형법 제2편 제32장 강간과 추행의 죄 중 제297조(강간), 제297조의2(유사강간), 제298조(강제추행), 제299조(준강간, 준강제추행), 제300조

(미수범), 제301조(강간 등 상해 · 치상), 제301조의2(강간 등 살인 · 치사), 제302조(미성년자 등에 대한 간음), 제303조(업무상위력 등에 의한 간음) 및 제305조(미성년자에 대한 간음, 추행)의 죄

사. 형법 제2편 제33장 명예에 관한 죄 중 제307조(명예훼손), 제309조(출판물 등에 의한 명예훼손) 및 제311조(모욕)의 죄

아. 형법 제2편 제36장 주거침입의 죄 중 제321조(주거 · 신체 수색)의 죄

자. 형법 제2편 제37장 권리행사를 방해하는 죄 중 제324조(강요) 및 제324조의5(미수범)(제324조의 죄에만 해당한다)의 죄

차. 형법 제2편 제39장 사기와 공갈의 죄 중 제350조(공갈), 제350조의2(특수공갈) 및 제352조(미수범)(제350조, 제350조의2의 죄에만 해당)의 죄

카. 형법 제2편 제42장 손괴의 죄 중 제366조(재물손괴 등)의 죄

타. 아동복지법 제71조 제1항 각 호의 죄(제3호의 죄는 제외한다)

파. 가목부터 타목까지의 죄로서 다른 법률에 따라 가중처벌되는 죄

하. 제4조(아동학대치사), 제5조(아동학대중상해) 및 제6조(상습범)의 죄

⑤ "아동학대범죄 신고 등"이란 아동학대범죄에 관한 신고 · 진정 · 고소 · 고발 등 수사 단서의 제공, 진술 또는 증언이나 그 밖의 자료제출행위 및 범인검거를 위한 제보 또는 검거활동을 말한다.

⑥ "아동학대범죄 신고자 등"이란 아동학대범죄 신고 등을 한 자를 말한다.

⑦ "아동학대행위자"란 아동학대범죄를 범한 사람 및 그 공범을 말한다.

⑧ "피해아동"이란 아동학대범죄로 인하여 직접적으로 피해를 입은 아동을 말한다.

⑨ "아동보호사건"이란 아동학대범죄로 인하여 제36조 제1항에 따른 보호처분(이하 "보호처분")의 대상이 되는 사건을 말한다.

⑩ "피해아동보호명령사건"이란 아동학대범죄로 인하여 제47조에 따른 피해아동보호명령의 대상이 되는 사건을 말한다.

⑪ “아동보호전문기관”이란 아동복지법 제45조에 따른 아동보호전문기관을 말한다.

⑫ “가정위탁지원센터”란 아동복지법 제48조에 따른 가정위탁지원센터를 말한다.

⑬ “아동복지시설”이란 아동복지법 제50조에 따라 설치된 시설을 말한다.

⑭ “아동복지시설의 종사자”란 아동복지시설에서 아동의 상담·지도·치료·양육, 그 밖에 아동의 복지에 관한 업무를 담당하는 사람을 말한다.

3. 아동학대범죄의 처리절차에 관한 특례

1) 아동학대범죄 신고의무와 절차

누구든지 아동학대범죄를 알게 된 경우나 그 의심이 있는 경우에는 특별시·광역시·특별자치시·도·특별자치도(이하 “시·도”라 한다), 시·군·구(자치구를 말한다. 이하 같다) 또는 수사기관에 신고할 수 있으며(법 제10조 제1항), 다음 각 호의 어느 하나에 해당하는 사람이 직무를 수행하면서 아동학대범죄를 알게 된 경우나 그 의심이 있는 경우에는 시·도, 시·군·구 또는 수사기관에 즉시 신고하여야 한다(법 제10조 제2항).

① 아동권리보장원 및 가정위탁지원센터의 장과 그 종사자

② 아동복지시설의 장과 그 종사자(아동보호전문기관의 장과 그 종사자는 제외)

③ 아동복지법 제13조에 따른 아동복지전담공무원

④ 가정폭력방지 및 피해자보호 등에 관한 법률 제5조에 따른 가정폭력 관련 상담소 및 가정폭력피해자 보호시설의 장과 그 종사자

⑤ 건강가정기본법 제35조에 따른 건강가정지원센터의 장과 그 종사자

⑥ 다문화가족지원법 제12조에 따른 다문화가족지원센터의 장과 그 종사자

⑦ 사회보장급여의 이용·제공 및 수급권자 발굴에 관한 법률 제43조에 따른 사회복지전담공무원 및 사회복지사업법 제34조에 따른 사회복지시

설의 장과 그 종사자

⑧ 성매매방지 및 피해자보호 등에 관한 법률 제9조에 따른 지원시설 및 같은 법 제17조에 따른 성매매피해상담소의 장과 그 종사자

⑨ 성폭력방지 및 피해자보호 등에 관한 법률 제10조에 따른 성폭력피해상담소, 성폭력피해자보호시설의 장과 그 종사자 및 성폭력피해자통합지원센터의 장과 그 종사자

⑩ 119구조 · 구급에 관한 법률 제2조 제4호에 따른 119구급대의 대원

⑪ 응급의료에 관한 법률 제2조 제7호에 따른 응급의료기관 등에 종사하는 응급구조사

⑫ 영유아보육법 제7조에 따른 육아종합지원센터의 장과 그 종사자 및 제10조에 따른 어린이집의 원장 등 보육교직원

⑬ 유아교육법 제20조에 따른 교직원 및 같은 법 제23조에 따른 강사 등

⑭ 아동보호전문기관의 장과 그 종사자

⑮ 의료법 제3조 제1항에 따른 의료기관의 장과 그 의료기관에 종사하는 의료인 및 의료기사

⑯ 장애인복지법 제58조에 따른 장애인복지시설의 장과 그 종사자로서 시설에서 장애아동에 대한 상담 · 치료 · 훈련 또는 요양 업무를 수행하는 사람

⑰ 정신건강증진 및 정신질환자 복지서비스 지원에 관한 법률 제3조 제3호에 따른 정신건강복지센터, 같은 조 제5호에 따른 정신의료기관, 같은 조 제6호에 따른 정신요양시설 및 같은 조 제7호에 따른 정신재활시설의 장과 그 종사자

⑱ 청소년 기본법 제3조 제6호에 따른 청소년시설 및 같은 조 제8호에 따른 청소년단체의 장과 그 종사자

⑲ 청소년 보호법 제35조에 따른 청소년 보호 · 재활센터의 장과 그 종사자

⑳ 초 · 중등교육법 제2조에 따른 학교의 장과 그 종사자

㉑ 한부모가족지원법 제19조에 따른 한부모가족복지시설의 장과 그 종사자
㉒ 학원의 설립 · 운영 및 과외교습에 관한 법률 제6조에 따른 학원의 운영자 · 강사 · 직원 및 같은 법 제14조에 따른 교습소의 교습자 · 직원
㉓ 아이돌봄 지원법 제2조 제4호에 따른 아이돌보미
㉔ 아동복지법 제37조에 따른 취약계층 아동에 대한 통합서비스지원 수행인력
㉕ 입양특례법 제20조에 따른 입양기관의 장과 그 종사자

누구든지 제1항 및 제2항에 따른 신고인의 인적사항 또는 신고인임을 미루어 알 수 있는 사실을 다른 사람에게 알려주거나 공개 또는 보도하여서는 아니 되며, 제2항에 따른 신고가 있는 경우 시 · 도, 시 · 군 · 구 또는 수사기관은 정당한 사유가 없으면 즉시 조사 또는 수사에 착수하여야 한다(법 제10조 제3~4항). 또한 누구든지 아동학대범죄 신고자 등에게 아동학대범죄 신고 등을 이유로 불이익조치를 하여서는 아니 되고(법 제10조의2), 아동학대범죄 신고자 등에 대하여는 특정범죄신고자 등 보호법 제7조부터 제13조까지의 규정을 준용하여 보호조치한다(법 제10조의3).

2) 현장출동

아동학대범죄 신고를 접수한 사법경찰관리나 아동학대전담공무원은 지체 없이 아동학대범죄의 현장에 출동하여야 한다. 이 경우 수사기관의 장이나 시 · 도지사 또는 시장 · 군수 · 구청장은 서로 동행하여 줄 것을 요청할 수 있으며, 그 요청을 받은 수사기관의 장이나 시 · 도지사 또는 시장 · 군수 · 구청장은 정당한 사유가 없으면 사법경찰관리나 아동학대전담공무원이 아동학대범죄 현장에 동행하도록 조치하여야 한다(법 제11조 제1항).

아동학대범죄 신고를 접수한 사법경찰관리나 아동학대전담공무원은 아동학대범죄가 행하여지고 있는 것으로 신고된 현장 또는 피해아동을 보호하기

위하여 필요한 장소에 출입하여 아동 또는 아동학대행위자 등 관계인에 대하여 조사를 하거나 질문을 할 수 있다. 다만, 아동학대전담공무원은 피해아동, 사례관리계획에 따른 사례관리 범위에서만 아동학대행위자 등 관계인에 대하여 조사 또는 질문을 할 수 있다(법 제11조 제2항).

시·도지사 또는 시장·군수·구청장은 현장출동 시 아동보호 및 사례관리를 위하여 필요한 경우 아동보호전문기관의 장에게 아동보호전문기관의 직원이 동행할 것을 요청할 수 있으며, 이 경우 아동보호전문기관의 직원은 피해아동의 보호 및 사례관리를 위한 범위에서 아동학대전담공무원의 조사에 참여할 수 있다(법 제11조 제3항). 아동학대범죄 신고 조사 또는 질문을 하는 사법경찰관리 또는 아동학대전담공무원은 피해아동, 아동학대범죄신고자 등, 목격자 등이 자유롭게 진술할 수 있도록 아동학대행위자로부터 분리된 곳에서 조사하는 등 필요한 조치를 하여야 한다(법 제11조 제5항).

누구든지 아동학대범죄 신고 현장에 출동한 사법경찰관리, 아동학대전담공무원 또는 아동보호전문기관의 직원이 법률에 의한 업무를 수행할 때에 폭행·협박이나 현장조사를 거부하는 등 그 업무 수행을 방해하는 행위를 하여서는 아니 된다(법 제11조 제6항).

3) 피해아동에 대한 응급조치

아동학대범죄 현장에 출동하거나 아동학대범죄 현장을 발견한 경우 또는 학대현장 이외의 장소에서 학대피해가 확인되고 재학대의 위험이 급박·현저한 경우, 사법경찰관리 또는 아동학대전담공무원은 피해아동, 피해아동의 형제자매인 아동 및 피해아동과 동거하는 아동의 보호를 위하여 즉시 다음 각 호의 조치를 하여야 한다. 이 경우 제3호의 조치(피해아동을 아동학대 관련 보호시설로 인도)를 하는 때에는 피해아동 등의 이익을 최우선으로 고려하여야 하며, 피해아동 등을 보호하여야 할 필요가 있는 등 특별한 사정이 있는 경우를 제외하고는 피해아동 등의 의사를 존중하여야 한다(법 제12조 제1항).

① 아동학대범죄 행위의 제지
② 아동학대행위자를 피해아동으로부터 격리
③ 피해아동을 아동학대 관련 보호시설로 인도
④ 긴급치료가 필요한 피해아동을 의료기관으로 인도

사법경찰관리나 아동학대전담공무원은 제1항 제3호 및 제4호 규정에 따라 피해아동 등을 분리·인도하여 보호하는 경우 지체 없이 피해아동 등을 인도받은 보호시설·의료시설을 관할하는 시·도지사 또는 시장·군수·구청장에게 그 사실을 통보하여야 하며(법 제12조 제2항), 응급조치는 72시간을 넘을 수 없다(다만, 본문의 기간에 공휴일이나 토요일이 포함되는 경우로서 피해아동 등의 보호를 위하여 필요하다고 인정되는 경우에는 48시간의 범위에서 그 기간을 연장할 수 있다)(법 제12조 제3항). 그럼에도 불구하고 검사가 임시조치를 법원에 청구한 경우에는 법원의 임시조치 결정 시까지 응급조치 기간이 연장된다(법 제12조 제4항).

사법경찰관리 또는 아동학대전담공무원이 응급조치를 한 경우에는 즉시 응급조치결과보고서를 작성하여야 하며, 사법경찰관리가 응급조치를 한 경우에는 관할 경찰관서의 장이 시·도지사 또는 시장·군수·구청장에게, 아동학대전담공무원이 응급조치를 한 경우에는 소속 시·도지사 또는 시장·군수·구청장이 관할 경찰관서의 장에게 작성된 응급조치결과보고서를 지체 없이 송부하여야 한다(법 제12조 제5항).

4) 아동학대행위자에 대한 긴급임시조치

사법경찰관은 응급조치에도 불구하고 아동학대범죄가 재발될 우려가 있고, 긴급을 요하여 법원의 임시조치 결정을 받을 수 없을 때에는 직권이나 피해아동 등, 그 법정대리인, 변호사(제16조에 따른 변호사), 시·도지사, 시장·군수·구청장 또는 아동보호전문기관의 장의 신청에 따라 제19조 제1항 제1호부터 제3호[2]까지의 어느 하나에 해당하는 조치를 할 수 있다(법 제13조 제1항).

사법경찰관은 긴급임시조치를 한 경우에는 즉시 긴급임시조치결정서를 작성하여야 하고, 그 내용을 시・도지사 또는 시장・군수・구청장에게 지체 없이 통지하여야 하며, 긴급임시조치결정서에는 범죄사실의 요지, 긴급임시조치가 필요한 사유, 긴급임시조치의 내용 등을 기재하여야 한다(법 제13조 제2~3항).

5) 임시조치의 청구 등

검사는 아동학대범죄가 재발될 우려가 있다고 인정하는 경우에는 직권으로 또는 사법경찰관이나 보호관찰관의 신청에 따라 법원에 제19조 제1항 각 호의 임시조치를 청구할 수 있다(법 제14조 제1항).

피해아동 등, 그 법정대리인, 변호사, 시・도지사, 시장・군수・구청장 또는 아동보호전문기관의 장은 검사 또는 사법경찰관에게 임시조치의 청구 또는 그 신청을 요청하거나 이에 관하여 의견을 진술할 수 있으며, 요청을 받은 사법경찰관은 임시조치를 신청하지 아니하는 경우에는 검사 및 임시조치를 요청한 자에게 그 사유를 통지하여야 한다(법 제14조 제2~3항).

사법경찰관이 응급조치 또는 긴급임시조치를 하였거나 시・도지사 또는 시장・군수・구청장으로부터 응급조치가 행하여졌다는 통지를 받은 때에는 지체 없이 검사에게 임시조치의 청구를 신청하여야 하며, 신청을 받은 검사는 임시조치를 청구하는 때에는 응급조치가 있었던 때부터 72시간(응급조치 기간이 연장된 경우에는 그 기간을 말한다) 이내에, 긴급임시조치가 있었던 때부터 48시간 이내에 하여야 한다(법 제15조 제1~2항).

---

2) 1. 피해아동 등 또는 가정 구성원(가정폭력범죄의 처벌 등에 관한 특례법 제2조 제2호에 따른 가정 구성원을 말한다. 이하 같다)의 주거로부터 퇴거 등 격리
   2. 피해아동 등 또는 가정 구성원의 주거, 학교 또는 보호시설 등에서 100미터 이내의 접근 금지
   3. 피해아동 등 또는 가정 구성원에 대한 「전기통신기본법」 제2조 제1호의 전기통신을 이용한 접근 금지

6) 피해아동에 대한 변호사 선임의 특례

아동학대범죄의 피해아동 및 그 법정대리인은 형사 및 아동보호 절차상 입을 수 있는 피해를 방지하고 법률적 조력을 보장하기 위하여 변호사를 선임할 수 있다(법 제16조 제1항).

변호사는 검사 또는 사법경찰관의 피해아동 및 그 법정대리인에 대한 조사에 참여하여 의견을 진술할 수 있으며(다만, 조사 도중에는 검사 또는 사법경찰관의 승인을 받아 의견을 진술할 수 있다), 변호사는 피의자에 대한 구속 전 피의자심문, 증거보전절차, 공판준비기일 및 공판절차에 출석하여 의견을 진술할 수 있다(법 제16조 제2~3항).

변호사는 증거보전 후 관계 서류나 증거물, 소송 계속 중의 관계 서류나 증거물을 열람하거나 등사할 수 있으며, 형사 및 아동보호 절차에서 피해아동 및 그 법정대리인의 대리가 허용될 수 있는 모든 소송행위에 대한 포괄적인 대리권을 가지고, 검사는 피해아동에게 변호사가 없는 경우 형사 및 아동보호 절차에서 피해아동의 권익을 보호하기 위하여 국선변호사를 선정하여야 한다(법 제16조 제4~6항).

4. 아동보호사건

1) 관 할

아동보호사건의 관할은 아동학대행위자의 행위지, 거주지 또는 현재지를 관할하는 가정법원으로 하며[다만, 가정법원이 설치되지 아니한 지역에서는 해당 지역의 지방법원(지원 포함)], 아동보호사건의 심리와 결정은 단독판사가 한다(제18조 제1~2항).

2) 아동학대 행위자에 대한 임시조치

판사는 아동학대범죄의 원활한 조사·심리 또는 피해아동 등의 보호를 위하여 필요하다고 인정하는 경우에는 결정으로 아동학대행위자에게 다음 각 호의 어느 하나에 해당하는 조치(이하 "임시조치")를 할 수 있다(법 제19조 제1항).

① 피해아동 또는 가정 구성원(가정폭력범죄의 처벌 등에 관한 특례법 제2조 제2호에 따른 가정 구성원을 말한다)의 주거로부터 퇴거 등 격리
② 피해아동 또는 가정 구성원의 주거, 학교 또는 보호시설 등에서 100미터 이내의 접근 금지
③ 피해아동 또는 가정 구성원에 대한 전기통신기본법 제2조 제1호의 전기통신을 이용한 접근 금지
④ 친권 또는 후견인 권한 행사의 제한 또는 정지
⑤ 아동보호전문기관 등에의 상담 및 교육 위탁
⑥ 의료기관이나 그 밖의 요양시설에의 위탁
⑦ 경찰관서의 유치장 또는 구치소에의 유치

아동학대행위자에 대한 각 호의 처분은 병과할 수 있으며, 판사는 피해아동 등에 대하여 응급조치가 행하여진 경우에는 임시조치가 청구된 때로부터 24시간 이내에 임시조치 여부를 결정하여야 하며, 각 호의 규정에 따른 임시조치기간은 2개월을 초과할 수 없다(다만, 피해아동의 보호를 위하여 그 기간을 연장할 필요가 있다고 인정하는 경우에는 결정으로 제1항 제1호부터 제3호까지의 규정에 따른 임시조치는 두 차례만, 같은 항 제4호부터 제7호까지의 규정에 따른 임시조치는 한 차례만 각 기간의 범위에서 연장할 수 있다)(법 제19조 제2~4항).

제1항 제6호(의료기관이나 그 밖의 요양시설에의 위탁)에 따라 위탁을 하는 경우에는 의료기관 등의 장에게 아동학대행위자를 보호하는 데에 필요한 사항을 부과할 수 있으며, 민간이 운영하는 의료기관 등에 아동학대행위자를 위탁

하려는 경우에는 제5항(아동학대행위자를 보호하는 데 필요한 사항)에 따라 부과할 사항을 그 의료기관 등의 장에게 미리 고지하고 동의를 받아야 한다(법 제19조 5~6항).

3) 임시조치의 고지 · 집행 · 변경

법원은 제19조 제1항 제6호(의료기관이나 그 밖의 요양시설에의 위탁) 및 제7호(경찰관서의 유치장 또는 구치소에의 유치)의 조치를 한 경우에는 그 사실을 아동학대행위자의 보조인(제44조에서 준용하는 가정폭력범죄의 처벌 등에 관한 특례법 제28조에 따른 보조인을 말한다. 이하 같다)이 있는 경우에는 보조인에게, 보조인이 없는 경우에는 아동학대행위자가 지정한 사람에게 통지하여야 하며, 이 경우 제19조 제1항 제7호(경찰관서의 유치장 또는 구치소에의 유치)의 조치를 하였을 때에는 아동학대행위자에게 변호사 등 보조인을 선임할 수 있으며 항고를 제기할 수 있음을 고지하여야 한다(법 제20조).

임시조치의 집행에 있어 판사는 제19조 제1항 각 호에 규정된 임시조치의 결정을 한 경우에는 가정보호사건조사관, 법원공무원, 사법경찰관리 또는 구치소 소속 교정직공무원으로 하여금 집행하게 할 수 있으며, 피해아동 또는 가정 구성원은 제19조 제1항 제1호 및 제2호의 임시조치 후 주거, 학교 또는 보호시설 등을 옮긴 경우에는 관할 법원에 임시조치 결정의 변경을 신청할 수 있다(법 제21조 제1~3항).

아동학대행위자, 그 법정대리인이나 보조인은 제19조 제1항 각 호에 따른 임시조치 결정의 취소 또는 그 종류의 변경을 관할 법원에 신청할 수 있으며, 판사는 정당한 이유가 있다고 인정하는 경우에는 직권 또는 제1항의 신청에 따라 결정으로 해당 임시조치를 취소하거나 그 종류를 변경할 수 있다(법 제22조 제1~2항). 또한 판사는 임시조치를 받은 아동학대행위자가 제19조 제1항 제5호 및 제6호의 임시조치 결정을 이행하지 아니하거나 그 집행에 따르지 아니하면 직권 또는 검사, 시 · 도지사, 시장 · 군수 · 구청장, 피해아동 등, 그 법정대리인이나 변호사 또는 제19조 제1항 각 호의 위탁 대상이 되는 기관의 장의 청구에 따라 결정으로 그 임시조치를 변경할 수 있다(법 제22조 제3항).

4) 임시 후견인

판사는 제19조 제1항 제4호(친권 또는 후견인 권한 행사의 제한 또는 정지)의 임시조치로 인하여 피해아동에게 친권을 행사하거나 후견인의 임무를 수행할 사람이 없는 경우 그 임시조치의 기간 동안 특별시장·광역시장·특별자치시장·도지사·특별자치도지사·시장·군수·구청장·아동보호전문기관의 장 및 가정위탁지원센터의 장으로 하여금 임시로 후견인의 임무를 수행하게 하거나 그 임무를 수행할 사람을 선임하여야 하며, 판사는 피해아동 등의 이익을 최우선으로 고려하여 그 의견을 존중하여야 하며, 피해아동 등, 변호사, 시·도지사 또는 시장·군수·구청장, 아동권리보장원의 장, 아동보호전문기관의 장 및 가정위탁지원센터의 장 등 피해아동 등을 보호하고 있는 사람은 그 선임에 관하여 의견을 제시할 수 있다(법 제23조 제1~2항).

법원이 제1항에 따른 조치를 한 경우에는 그 사실을 피해아동 등, 변호사, 시·도지사 또는 시장·군수·구청장, 아동권리보장원의 장, 아동보호전문기관의 장 및 가정위탁지원센터의 장 등 피해아동 등을 보호하고 있는 사람에게 고지하여야 하며, 임시로 후견인의 임무를 수행하는 사람은 피해아동 등이 소유한 재산의 보존 및 피해아동 등의 보호를 위한 범위에서만 후견인의 임무를 수행할 수 있다(법 제23조 제3~4항).

5) 사법경찰관의 사건 송치 및 검사의 결정

사법경찰관은 아동학대범죄를 신속히 수사하여 사건을 검사에게 송치하여야 한다. 이 경우 사법경찰관은 해당 사건을 아동보호사건으로 처리하는 것이 적절한지에 관한 의견을 제시할 수 있다(법 제24조).

검사는 아동학대범죄에 대하여 아동보호사건 송치, 공소제기 또는 기소유예 등의 처분을 결정하기 위하여 필요하다고 인정하면 아동학대 행위자의 주거지 또는 검찰청 소재지를 관할하는 보호관찰소의 장에게 아동학대행위자의 경력, 생활환경, 양육능력이나 그 밖에 필요한 사항에 관한 조사를 요구할 수 있다(법 제25조 제1항).

검사의 요구를 받은 보호관찰소의 장은 지체 없이 이를 조사하여 서면으로 해당 검사에게 통보하여야 하며, 조사를 위하여 필요한 경우에는 소속 보호관찰관에게 아동학대행위자 또는 관계인을 출석하게 하여 진술요구를 하는 등의 방법으로 필요한 사항을 조사하게 할 수 있으며, 조사를 할 때에는 미리 아동학대행위자 또는 관계인에게 조사의 취지를 설명하여야 하고, 그 인권을 존중하며, 직무상 비밀을 엄수하여야 한다(법 제25조 제2~3항). 또한 검사는 아동학대범죄에 관하여 필요한 경우 아동보호전문기관의 장에 대하여 제1항의 결정에 필요한 자료의 제출을 요구할 수 있으며, 제1항의 결정을 할 때에는 보호관찰소의 장으로부터 통보받은 조사결과 및 아동보호전문기관의 장으로부터 제출받은 자료 등을 참고하여 피해아동 보호와 아동학대행위자의 교화·개선에 가장 적합한 결정을 하여야 한다(법 제25조 제4~5항).

검사는 아동학대범죄를 수사한 결과 다음 각 호의 사유를 고려하여 필요하다고 인정하는 경우에는 아동학대행위자에 대하여 상담, 치료 또는 교육받는 것을 조건으로 기소유예를 할 수 있다(법 제26조).

① 사건의 성질·동기 및 결과
② 아동학대행위자와 피해아동과의 관계
③ 아동학대행위자의 성행(性行) 및 개선 가능성
④ 원가정보호의 필요성
⑤ 피해아동 또는 그 법정대리인의 의사

6) 아동보호사건의 처리

검사는 아동학대범죄로서 제26조 각 호의 사유를 고려하여 제36조에 따른 보호처분을 하는 것이 적절하다고 인정하는 경우에는 아동보호사건으로 처리할 수 있으며(법 제27조 제1항), 다음 각 호의 경우에는 제1항을 적용할 수 있다(법 제27조 제2항).

① 피해자의 고소가 있어야 공소를 제기할 수 있는 아동학대범죄에서 고소가 없거나 취소된 경우

② 피해자의 명시적인 의사에 반하여 공소를 제기할 수 없는 아동학대범죄에서 피해자가 처벌을 희망하지 아니한다는 명시적 의사표시를 하였거나 처벌을 희망하는 의사표시를 철회한 경우

검사는 법 제27조에 따라 아동보호사건으로 처리하는 경우에는 그 사건을 제18조 제1항에 따른 관할 법원(이하 "관할 법원")에 송치하여야 하며(법 제28조 제1항), 법원은 아동학대행위자에 대한 피고사건을 심리한 결과 제36조(보호처분의 결정 등)에 따른 보호처분을 하는 것이 적절하다고 인정하는 경우에는 결정으로 사건을 관할 법원에 송치할 수 있다(법 제29조).

법 제28조(검사의 송치)・제29조(법원의 송치)에 따른 송치결정이 있는 경우 아동학대행위자를 구금하고 있는 시설의 장은 검사의 이송지휘를 받은 때부터 관할 법원이 있는 시(특별시, 광역시, 특별자치시 및 제주특별자치도 설치 및 국제자유도시 조성을 위한 특별법 제10조 제2항에 따른 행정시를 포함한다. 이하 같다)・군에서는 24시간 이내에, 그 밖의 시・군에서는 48시간 이내에 아동학대행위자를 관할 법원에 인도하여야 한다. 이 경우 법원은 아동학대행위자에 대하여 제19조에 따른 임시조치 여부를 결정하여야 한다(법 제30조 제1항).

7) 보호처분

판사는 심리의 결과 보호처분이 필요하다고 인정하는 경우에는 결정으로

다음 각 호의 어느 하나에 해당하는 보호처분을 할 수 있다(법 제36조 제1항).

① 아동학대행위자가 피해아동 또는 가정 구성원에게 접근하는 행위의 제한

② 아동학대행위자가 피해아동 또는 가정 구성원에게 전기통신기본법 제2조 제1호의 전기통신을 이용하여 접근하는 행위의 제한

③ 피해아동에 대한 친권 또는 후견인 권한 행사의 제한 또는 정지

④ 보호관찰 등에 관한 법률에 따른 사회봉사・수강명령

⑤ 보호관찰 등에 관한 법률에 따른 보호관찰

⑥ 법무부장관 소속으로 설치한 감호위탁시설 또는 법무부장관이 정하는 보호시설에의 감호위탁

⑦ 의료기관에의 치료위탁

⑧ 아동보호전문기관, 상담소 등에의 상담위탁

판사는 제1항 각 호의 처분을 병과할 수 있으며, 제1항 제3호의 처분을 하는 경우에는 피해아동을 아동학대행위자가 아닌 다른 친권자나 친족 또는 아동복지시설 등으로 인도할 수 있으며(법 제36조 제2~3항), 법원은 제1항에 따라 보호처분의 결정을 한 경우에는 지체 없이 그 사실을 검사, 아동학대행위자, 피해아동, 법정대리인, 변호사, 시・도지사 또는 시장・군수・구청장, 보호관찰관 및 보호처분을 위탁받아 하는 보호시설, 의료기관, 아동보호전문기관 또는 상담소 등의 장에게 통지하여야 한다(법 제36조 제5항).

판사가 제1항 제3호의 보호처분을 하는 경우 보호처분의 기간 동안 임시로 후견인의 임무를 수행할 사람의 선임 등에 대하여는 제23조(임시로 후견인의 임무를 수행할 사람)를 준용한다(법 제36조 제4항). 또한 제36조 제1항 제1호부터 제3호까지 및 제5호부터 제8호까지의 규정에 따른 보호처분의 기간은 1년을 초과할 수 없으며, 같은 항 제4호의 사회봉사・수강명령의 시간은 각각 200시간을 초과할 수 없다(법 제37조).

5. 피해아동보호명령

피해아동보호명령사건의 관할은 아동학대행위자의 행위지·거주지 또는 현재지 및 피해아동의 거주지 또는 현재지를 관할하는 가정법원으로 하며(다만, 가정법원이 설치되지 아니하는 지역에 있어서는 해당 지역의 지방법원으로 한다), 피해아동보호명령사건의 심리와 결정은 판사가 한다(법 제46조 제1~2항).

판사는 직권 또는 피해아동, 그 법정대리인, 변호사, 아동보호전문기관의 장의 청구에 따라 결정으로 피해아동의 보호를 위하여 다음 각 호의 피해아동보호명령을 할 수 있다(법 제47조 제1항).

① 아동학대행위자를 피해아동의 주거지 또는 점유하는 방실(房室)로부터의 퇴거 등 격리

② 아동학대행위자가 피해아동 또는 가정 구성원에게 접근하는 행위의 제한

③ 아동학대행위자가 피해아동 또는 가정 구성원에게 전기통신기본법 제2조 제1호의 전기통신을 이용하여 접근하는 행위의 제한

④ 피해아동을 아동복지시설 또는 장애인복지시설로의 보호위탁

⑤ 피해아동을 의료기관으로의 치료위탁

⑥ 피해아동을 아동보호전문기관, 상담소 등으로의 상담·치료위탁

⑦ 피해아동을 연고자 등에게 가정위탁

⑧ 친권자인 아동학대행위자의 피해아동에 대한 친권 행사의 제한 또는 정지

⑨ 후견인인 아동학대행위자의 피해아동에 대한 후견인 권한의 제한 또는 정지

⑩ 친권자 또는 후견인의 의사표시를 갈음하는 결정

6. 벌 칙

1) 보호처분 등의 불이행

다음 각 호의 어느 하나에 해당하는 아동학대행위자는 2년 이하의 징역 또는 2천만 원 이하의 벌금 또는 구류에 처한다(법 제59조 제1항).

① 제19조 제1항 제1호부터 제4호까지의 어느 하나에 해당하는 임시조치를 이행하지 아니한 아동학대행위자

② 제36조 제1항 제1호부터 제3호까지의 어느 하나에 해당하는 보호처분이 확정된 후에 이를 이행하지 아니한 아동학대행위자

③ 제47조에 따른 피해아동보호명령, 제52조에 따른 임시보호명령이 결정된 후에 이를 이행하지 아니한 아동학대행위자

상습적으로 제1항의 죄를 범한 아동학대행위자는 5년 이하의 징역이나 5천만 원 이하의 벌금에 처하며, 제8조 제1항(형벌과 수강명령 등의 병과)에 따라 이수명령을 부과받은 사람이 보호관찰소의 장 또는 교정시설의 장의 이수명령 이행에 관한 지시에 불응하여 보호관찰 등에 관한 법률 또는 형의 집행 및 수용자의 처우에 관한 법률에 따른 경고를 받은 후 재차 정당한 사유 없이 이수명령 이행에 관한 지시에 불응한 경우 다음 각 호에 따른다(법 제59조 제2~3항).

① 벌금형과 병과된 경우에는 500만 원 이하의 벌금에 처한다.

② 징역형의 실형과 병과된 경우에는 1년 이하의 징역 또는 1천만 원 이하의 벌금에 처한다.

2) 불이익의 금지 위반

제10조의2(불이익조치의 금지)를 위반하여 아동학대범죄 신고자 등에게 파면, 해임, 해고, 그 밖에 신분상실에 해당하는 신분상의 불이익조치를 한 자는 2년 이하의 징역 또는 2천만 원 이하의 벌금에 처하며, 다음 각 호의 어느 하나에 해당하는 불이익조치를 한 자는 1년 이하의 징역 또는 1천만 원 이하의

벌금에 처한다(법 제62조의2).

① 징계, 정직, 감봉, 강등, 승진 제한, 그 밖에 부당한 인사조치

② 전보, 전근, 직무 미부여, 직무 재배치, 그 밖에 본인의 의사에 반하는 인사조치

③ 성과평가 또는 동료평가 등에서의 차별과 그에 따른 임금 또는 상여금 등의 차별 지급

④ 교육 또는 훈련 등 자기계발 기회의 취소, 예산 또는 인력 등 가용자원의 제한 또는 제거, 보안정보 또는 비밀정보 사용의 정지 또는 취급 자격의 취소, 그 밖에 근무조건 등에 부정적 영향을 미치는 차별 또는 조치

⑤ 주의 대상자 명단 작성 또는 그 명단의 공개, 집단따돌림, 폭행 또는 폭언, 그 밖에 정신적·신체적 손상을 가져오는 행위

⑥ 직무에 대한 부당한 감사 또는 조사나 그 결과의 공개

3) 과태료

다음 각 호의 어느 하나에 해당하는 사람에게는 1천만 원 이하의 과태료를 부과하며(법 제63조 제1항), 행정기관의 장이 부과·징수한다(법 제63조 제2항).

① 정당한 사유 없이 판사의 아동보호사건의 조사·심리를 위한 소환에 따르지 아니한 사람

② 정당한 사유 없이 제10조 제2항에 따른 신고를 하지 아니한 사람

③ 정당한 사유 없이 제11조 제6항을 위반하여 사법경찰관리, 아동학대전담공무원 또는 아동보호전문기관의 직원이 수행하는 현장조사를 거부한 사람

③의2. 정당한 사유 없이 제11조의2 제1항 후단을 위반하여 아동학대전담공무원의 출석·진술 및 자료제출 요구에 따르지 아니하거나 거짓으로 진술 또는 자료를 제출한 사람

④ 정당한 사유 없이 제13조 제1항에 따른 긴급임시조치를 이행하지 아니한 사람

⑤ 정당한 사유 없이 제36조 제1항 제4호부터 제8호까지의 보호처분이 확정된 후 이를 이행하지 아니하거나 집행에 따르지 아니한 사람

⑥ 정당한 사유 없이 제39조에 따른 보고서 또는 의견서 제출 요구에 따르지 아니한 사람

학습문제

1. 아동학대범죄의 처벌 등에 관한 특례법상의 내용으로 옳지 않은 것은?
   ① 피해아동의 법정대리인은 아동학대행위자를 고소할 수 있다.
   ② 아동학대범죄에 대하여는 아동학대범죄의 처벌 등에 관한 특례법을 우선 적용한다. 다만, 성폭력범죄의 처벌 등에 관한 특례법, 아동·청소년의 성보호에 관한 법률에서 가중처벌되는 경우에는 그 법에서 정한 바에 따른다.
   ③ 아동학대행위자란 아동학대범죄를 범한 사람 및 그 공범을 말한다.
   ④ 아동학대범죄 신고를 접수한 사법경찰관리나 아동보호전문기관의 직원은 지체 없이 아동학대범죄의 현장에 출동하여야 한다.
   ⑤ 누구든지 아동학대범죄에 대해 의심이 있는 경우에는 지역아동센터에 신고해야 한다.

2. 아동학대행위자에 대한 임시조치 내용에 해당되지 않는 것은?
   ① 의료기관이나 그 밖의 요양시설에의 위탁
   ② 아동보호전문기관 등에의 상담 및 교육 위탁
   ③ 경찰관서의 유치장 또는 구치소에의 유치
   ④ 친권 또는 후견인 권한 행사의 제한 또는 정지
   ⑤ 피해아동 등 또는 가정 구성원의 주거, 학교 또는 보호시설 등에서 200미터 이내의 접근 금지

3. 학대피해 아동의 응급조치에 관한 내용으로 적절하지 않은 것은?
   ① 아동학대행위자를 피해아동 등으로부터 격리
   ② 피해아동 등을 아동학대 관련 보호시설로 인도
   ③ 응급조치 시간은 최대 72시간을 초과할 수 있다.
   ④ 긴급치료가 필요한 경우 의료기관으로 인도
   ⑤ 아동학대전담공원이 응급조치를 한 경우에는 즉시 응급조치결과보고서를 작성한다.

정답	1. ⑤	2. ⑤	3. ③

CHAPTER

11 학교폭력예방 및 대책에 관한 법률(약칭 : 학교폭력예방법)

1. 학교폭력예방 및 대책에 관한 법률의 의의

1995년부터 학교폭력예방 및 근절 정책을 수립 · 시행하고는 있었으나 법률적 근거가 부족한 상황이었다. 그러나 2004년 학교폭력예방 및 대책에 관한 법률 제정에 따라 학교폭력의 예방과 대책에 필요한 사항을 규정하고, 학교폭력 문제에 효과적으로 대처하기 위한 전담기구의 설치, 정기적인 학교폭력 예방교육의 실시, 학교폭력 피해자의 보호와 가해자에 대한 선도 · 교육 등 학교폭력의 예방 및 대책을 위한 제도적 틀을 마련하였다는 데 의의가 있다.

특히 이 법은 미래의 주역인 청소년들의 학령기에서 발생하는 학교폭력 문제에 있어 피해학생과 가해학생 간의 분쟁조정을 통하여 학생 인권을 보호하고 건전한 사회 구성원으로 육성함을 목적으로 하는 만큼 법률의 해석 및 적용에 있어 국민의 권리가 부당하게 침해되지 않도록 주의를 당부하고 있다.

학교폭력 위험성에 대한 사회적 우려를 불러일으킨 '2011년 대구 중학생 자살 사건'이 발생하고 집단따돌림, 학생들의 자살문제가 사회문제로 대두되면서 2012년 2월 6일 정부는 '학교폭력 근절 종합대책'을 발표(2012. 2. 6.)하였다. '학교폭력 근절 종합대책'은 7대 영역 54개 과제로 구성되었으며, '사소한 괴롭힘도 범죄라는 인식하에 철저하게 대응'하고 '학교－가정－사회의 인성교육을 강화'하여 학교폭력 없는 행복한 학교를 만들겠다는 취지로 수립되었다. 학교 현장에서는 그간 학생 · 교사 · 학부모가 협력하여 학교폭력을 해결하고 학생들의 배려 · 공감 능력 향상 등 인성교육을 위한 노력을 기울여왔으나, 중대한 학교폭력 사건이 발생하고 학교폭력이 큰 사회적 문제로 대두됨에 따라 보다 근본적인 해결방안을 마련하고자 하는 데 목적이 있었다.

학교폭력은 청소년기 학생들의 학업성취도 저하와 사회적 고립을 초래할 수 있으며, 장기적으로는 성인기가 되어서도 트라우마로 남을 수 있기 때문에 청소년정책에 있어 필수적인 과제가 되고 있다.

2. 학교폭력예방 및 대책에 관한 법률의 용어 정의

학교폭력예방 및 대책에 관한 법률 제2조에서 정의하고 있는 용어는 다음과 같다.

① "학교폭력"이란 학교 내외에서 학생을 대상으로 발생한 상해, 폭행, 감금, 협박, 약취·유인, 명예훼손·모욕, 공갈, 강요·강제적인 심부름 및 성폭력, 따돌림, 사이버폭력 등에 의하여 신체·정신 또는 재산상의 피해를 수반하는 행위를 말한다.

①의2. "따돌림"이란 학교 내외에서 2명 이상의 학생들이 특정인이나 특정집단의 학생들을 대상으로 지속적이거나 반복적으로 신체적 또는 심리적 공격을 가하여 상대방이 고통을 느끼도록 하는 모든 행위를 말한다.

①의3. "사이버폭력"이란 정보통신망(「정보통신망 이용촉진 및 정보보호 등에 관한 법률」 제2조 제1항 제1호의 정보통신망을 말한다)을 이용하여 학생을 대상으로 발생한 따돌림, 딥페이크 영상 등(인공지능 기술 등을 이용하여 학생의 얼굴·신체 또는 음성을 대상으로 성적 욕망 또는 불쾌감을 유발할 수 있는 형태로 편집·합성·가공한 촬영물·영상물 또는 음성물을 말한다)을 제작·반포하는 행위 및 그 밖에 신체·정신 또는 재산상의 피해를 수반하는 행위를 말한다.

② "학교"란 「초·중등교육법」 제2조에 따른 초등학교·중학교·고등학교·특수학교 및 각종 학교와 같은 법 제61조에 따라 운영하는 학교를 말한다.

③ “가해학생”이란 가해자 중에서 학교폭력을 행사하거나 그 행위에 가담한 학생을 말한다.

④ “피해학생”이란 학교폭력으로 인하여 피해를 입은 학생을 말한다.

⑤ “장애학생”이란 신체적 · 정신적 · 지적 장애 등으로 「장애인 등에 대한 특수교육법」 제15조에서 규정하는 특수교육이 필요한 학생을 말한다.

3. 국가 및 지방자치단체 · 교육감의 책임

1) 국가 및 지방자치단체

국가 및 지방자치단체는 학교폭력을 예방하고 근절하기 위하여 조사 · 연구 · 교육 · 계도 등 필요한 법적 · 제도적 장치를 마련하여야 하며, 청소년 관련 단체 등 민간의 자율적인 학교폭력 예방활동과 피해학생의 보호 및 가해학생의 선도 · 교육활동을 장려하여야 한다(법 제4조 제1~2항). 또한 제2항에 따른 청소년 관련 단체 등 민간이 건의한 사항에 대하여는 관련 시책에 반영하도록 노력하여야 하며, 책무를 다하기 위하여 필요한 행정적 · 재정적 지원을 하여야 한다(법 제4조 제3~4항).

2) 교육감

교육감은 시 · 도교육청에 학교폭력의 예방과 대책을 담당하는 전담부서를 설치 · 운영하여야 하며, 관할구역 안에서 학교폭력이 발생한 때에는 해당 학교의 장 및 관련 학교의 장에게 그 경과 및 결과의 보고를 요구할 수 있다(법 제11조 제1~2항). 관할구역 안의 학교폭력이 관할구역 외의 학교폭력과 관련이 있는 때에는 그 관할 교육감과 협의하여 적절한 조치를 취하여야 하고, 학교의 장으로 하여금 학교폭력의 예방 및 대책에 관한 실시계획을 수립 · 시행하도록 하여야 한다(법 제11조 제3~4항). 교육감은 학교폭력의 실태를 파악하고 학교폭력에 대한 효율적인 예방대책을 수립하기 위하여 학교폭력 실태조사를 연 2회 이상 실시하고 그 결과를 공표하여야 한다(법 제11조 제8항).

교육감은 학교폭력 등에 관한 조사, 상담, 치유 프로그램 운영 등을 위한 전문기관을 설치 · 운영할 수 있다(법 제11조 제9항).

학교폭력 조사 · 상담 등에 있어서 교육감은 학교폭력예방과 사후조치 등을 위하여 다음 각 호의 조사 · 상담 등을 수행할 수 있다(법 제11조의2 제1항).

① 학교폭력 피해학생 상담 및 가해학생 조사

② 필요한 경우 가해학생 학부모 조사

③ 학교폭력예방 및 대책에 관한 계획의 이행 지도

④ 관할구역 학교폭력서클 단속

⑤ 학교폭력예방을 위하여 민간기관 및 업소 출입 · 검사

⑥ 그 밖에 학교폭력 등과 관련하여 필요로 하는 사항

4. 학교폭력의 예방 및 대책에 관한 기본계획

교육부장관은 이 법의 목적을 효율적으로 달성하기 위하여 학교폭력의 예방 및 대책에 관한 정책 목표 · 방향을 설정하고, 이에 따른 학교폭력의 예방 및 대책에 관한 기본계획(이하 "기본계획")을 제7조에 따른 학교폭력대책위원회의 심의를 거쳐 수립 · 시행하여야 하며(법 제6조 제1항), 다음 각 호의 사항을 포함하여 5년마다 수립하여야 하고, 교육부장관은 관계 중앙행정기관 등의 의견을 수렴하여야 한다(법 제6조 제2항).

① 학교폭력의 근절을 위한 조사 · 연구 · 교육 및 계도

② 피해학생에 대한 치료 · 재활 등의 지원

③ 학교폭력 관련 행정기관 및 교육기관 상호 간의 협조 · 지원

④ 제14조 제1항에 따른 전문상담교사의 배치 및 이에 대한 행정적 · 재정적 지원

⑤ 학교폭력의 예방과 피해학생 및 가해학생의 치료·교육을 수행하는 청소년 관련 단체 또는 전문가에 대한 행정적·재정적 지원

⑥ 그 밖에 학교폭력의 예방 및 대책을 위하여 필요한 사항

정부는 2023년 4월 제19차 학교폭력대책위원회를 개최하여 정부·민간위원 등 총 19인이 참석한 가운데, '학교폭력 근절 종합대책'을 심의·의결하였다. 2012년 학교폭력 근절 대책이 수립된 이후, 가해학생 조치사항을 학생부에 기록하여 보존(초·중 5년, 고 10년)하는 등 사소한 괴롭힘도 엄정 대응하는 무관용 원칙을 정립하였으나, 그 이후 보존기간이 점차 완화되어 학교폭력에 대한 경각심이 약화되고, 피해학생은 제대로 보호받지 못했다는 지적이 많았다. 학교폭력 피해응답률은 2017년부터 높아지기 시작했는데, 코로나19 이후 사이버폭력이 급증 후 감소 추세였으나 최근 신·변종 사이버폭력이 급증하고 있다. 특히 사이버공간 내 언어폭력 수준을 넘어 딥페이크 성범죄, SNS계정 뺏기 등 학생들 간 새로운 유형의 사이버폭력이 지속적으로 증가하고 있는 상황이다.

제5차 학교폭력예방 및 대책 기본계획(2025~2029)의 비전은 '교육공동체가 함께 만드는 안전한 학교'로 하고 있으며, 추진방향은, 첫째, 교육공동체의 역량을 증진하여 신뢰의 학교문화 구축, 둘째, 공정하고 교육적인 학교폭력 대응체계 구축, 셋째, 학교폭력 피·가해학생 맞춤형 통합지원을 설정하고 있다. 기본계획의 정책영역과 추진과제를 제시하면 <표 11-1>과 같다.

<표 11-1> 학교폭력예방 및 대책 기본계획의 기본 방향

정책영역	추진과제
교육 3주체의 학교폭력 예방역량 강화	① '어울림+(어울림 더하기)'로 학교폭력 예방교육 연계·통합 ② 교원의 학생생활지도 지원 확대로 학교폭력 사전 예방 ③ 학부모 연수·소통 확대를 통한 가정의 교육적 역할 강화 ④ 교육공동체가 참여하는 학교문화 책임규약 확산

학생이 안전한 디지털 환경 조성	① 사이버폭력 예방을 위한 기업 참여 확대 ② 대국민 인식 개선을 위한 Digital SAFE 캠페인 추진 ③ 사이버폭력 가해학생 조치 차별화 및 사이버폭력물 삭제 지원 ④ 자율성과 책임감을 갖춘 디지털 시민 양성
학교의 교육적 기능 확대 및 사안처리 전문성 제고	① 학교폭력 사안의 교육적 해결 지원 강화 ② 학교폭력 대응체계 개선·강화 ③ 심의 객관성 확보 등 학교폭력대책심의위원회 운영 개선
위기 및 피·가해학생 맞춤형 통합지원 강화	① 학생맞춤통합지원 체계로 위기학생 조기발견-지원 및 피해학생 보호 강화 ② 가해학생 조치 실효성 제고 및 재발방지 지원

출처 : 교육부(2025).

5. 학교폭력예방 및 대책 실시기관

1) 학교폭력 대응 전문교육기관 및 센터 운영

국가는 학생 치유·회복을 위한 보호시설 운영, 연구 및 교육 등을 수행하는 전문교육기관을 설치·운영할 수 있으며, 학교폭력의 효과적인 예방 및 대응을 위한 센터(이하 "학교폭력 예방센터"라 한다)를 지정·운영할 수 있다(법 제6조의2).

학교폭력 대응 전문교육기관은 다음 각 호의 업무를 수행한다(시행령 제2조의2).

① 학생의 치유·회복을 위한 보호시설 운영

② 학생의 치유·회복 관련 조사·분석 등 연구

③ 학교폭력 피해학생에 대한 교과학습 및 대안교육 실시

④ 학교폭력 피해학생에 대한 상담 및 치유·회복 프로그램 운영

⑤ 그 밖에 학생의 치유·회복 등과 관련하여 교육부장관이 필요하다고 인정하는 사항

2) 학교폭력대책위원회

학교폭력의 예방 및 대책에 관한 사항을 심의하기 위하여 국무총리 소속으로 학교폭력대책위원회(이하 "대책위원회")를 두며(법 제7조), 세부적인 심의사항은 다음과 같다.

① 학교폭력의 예방 및 대책에 관한 기본계획의 수립 및 시행에 대한 평가
② 학교폭력과 관련하여 관계 중앙행정기관 및 지방자치단체의 장이 요청하는 사항
③ 학교폭력과 관련하여 교육청, 제9조에 따른 학교폭력대책지역위원회, 제10조의2에 따른 학교폭력대책지역협의회, 제12조에 따른 학교폭력대책자치위원회, 전문단체 및 전문가가 요청하는 사항

대책위원회는 위원장 2명을 포함하여 20명 이내의 위원으로 구성하며, 위원장은 국무총리와 학교폭력 대책에 관한 전문지식과 경험이 풍부한 전문가 중에서 대통령이 위촉하는 사람이 공동으로 되고, 위원장 모두가 부득이한 사유로 직무를 수행할 수 없을 때에는 국무총리가 지명한 위원이 그 직무를 대행한다(법 제8조 제1~2항).

위원회의 위원은 다음 각 호의 사람 중에서 대통령이 위촉하는 사람으로 한다(다만, 제1호의 경우에는 당연직 위원으로 한다)(법 제8조 제3항).

① 기획재정부장관, 교육부장관, 과학기술정보통신부장관, 법무부장관, 행정안전부장관, 문화체육관광부장관, 보건복지부장관, 여성가족부장관, 방송통신위원회 위원장, 경찰청장
② 학교폭력 대책에 관한 전문지식과 경험이 풍부한 전문가 중에서 제1호의 위원이 각각 1명씩 추천하는 사람
③ 관계 중앙행정기관에 소속된 3급 공무원 또는 고위공무원단에 속하는 공무원으로서 청소년 또는 의료 관련 업무를 담당하는 사람

④ 대학이나 공인된 연구기관에서 조교수 이상 또는 이에 상당한 직에 있거나 있었던 사람으로서 학교폭력 문제 및 이에 따른 상담 또는 심리에 관하여 전문지식이 있는 사람
⑤ 판사 · 검사 · 변호사
⑥ 전문단체에서 청소년보호활동을 5년 이상 전문적으로 담당한 사람
⑦ 의사의 자격이 있는 사람
⑧ 학교운영위원회 활동 및 청소년보호활동 경험이 풍부한 학부모

3) 학교폭력대책지역위원회

지역의 학교폭력 문제를 해결하기 위하여 시 · 도에 학교폭력대책지역위원회(이하 "지역위원회")를 두며, 특별시장 · 광역시장 · 특별자치시장 · 도지사 및 특별자치도지사는 지역위원회의 운영 및 활동에 관하여 시 · 도의 교육감(이하 "교육감")과 협의하여야 하고, 그 효율적인 운영을 위하여 실무위원회를 둘 수 있다(법 제9조 제1~2항).

지역위원회는 위원장 1인을 포함한 11인 이내의 위원으로 구성한다(법 제9조 제3항). 지역위원회는 기본계획에 따라 지역의 학교폭력 예방대책을 매년 수립하며, 이때 해당 지역에서 발생한 학교폭력에 대하여 교육감 및 지방경찰청장에게 관련 자료를 요청할 수 있다(법 제10조 제1~2항). 이때 교육감은 지역위원회의 의견을 들어 제16조 제1항 1호부터 제3호까지나 제17조 제1항 제5호에 따른 상담 · 치료 및 교육을 담당할 상담 · 치료 · 교육 기관을 지정하여야 하며, 제3항에 따른 상담 · 치료 · 교육 기관을 지정한 때에는 해당 기관의 명칭, 소재지, 업무를 인터넷 홈페이지에 게시하고, 그 밖에 다양한 방법으로 학부모에게 알릴 수 있도록 노력하여야 한다(법 제10조 제3~4항).

4) 학교폭력대책심의위원회

학교폭력의 예방 및 대책에 관련된 사항을 심의하기 위하여 지방교육자치에 관한 법률 제34조 및 제주특별자치도 설치 및 국제자유도시 조성을 위한 특별법 제80조에 따른 교육지원청(교육지원청이 없는 경우 해당 시·도 조례로 정하는 기관으로 한다)에 학교폭력대책심의위원회를 둔다(법 제12조 제1항), 다음 각 호의 사항을 심의한다(법 제12조 제2항).

① 학교폭력의 예방 및 대책수립을 위한 학교 체제 구축

② 피해학생의 보호

③ 가해학생에 대한 선도 및 징계

④ 피해학생과 가해학생 간의 분쟁조정

⑤ 그 밖에 대통령령으로 정하는 사항

심의위원회는 10명 이상 50명 이내의 위원으로 구성하되, 전체 위원의 3분의 1 이상을 해당 교육지원청 관할구역 내 학교(고등학교를 포함한다)에 소속된 학생의 학부모로 위촉하여야 한다(법 제13조 제1항).

심의위원회의 위원장은 다음 각 호의 어느 하나에 해당하는 경우에 회의를 소집하여야 한다(법 제13조 제2항).

① 자치위원회 재적위원 4분의 1 이상이 요청하는 경우

② 학교의 장이 요청하는 경우

③ 피해학생 또는 그 보호자가 요청하는 경우

④ 학교폭력이 발생한 사실을 신고받거나 보고받은 경우

⑤ 가해학생이 협박 또는 보복한 사실을 신고받거나 보고받은 경우

⑥ 그 밖에 위원장이 필요하다고 인정하는 경우

6. 학교폭력예방 등의 서비스

1) 전문상담교사의 배치

학교의 장은 학교에 대통령령으로 정하는 바에 따라 상담실을 설치하고, 초·중등교육법 제19조의2에 따라 전문상담교사를 둔다. 이때 전문상담교사는 학교의 장 및 자치위원회의 요구가 있는 때에는 학교폭력에 관련된 피해학생 및 가해학생과의 상담결과를 보고하여야 한다(법 제14조 제1~2항).

학교의 장은 교감, 전문상담교사, 보건교사 및 책임교사(학교폭력 문제를 담당하는 교사를 말함) 등으로 학교폭력 문제를 담당하는 전담기구(이하 “전담기구”)를 구성하며, 학교폭력 사태를 인지한 경우 지체 없이 전담기구 또는 소속 교원으로 하여금 가해 및 피해 사실 여부를 확인하도록 한다(법 제14조 제3~4항). 전담기구는 학교폭력에 대한 실태조사(이하 “실태조사”)와 학교폭력 예방 프로그램을 구성·실시하며, 학교의 장 및 자치위원회의 요구가 있는 때에는 학교폭력에 관련된 조사결과 등 활동결과를 보고하여야 한다(법 제14조 제5항).

2) 학교폭력 예방교육

학교의 장은 학생의 육체적·정신적 보호와 학교폭력의 예방을 위한 학생들에 대한 교육(학교폭력의 개념·실태 및 대처방안 등을 포함)을 학기별로 1회 이상 실시하여야 하며(법 제15조 제1항), 학교의 장은 학교폭력의 예방 및 대책 등을 위한 교직원 및 학부모에 대한 교육을 학기별로 1회 이상 실시하여야 한다(법 제15조 제2항).

학교의 장은 제1항에 따른 학교폭력 예방교육 프로그램의 구성 및 그 운용 등을 전담기구와 협의하여 전문단체 또는 전문가에게 위탁할 수 있으며(법 제15조 제3항), 제1항부터 제3항까지의 규정에 따른 학교폭력 예방교육 프로그램의 구성과 운용계획을 학부모가 쉽게 확인할 수 있도록 인터넷 홈페이지에 게시하고, 그 밖에 다양한 방법으로 학부모에게 알릴 수 있도록 노력하여야 한다(법 제15조 제4항).

3) 학생의 보호

(1) 피해학생의 보호

심의위원회는 피해학생의 보호를 위하여 필요하다고 인정하는 때에는 피해학생에 대하여 다음 각 호의 어느 하나에 해당하는 조치(수 개의 조치를 동시에 부과하는 경우를 포함한다)를 할 것을 교육장(교육장이 없는 경우 제12조 제1항에 따라 조례로 정한 기관의 장으로 한다)에게 요청할 수 있다(다만, 학교의 장은 학교폭력사건을 인지한 경우 피해학생의 반대의사 등 대통령령으로 정하는 특별한 사정이 없으면 지체 없이 가해자(교사 포함)와 피해학생을 분리하여야 하며, 피해학생이 긴급보호를 요청하는 경우에는 제1호, 제2호 및 제6호의 조치를 할 수 있다. 이 경우 학교의 장은 심의위원회에 즉시 보고하여야 한다)(법 제16조 제1항).

① 학내외 전문가에 의한 심리상담 및 조언
② 일시보호
③ 치료 및 치료를 위한 요양
④ 학급교체
⑤ 그 밖에 피해학생의 보호를 위하여 필요한 조치

피해학생이 전문단체나 전문가로부터 제1항 제1호부터 제3호까지의 규정에 따른 상담 등을 받는 데에 사용되는 비용은 가해학생의 보호자가 부담하여야 한다. 다만, 피해학생의 신속한 치료를 위하여 학교의 장 또는 피해학생의 보호자가 원하는 경우에는 학교안전사고 예방 및 보상에 관한 법률 제15조에 따른 학교안전공제회 또는 시·도교육청이 부담하고 이에 대한 상환청구권을 행사할 수 있다(법 제16조 제6항).

(2) 장애학생의 보호

누구든지 장애 등을 이유로 장애학생에게 학교폭력을 행사하여서는 아니 되며(법 제16조의2 제1항), 자치위원회는 학교폭력으로 피해를 입은 장애학생의 보호를 위하여 장애인전문 상담가의 상담 또는 장애인전문 치료기관의 요양 조치를 학교의 장에게 요청할 수 있다(법 제16조의2 제3항).

(3) 사이버폭력의 피해자 지원

국가는 사이버폭력에 해당하는 촬영물, 영상물, 음성물, 복제물, 편집물, 합성물, 가공물, 개인정보, 허위사실 등(이하 이 조에서 "촬영물 등"이라 한다)이 정보통신망에 유포되어 피해(촬영물 등의 대상자가 되어 입은 피해를 말한다)를 입은 학생에 대하여 촬영물 등의 삭제를 위한 지원을 할 수 있으며, 피해학생, 그 보호자 또는 피해학생이나 보호자가 지정하는 대리인(이하 이 조에서 "삭제지원요청자"라 한다)은 국가에 촬영물 등의 삭제를 위한 지원을 요청할 수 있다. 이 경우 삭제지원요청자는 대통령령으로 정하는 요건을 갖추어 삭제지원을 요청하여야 한다(법 제16조의4). 그럼에도 불구하고 교육감 또는 교육장은 「아동·청소년의 성보호에 관한 법률」 제2조 제5호에 따른 아동·청소년성착취물에 대해서는 삭제지원요청자의 요청 없이도 「성폭력방지 및 피해자보호 등에 관한 법률」 제7조의3 제3항에 따라 국가와 지방자치단체에 삭제를 위한 지원을 요청할 수 있다(법 제16조의4 제3항).

이때 촬영물 등 삭제지원에 소요되는 비용은 사이버폭력의 가해학생 또는 그 보호자가 부담하고 국가가 삭제지원에 소요되는 비용을 지출한 경우 사이버폭력의 가해학생 또는 그 보호자에게 상환청구권을 행사할 수 있다(법 제16조의4 제4~5항).

(4) 가해학생에 대한 조치

심의위원회는 피해학생의 보호와 가해학생의 선도·교육을 위하여 가해학생에 대하여 다음 각 호의 어느 하나에 해당하는 조치(수 개의 조치를 부과하는 경우를 포함)를 할 것을 학교의 장에게 요청하여야 하며, 각 조치별 적용 기준은 대통령령으로 정한다(다만, 퇴학처분은 의무교육과정에 있는 가해학생에 대하여는 적용하지 아니한다)(법 제17조 제1항).

① 피해학생에 대한 서면사과
② 피해학생 및 신고·고발 학생에 대한 접촉, 협박 및 보복행위의 금지
③ 학교에서의 봉사
④ 사회봉사
⑤ 학내외 전문가에 의한 특별 교육이수 또는 심리치료
⑥ 출석정지
⑦ 학급교체
⑧ 전학
⑨ 퇴학처분

심의위원회가 교육장에게 가해학생에 대한 조치를 요청할 때 그 이유가 피해학생이나 신고·고발 학생에 대한 협박 또는 보복행위일 경우에는 같은 항 각 호의 조치를 동시에 부과하거나 조치 내용을 가중할 수 있으며(법 제17조 제2항), 제1항 제2호부터 제4호까지 및 제6호부터 제8호까지의 처분을 받은 가해학생은 교육감이 정한 기관에서 특별교육을 이수하거나 심리치료를 받아야 하며, 그 기간은 심의위원회에서 정하고, 학교의 장은 가해학생에 대한 선도가 긴급하다고 인정할 경우 우선 제1항 제1호부터 제3호까지, 제5호 및 제6호의 조치를 할 수 있으며, 제5호와 제6호는 병과 조치할 수 있다. 이 경우 심의위원회에 즉시 보고하여 추인을 받아야 한다(법 제17조 제3~4항).

심의위원회는 제1항 또는 제2항에 따른 조치를 요청하기 전에 가해학생 및 보호자에게 의견진술의 기회를 부여하는 등 적정한 절차를 거쳐야 하며(법 제17조 제5항), 제1항에 따른 요청이 있는 때에는 학교의 장은 14일 이내에 해당 조치를 하고, 제4항에 따른 조치를 한 때에는 가해학생과 그 보호자에게 이를 통지하여야 하며, 가해학생이 이를 거부하거나 회피하는 때에는 초·중등교육법 제18조에 따라 징계하여야 한다(법 제17조 제6~7항).

(5) 학생보호인력의 배치

국가・지방자치단체 또는 학교의 장은 학교폭력을 예방하기 위하여 학교 내에 학생보호 인력을 배치하여 활용할 수 있으며, 다음 각 호의 어느 하나에 해당하는 사람은 학생보호인력이 될 수 없다(법 제20조의5 제1~2항).

① 국가공무원법 제33조 각 호의 어느 하나에 해당하는 사람

② 아동・청소년의 성보호에 관한 법률에 따른 아동・청소년대상 성범죄 또는 성폭력범죄의 처벌 등에 관한 특례법에 따른 성폭력범죄를 범하여 벌금형을 선고받고 그 형이 확정된 날부터 10년이 지나지 아니하였거나, 금고 이상의 형이나 치료감호를 선고받고 그 집행이 끝나거나 집행이 유예・면제된 날부터 10년이 지나지 아니한 사람

③ 청소년 보호법 제2조 제5호 가목 3) 및 같은 목 7)부터 9)까지의 청소년 출입・고용금지업소의 업주나 종사자

(6) 학교전담경찰관

국가는 학교폭력예방 및 근절을 위하여 학교폭력 업무 등을 전담하는 경찰관을 둘 수 있다(법 제20조의 6).

경찰청장은 학교폭력예방 및 근절을 위해 학교폭력 업무 등을 전담하는 경찰관을 둘 경우에는 학생 상담 관련 학위나 자격증 소지 여부, 학생 지도 경력 등 학교폭력 업무 수행에 필요한 전문성을 고려해야 하며, 다음 각 호의 업무를 수행한다(시행령 제31조의 2).

① 학교폭력 예방활동

② 피해학생 보호 및 가해학생 선도

③ 학교폭력 단체에 대한 정보 수집

④ 학교폭력 단체의 결성예방 및 해체

⑤ 그 밖에 경찰청장이 교육부장관과 협의해 학교폭력예방 및 근절 등을 위해 필요하다고 인정하는 업무

청소년폭력예방을 위한 또래상담

1994년에 처음 시작된 또래상담 사업은 한국청소년상담복지개발원에서 개발된 교우관계 증진 프로그램으로, 시・도 및 시・군・구 청소년상담복지센터를 중심으로 보급되어 오다가 2012년 '학교폭력 근절 종합대책'의 일환으로 전국 초・중・고등학교로 확대되었다.

2013년도 이후부터는 또래상담 지도자와 또래상담자 양성을 위해 지도자 지침서 제작 및 또래상담 홈페이지 등을 운영하여 또래상담 사업 운영 현장과 각종 정보를 공유하고 있다. 또한 또래상담자용 스마트 수첩을 개발하여 또래상담자 스스로 상담 활동을 쉽고 효율적으로 기록・관리할 수 있도록 하였다. 2023년도에는 점차 심각해지는 청소년 폭력예방을 위해 학교 안뿐만 아니라 학교 밖 청소년들까지 또래상담 사업을 운영할 수 있도록 해당 기관 종사자 대상 지도자 교육을 실시하였다. 더불어, 학교폭력 민간전문기관인 '푸른나무재단'과의 협력(MOU)을 통해 전국 청소년상담복지센터에서 학교폭력 피해자를 발굴・지원할 수 있도록 청소년 폭력피해자 지원 매뉴얼 등을 배포하였다. 청소년 폭력예방을 위한 또래상담 사업은 학교 안팎에서 함께 생활하는 또래상담자의 지지적인 활동을 통해 사각지대에서 발생될 수 있는 폭력문제를 조기에 발견하여 예방할 수 있는 청소년 사회・정서 지원에 지속적으로 기여하고 있다.

2023년 또래상담 사업실적을 살펴보면, 또래상담 운영학교 6,281개교, 또래상담 지도자(교사) 2,439명, 또래상담자 250,719명이다.

[솔리언 또래상담 프로그램]

구분	훈련 내용	또래상담자 역할
내용	• 3가지 또래상담 정신을 토대로 12시간 훈련과정을 통해 또래상담자 양성 ① (Friendship) 먼저 다가가서 친구 되어주기 – 친구의 의미, 관계 유형을 탐색하면서 관계증진기술을 익힘 ② (Counselorship) 친구의 고민을 진심으로 들어주고 대화하기 – 적극적 경청과 공감, 또래상담의 기본대화전략을 익힘 ③ (Leadership) 자기리더십, 공동체리더십으로 친구 돕기 – 자기관리, 다양한 문제해결 중재에 대한 전략을 배움	고민을 가진 친구를 도와 또래집단 안에서 공감배려 문화 촉진

출처 : 한국청소년개발원(https://www.kyci.or.kr)

7. 학교폭력 재심청구 및 분쟁조정

심의위원회는 학교폭력과 관련하여 분쟁이 있는 경우에는 그 분쟁을 조정할 수 있으며, 분쟁의 조정기간은 1개월을 넘지 못한다(법 제18조 제1~2항). 분쟁조정에는 피해학생과 가해학생 간 또는 그 보호자 간의 손해배상에 관련된 합의조정, 그 밖에 심의위원회가 필요하다고 인정하는 사항을 포함한다(법 제18조 제3항).

심의위원회는 분쟁조정을 위하여 필요하다고 인정하는 때에는 관계 기관의 협조를 얻어 학교폭력과 관련한 사항을 조사할 수 있으며, 분쟁조정을 하고자 할 때에는 이를 피해학생·가해학생 및 그 보호자에게 통보하여야 한다(법 제18조 제4~5항).

학습문제

1. 학교폭력예방 및 대책에 관한 법률상 학교폭력의 예방 및 대책에 관한 기본계획의 수립 및 시행에 대한 평가, 학교폭력과 관련하여 관계 중앙행정기관 및 지방자치단체의 장이 요청하는 사항 등을 심의하는 기구는? 제31회 기출문제

① 학교폭력대책위원회 ② 학교폭력대책지역위원회
③ 학교폭력대책심의위원회 ④ 청소년정책위원회
⑤ 청소년보호위원회

2. 학교폭력예방 및 대책에 관한 법률상 학교폭력대책위원회 구성 시 당연직 위원이 아닌 것은? 제32회 기출문제

① 기획재정부장관 ② 경찰청장
③ 방송통신위원회 위원장 ④ 행정안전부장관
⑤ 국민권익위원회 위원장

3. 학교폭력예방 및 대책에 관한 법률상 가해학생에 대한 조치 내용으로 옳은 것을 모두 고른 것은? 제30회 기출문제

ㄱ. 학교에서의 봉사
ㄴ. 피해학생에 대한 서면사과
ㄷ. 출석정지
ㄹ. 학내외 전문가에 의한 특별 교육이수 또는 심리치료

① ㄱ, ㄹ ② ㄴ, ㄷ
③ ㄱ, ㄴ, ㄷ ④ ㄱ, ㄴ, ㄹ
⑤ ㄱ, ㄴ, ㄷ, ㄹ

4. 학교폭력예방 및 대책에 관한 법률상 내용이다. 다음 (　　)에 알맞은 용어를 쓰시오. 제27회 기출문제

(　　)(이)란 인터넷, 휴대전화 등 정보통신기기를 이용하여 학생들이 특정 학생들을 대상으로 지속적, 반복적으로 심리적 공격을 가하거나, 특정 학생과 관련된 개인정보 또는 유포하여 상대방이 고통을 느끼도록 하는 일체의 행위를 말한다.

정답 1. ① 2. ⑤ 3. ⑤ 4. 사이버 따돌림

CHAPTER

12 학교 밖 청소년 지원에 관한 법률(약칭 : 학교밖청소년법)

1. 학교 밖 청소년 지원에 관한 법률의 의의

교육부(2022)에 따르면, 매년 3만~5만여 명의 청소년이 학교를 그만두고 있으며, 학교 밖 청소년은 2022년 기준 16만여 명으로 추산되고 있다. 학교 밖 청소년은 스스로 진로를 찾고 직업을 구하는 과정에서 많은 시행착오와 좌절을 경험하고 있으며, 여러 사회적 기회에서 소외되고 있다. 이에 따라 학교를 그만둔 청소년에게 학업을 지속할 수 있는 여건을 마련해 주고, 자립에 어려움을 겪는 청소년의 체계적인 자립 준비가 이루어질 수 있도록 지원이 필요하다. 이를 위해 2007년부터 취약 청소년을 대상으로 자립 동기 강화, 기초적인 자립 기술 습득 등을 목적으로 하는 자립지원 프로그램(두드림)이 운영되었고, 특히 검정고시 지원 및 학습클리닉 프로그램 등을 통해 학업을 지속할 수 있도록 지원하는 프로그램(해밀)을 2009년부터 운영하였다.

이러한 상황에서 2014년 제정된 학교 밖 청소년 지원에 관한 법률은 학교 밖 청소년 지원을 위한 국가와 지방자치단체의 책무를 명시하고, 학교 밖 청소년에 대한 정확한 실태조사를 바탕으로 학교 밖 청소년의 개인적 특성과 수요를 고려한 상담지원, 교육지원, 취업 및 진로·직업체험 지원, 자립지원 등이 이루어지도록 종합적·체계적인 지원체계를 마련함으로써 학교 밖 청소년이 건강한 사회 구성원으로 성장할 수 있도록 지원하려는 데 의의가 있다.

2. 학교 밖 청소년 지원에 관한 법률의 용어 정의

학교 밖 청소년 지원에 관한 법률 제2조에서 정의하고 있는 용어는 다음과 같다.

① "청소년"이란 청소년 기본법 제3조 제1호 본문에 해당하는 사람을 말한다.

② "학교 밖 청소년"이란 다음 각 목의 어느 하나에 해당하는 청소년을 말한다.

가. 초·중등교육법 제2조의 초등학교·중학교 또는 이와 동일한 과정을 교육하는 학교에 입학한 후 3개월 이상 결석하거나 같은 법 제14조 제1항에 따라 취학의무를 유예한 청소년

나. 초·중등교육법 제2조의 고등학교 또는 이와 동일한 과정을 교육하는 학교에서 같은 법 제18조에 따른 제적·퇴학처분을 받거나 자퇴한 청소년

다. 초·중등교육법 제2조의 고등학교 또는 이와 동일한 과정을 교육하는 학교에 진학하지 아니한 청소년

③ "학교 밖 청소년 지원 프로그램"이란 학교 밖 청소년의 개인적 특성과 수요를 고려한 상담지원, 교육지원, 직업체험 및 취업지원, 자립지원 등의 프로그램을 말한다.

3. 국가와 지방자치단체의 책무

국가와 지방자치단체는 학교 밖 청소년에 대한 사회적 차별 및 편견을 예방하고 학교 밖 청소년을 존중하고 이해할 수 있도록 조사·연구·교육 및 홍보 등 필요한 조치를 하여야 한다(법 제3조 제1항).

국가와 지방자치단체는 학교 밖 청소년을 조기에 발견하고, 지원에 필요한 법적 · 제도적 장치를 마련하여 시행하여야 하며, 학교 밖 청소년의 교육복지 실현을 위하여 노력하여야 하며, 법률의 책무를 다하기 위하여 학교 밖 청소년 지원에 필요한 행정적 · 재정적 지원방안을 마련하여야 한다(법 제3조 제2~4항).

4. 학교 밖 청소년 실태조사 및 지원

1) 학교 밖 청소년 실태조사

여성가족부장관은 학교 밖 청소년의 현황 및 실태 파악과 학교 밖 청소년 지원 정책수립을 위한 기초자료로 활용하기 위하여 2년마다 학교 밖 청소년에 대한 실태조사를 실시하고, 그 결과를 공표하여야 한다(법 제6조 제1항).

여성가족부장관은 학교 밖 청소년의 현황 및 실태조사 중 학업중단 현황에 관한 조사는 교육부장관과 협의하여 실시하며, 실태조사에 필요한 경우 관계 중앙행정기관의 장, 지방자치단체의 장 또는 공공기관의 운영에 관한 법률에 따른 공공기관의 장, 그 밖의 관련 법인 · 단체에 대하여 필요한 자료 제출 또는 의견 진술을 요청할 수 있다. 이 경우 요청을 받은 자는 정당한 사유가 없으면 이에 협조하여야 한다(법 제6조 제2~3항).

학교 밖 청소년에 대한 실태조사에는 다음 각 호의 사항이 포함되어야 한다(시행규칙 제2조).

① 학교 밖 청소년의 학업중단 시기와 그 원인

② 학교 밖 청소년의 신체적 · 정신적 건강상태

③ 학교 밖 청소년의 가족관계 및 친구관계

④ 학교 밖 청소년의 경제상태

⑤ 학교 밖 청소년의 진로

⑥ 학교 밖 청소년 지원 프로그램 활용 현황

⑦ 그 밖에 여성가족부장관이 학교 밖 청소년 지원을 위하여 필요하다고 인정하는 사항

2) 학교 밖 청소년의 지원

(1) 학교 밖 청소년 지원계획의 수립

국가와 지방자치단체는 청소년 기본법 제14조에 따라 연도별 시행계획을 수립하는 경우 다음 각 호의 사항을 포함하여야 한다(법 제5조 제1항).

① 학교 밖 청소년에 대한 사회적 편견과 차별 예방 및 사회적 인식 개선에 관한 사항
② 학교 밖 청소년 지원 프로그램의 개발 및 지원에 관한 사항
③ 학교 밖 청소년 지원을 위한 관련기관 간 협력체계 및 지역사회 중심의 지원체계 구축·운영에 관한 사항
④ 학교 밖 청소년 지원을 위한 조사·연구·교육·홍보 및 제도개선에 관한 사항
⑤ 청소년복지 지원법 제14조의 위기청소년 특별지원 등 사회적 지원방안
⑥ 학교 밖 청소년 지원을 위한 재원 확보 및 배분에 관한 사항
⑦ 그 밖에 학교 밖 청소년 지원을 위하여 필요한 사항

(2) 학교 밖 청소년 지원 위원회

학교 밖 청소년 지원에 관한 다음 각 호의 사항을 심의하기 위하여 여성가족부장관 소속으로 학교 밖 청소년 지원 위원회(이하 "지원위원회")를 둔다(법 제7조 제1항).

① 학교 밖 청소년 지원정책의 목표 및 기본 방향에 관한 사항
② 학교 밖 청소년 지원을 위한 법령 및 제도의 개선에 관한 사항
③ 학교 밖 청소년 지원계획의 수립에 관한 사항
④ 관련기관 간 협력체계 및 지역사회 중심의 지원체계 구축에 관한 사항
⑤ 그 밖에 학교 밖 청소년 지원에 관하여 협의가 필요한 사항

지원위원회는 위원장 1명과 부위원장 1명을 포함한 15명 이내의 위원으로 구성하고, 위원은 당연직 위원과 위촉직 위원으로 구성하며, 조직·구성 및 운영 등에 필요한 사항은 대통령령으로 정한다(법 제7조 제2~3항).

(3) 학교 밖 청소년의 지원 내용

① 상담지원

국가와 지방자치단체는 학교 밖 청소년에 대하여 효율적이고 적합한 지원을 할 수 있도록 심리상담, 진로상담, 가족상담 등 상담을 제공할 수 있으며(법 제8조 제1항), 학교 밖 청소년과 그 가족 또는 보호자에게 법 제12조에 따른 학교 밖 청소년 지원센터를 통하여 상담을 실시한다(시행규칙 제3조 제1항).

학교 밖 청소년 지원센터의 상담은 대면상담, 전화상담 및 온라인상담 등의 방법으로 하고, 청소년의 심리, 학교 밖 청소년의 가족관계와 친구관계 및 학교 밖 청소년의 진로 등에 관하여 실시한다(시행규칙 제3조 제2~3항).

② 교육지원

국가와 지방자치단체는 학교 밖 청소년이 학업에 복귀하고 자립할 수 있도록 다음 각 호의 사항을 지원할 수 있다(법 제9조).

가. 초·중등교육법 제2조의 초등학교·중학교로의 재취학 또는 고등학교로의 재입학

나. 초·중등교육법 제60조의3의 대안학교로의 진학

다. 초·중등교육법 제27조의2에 따라 초등학교·중학교 또는 고등학교를 졸업한 사람과 동등한 학력이 인정되는 시험의 준비

라. 그 밖에 학교 밖 청소년의 교육지원을 위하여 필요한 사항

국가 및 지방자치단체는 법 제9조에 따른 교육지원을 다음 각 호의 정보를 제공하는 방법으로 실시한다(시행규칙 제4조 제1항).

가. 법 제9조 제1항 각 호의 사항과 관련된 교육기관에 관한 정보

나. 법 제9조 제1항 제1호 또는 제2호에 해당하는 학교로의 재취학, 재입학 및 진학 등을 위하여 필요한 정보

다. 법 제9조 제1항 제3호에 따른 시험 준비 등에 관한 정보

국가 및 지방자치단체는 학교 밖 청소년이 법 제9조 제1항 제1호 또는 제2호에 따른 재취학, 재입학 또는 진학을 한 경우 학교생활의 원활한 적응을 위하여 해당 청소년에 대한 상담 등 필요한 지원을 하도록 해당 학교의 장에게 요청할 수 있다(시행규칙 제4조 제2항).

③ 직업체험 및 취업지원

국가와 지방자치단체는 학교 밖 청소년이 자신의 적성과 능력에 맞는 직업의 체험과 훈련을 할 수 있도록 직업적성 검사 및 진로상담 프로그램, 직업체험 및 훈련 프로그램, 직업소개 및 관리, 그 밖에 학교 밖 청소년의 직업체험 및 훈련에 필요한 사항을 지원할 수 있으며(법 제10조 제1항), 취업 및 직무수행에 필요한 지식·기술 및 태도를 습득·향상시키기 위하여 직업교육 훈련을 실시할 수 있다(법 제10조 제2항).

④ 자립지원

국가와 지방자치단체는 대통령령으로 정하는 바에 따라 학교 밖 청소년의 자립에 필요한 생활지원, 문화공간지원, 의료지원, 정서지원 등을 제공할 수 있으며, 경제교육, 법률교육, 문화교육 등 학교 밖 청소년의 자립에 필요한 교육을 지원할 수 있다(법 제11조 제1~2항).

국가와 지방자치단체는 제1항에 따른 지원이 필요한 학교 밖 청소년에게 청소년복지 지원법 제14조에 따른 위기청소년 특별지원을 우선적으로 제공할 수 있다(법 제11조 제3항).

⑤ 학교 밖 청소년 지원센터

국가와 지방자치단체는 학교 밖 청소년 지원을 위하여 필요한 경우 학교

밖 청소년 지원센터(이하 "지원센터")를 설치하거나 다음 각 호에 해당하는 기관이나 단체를 지원센터로 지정할 수 있다(법 제12조 제1항).

가. 청소년복지 지원법 제29조의 청소년상담복지센터
나. 청소년 기본법 제3조 제8호의 청소년단체
다. 학교 밖 청소년을 지원하기 위하여 필요한 전문인력과 시설을 갖춘 기관 또는 단체

지원센터는 다음 각 호의 업무를 수행하며(법 제12조 제2항), 업무수행과 관련하여 여성가족부장관은 3년마다 지원센터의 운영실적을 평가하고, 그 결과를 지원센터의 감독, 지원 등에 반영할 수 있다(법 제12조의 2)

가. 제8조부터 제11조까지의 학교 밖 청소년 지원
나. 학교 밖 청소년 지원을 위한 지역사회 자원의 발굴 및 연계・협력
다. 학교 밖 청소년 지원 프로그램의 개발 및 보급
라. 학교 밖 청소년 지원 프로그램에 대한 정보제공 및 홍보
마. 학교 밖 청소년 지원 우수사례의 발굴 및 확산
바. 학교 밖 청소년에 대한 사회적 인식 개선
사. 그 밖에 학교 밖 청소년 지원을 위하여 필요한 사업

학교 밖 청소년 지원센터(꿈드림센터)는 2024년 12월 말 기준 전국 222개소(시・도 센터 16개소, 시・군・구 센터 206개소)가 지정・설치되어 운영되고 있으며, 전담인력은 시・도 센터별로 6명 이상씩, 시・군・구 센터별로 2~4명 이상씩 배치되어 활동하고 있다.

학교 밖 청소년 지원 사업의 목표는 학교 밖 청소년에게 상담・교육・취업・자립지원 등의 서비스를 지원함으로써 학교 밖 청소년이 건강한 사회 구성원으로 성장할 수 있도록 돕는 것이다.

학교 밖 청소년 지원센터의 서비스 지원 대상은 학교 밖 청소년 지원에 관한 법률 제2조에 따라 9세 이상 24세 이하 청소년으로, 초・중학교 및 이와

동일한 과정을 교육하는 학교에 입학 후 3개월 이상 결석하거나 취학의무를 유예한 청소년, 고등학교 및 이와 동일한 과정을 교육하는 학교에서 제적 · 퇴학처분을 받거나 자퇴한 청소년, 고등학교 또는 동일한 과정을 교육하는 학교에 진학하지 않은 청소년이다.

<표 12-1> 학교 밖 청소년 지원센터(꿈드림센터) 현황 (단위 : 개소)

구 분	소계	서울	부산	대구	인천	광주	대전	울산	세종	경기	강원	충북	충남	전북	전남	경북	경남	제주
총계	222	26	17	9	9	6	3	5	1	32	13	13	16	10	23	15	21	3
시·도	16	1	1	1	1	1	1	1	–	1	1	1	1	1	1	1	1	1
시·군·구	206	25	16	8	8	5	2	4	1	31	12	12	15	9	22	14	20	2

출처 : 여성가족부(2023).

한편, 2015년 관계부처 합동 학교 밖 청소년 발굴 · 지원 강화 대책에 따라 지역사회 청소년통합지원체계(청소년안전망)의 연계 기관인 학교, 경찰서, 청소년쉼터 등 다양한 채널을 통해 학교 밖 청소년을 발굴 · 연계하고 있으며, '학교 밖 청소년 지원에 관한 법률' 개정안 시행(2021. 9. 24.)으로 의무교육 단계(초 · 중) 학업 중단 청소년의 정보는 개인정보 제공 사전 동의 절차 없이도 꿈드림센터로 정보 연계가 가능하도록 연계 제도가 강화되었다.

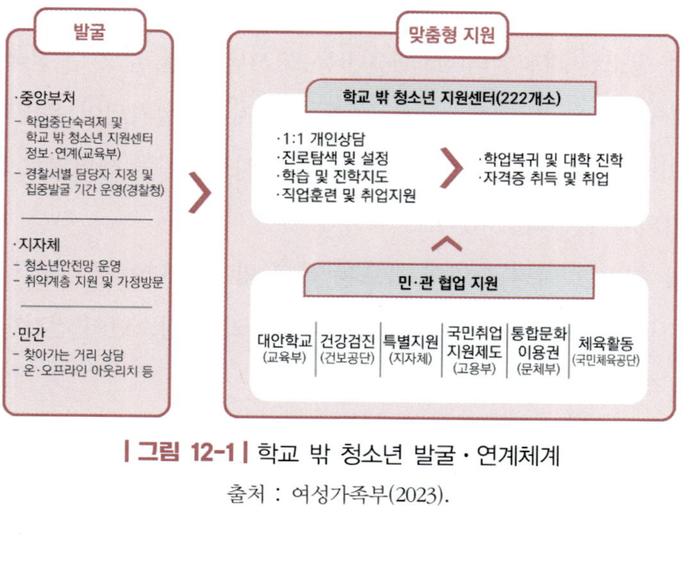

| 그림 12-1 | 학교 밖 청소년 발굴 · 연계체계

출처 : 여성가족부(2023).

학교 밖 청소년 지원센터에서는 연계된 청소년의 특성과 요구에 따라 맞춤형 서비스를 지원한다. 서비스의 종류로는 상담지원, 교육지원, 직업체험 및 취업지원, 자립지원 등이 있다.

서비스 내용을 구체적으로 살펴보면 다음과 같다. 학업형 청소년을 대상으로는 '학습동아리', '멘토링', '검정고시', '대학입시설명회' 등 학력 취득 및 상급학교 진학 지원 등의 서비스를 제공한다. 직업형 청소년에게는 '직업 역량 강화 프로그램'이나 '진로교육활동' 또는 '직업체험' 등을 통해 진로를 설정할 수 있도록 지원하고, 이후 학교 밖 청소년 직업훈련과 인턴십・직장체험 등을 제공하는 '자립・취업지원 서비스'를 지원하거나, 고용노동부 직업훈련 프로그램에 연계하여 직업훈련 및 취업을 지원한다. '자립・취업지원 서비스'는 정부 인증 직업훈련 등 연계 훈련 지원과 함께 지역 기업과의 연계를 통한 인턴십 및 직장체험 운영을 통하여 학교 밖 청소년의 사회적 자립을 지원하고 있다. 또한 '문화 활동 지원', '봉사 기회 제공' 등 자립 준비에 필요한 '자립 역량 향상 프로그램'을 지원하며, 꿈드림센터 프로그램에 참여하는 청소년에게는 개별적으로 자신의 목표를 성취할 때까지 사례관리 서비스를 제공한다.

학 습 문 제

1. 학교 밖 청소년 지원에 관한 법률에 명시된 학교 밖 청소년에 관한 내용이다. (　　)에 들어갈 내용으로 옳은 것은? 제28회 기출문제

> "학교 밖 청소년"이란 초·중등교육법상 초등학교·중학교 또는 이와 동일한 과정을 교육하는 학교에 입학한 후 (　　) 이상 결석하거나 취학의무를 유예한 청소년을 말한다.

① 1주일　　② 2주일
③ 1개월　　④ 2개월
⑤ 3개월

2. 학교 밖 청소년 지원에 관한 법률상의 내용으로 옳지 않은 것은? 제30회 기출문제
① 여성가족부장관은 학교 밖 청소년에 대한 실태조사를 실시하여야 한다.
② 학교 밖 청소년에 대한 실태조사는 3년 주기로 실시·공표되어야 한다.
③ 상담지원, 직업체험 및 취업지원, 자립지원 등을 할 수 있다.
④ 교육지원의 방법 및 절차 등에 필요한 사항은 여성가족부령으로 정한다.
⑤ 학교 밖 청소년 지원계획의 수립·시행 등에 필요한 사항은 대통령령으로 정한다.

3. 학교 밖 청소년 지원에 관한 법률상 학교 밖 청소년을 학교 밖 청소년 지원센터에 연계하는 경우, 학교장이 지원센터에 제공할 수 있는 해당 청소년의 개인정보로 명시되지 않은 것은? (단, 개인정보동의고지사항을 고지하고 동의를 받은 후를 전제로 함) 제27회 기출문제
① 학교 밖 청소년의 학교생활기록부
② 학교 밖 청소년의 생년월일
③ 학교 밖 청소년의 주소
④ 학교 밖 청소년의 연락처
⑤ 학교 밖 청소년의 성명

4. 학교 밖 청소년 지원에 관한 법률상 여성가족부장관은 학교 밖 청소년에 대한 실태조사를 몇 년마다 실시하여야 하는가? 제31회 기출문제
① 1년　　② 2년
③ 3년　　④ 4년
⑤ 5년

5. 학교 부적응에 영향을 미치는 개인·심리적 요인을 모두 고른 것은? 제32회 기출문제

ㄱ. 낮은 학업성취능력	ㄴ. 유해환경
ㄷ. 신체적 조건	ㄹ. 낮은 자아존중감
ㅁ. 처벌위주의 생활지도	ㅂ. 교사의 차별대우

① ㄱ, ㄷ, ㄹ ② ㄷ, ㄹ, ㅂ
③ ㄱ, ㄴ, ㄷ, ㅁ ④ ㄱ, ㄴ, ㄹ, ㅁ
⑤ ㄱ, ㄴ, ㄷ, ㄹ, ㅁ, ㅂ

6. 학교 밖 청소년 지원에 관한 법령상 학교 밖 청소년 지원 위원회에 관한 설명으로 옳지 않은 것은? 제30회 기출문제

① 위원장은 여성가족부장관이 된다.
② 부위원장은 위원 중에서 호선(互選)한다.
③ 위원장 1명과 부위원장 1명을 포함한 15명 이내의 위원으로 구성한다.
④ 간사는 여성가족부 소속 공무원 중에서 여성가족부장관이 지명한다.
⑤ 조직·구성 및 운영 등에 필요한 사항은 대통령령으로 정한다.

7. 학교 밖 청소년 지원에 관한 법률상 학교 밖 청소년 지원 위원회의 심의사항으로 옳은 것을 모두 고른 것은? 제32회 기출문제

ㄱ. 학교 밖 청소년 지원계획의 수립에 관한 사항
ㄴ. 학교 밖 청소년 지원을 위한 법령 및 제도의 개선에 관한 사항
ㄷ. 학교 밖 청소년 지원정책의 목표 및 기본 방향에 관한 사항

① ㄱ ② ㄱ, ㄴ
③ ㄱ, ㄷ ④ ㄴ, ㄷ
⑤ ㄱ, ㄴ, ㄷ

정답 1. ⑤ 2. ② 3. ① 4. ② 5. ① 6. ① 7. ⑤

CHAPTER

13 소년법

1. 소년법의 의의

소년법은 반사회성(反社會性)이 있는 소년[1]의 환경 조정과 품행 교정(矯正)을 위한 보호처분 등의 필요한 조치를 하고, 형사처분에 관한 특별조치를 함으로써 소년이 건전하게 성장하도록 돕는 것을 목적으로 한다(제1조).[2]

소년법은 다음과 같은 특징을 가지고 있다(한국청소년개발원, 2006).

첫째, 보호주의적 특성이다. 소년법의 목적에 명시한 바와 같이 소년의 건전한 육성을 기하기 위하여 반사회성이 있는 소년에 대하여 보호처분을 행하도록 하는 것은 바로 이 보호주의 원칙을 밝히고 있는 것이다. 소년은 심신이 미성숙하기 때문에 형벌에 대한 응보의 감정이 희박하고 또 피영향성이 강하여 형사처분을 받으면 오히려 심리적으로 나쁜 영향을 받기 쉬우며, 환경적인 압력에 충동되어 우발적으로 비행이 발생하는 경우가 많고 가역성이 풍부하여 비교적 교육 가능성이 용이하며, 또 소년의 장래성을 고려할 때 형사처분에 의한 일반적 예방의 효과는 기대하기 어렵다는 점을 들어 이러한 원칙을 채택하고 있다.

---

1) 소년법에서 '소년'이란 19세 미만인 자를 말하며, 보호처분의 대상은 10세 이상 19세 미만의 자를 말하며, '보호자'란 법률상 감호교육(監護敎育)을 할 의무가 있는 자 또는 현재 감호하는 자를 말한다.

2) 현행 소년법은 개선과 교화에 방점을 두어 징역형 대신 다양한 보호처분을 설계해 두었고, 검찰도 위와 같은 제도를 적극 활용하여 소년범이 건전하게 성장하도록 조치하고 있다. 실제로 검찰에 접수된 소년사건 중 약 67%가 선도조건부 기소유예나 보호처분으로 종결되고 정식재판으로 기소되는 사건은 7%에 불과하다(서울 동부지검 뉴스레터 No. 33 [소년범 보복폭행 건으로 구속기소] 2017. 2. 6. 참조).

둘째, 교육주의적 특성이다. 소년의 비행은 성행과 환경과의 역동적인 상관관계에 기인하고 있기 때문에 소년의 건전한 보호육성을 기하기 위해서는 대상 소년에 대한 성행을 치료, 교정하고 그 소년을 둘러싼 반사회적인 환경을 조정, 개선하여야 한다.

셋째, 인격주의적 특성이다. 소년의 보호대상은 과거의 행위보다 현재의 인격을 중요시하여 소년보호는 구체적으로 소년의 인격에 내재하고 있는 범죄적 위험성을 제거하는 데 있다. 이러한 원칙은 행정적 기능과 사법적 기능이 작용하는 대상으로서 보호를 요하는지를 판단하고 평가하는 데에서 중요한 의의가 있다.

넷째, 예방주의적 특성이다. 소년보호는 범죄소년뿐만 아니라 장래에 죄를 범할 우려가 있는 이른바 우범소년과 14세 미만의 형벌법령에 저촉되는 행위를 한 촉법소년도 그 대상으로 하여 소년의 범죄 또는 누범을 미연에 방지 또는 예방하기 위한 보호교육을 원칙으로 하고 있다.

이와 같이 소년법은 청소년 범죄 및 비행에 대하여 그동안 법률을 적용한 처벌보다는 교정과 복지서비스 제공을 확대하여 청소년문제의 예방과 육성을 목적으로 하는 것이다. 이는 청소년기의 발달적 특성을 고려하여 적용한다는 점에서 청소년문제에 대한 새로운 사회적 시각을 형성하는 데 영향을 미치고 있다.[3)]

2. 보호사건

1) 관할 및 직능

소년 보호사건의 관할은 소년의 행위지, 거주지 또는 현재지로 하며, 가정

3) 천종호 판사(2013)는 자신의 저서 『아니야 우리가 미안하다』에서 '소년비행이 성인 범죄로 나아가기 전에 그들에게 손을 내밀어 준다면 그들은 비행의 그늘에서 벗어나 우리 사회의 건강한 구성원의 한 사람으로 성장할 수 있을 것이다'라고 강조하고 있다.

법원소년부 또는 지방법원소년부[이하 "소년부(少年部)"]에 속한다. 소년 보호사건의 심리(審理)와 처분 결정은 소년부 단독판사가 한다(법 제3조).

2) 보호의 대상과 송치 및 통고

다음의 어느 하나에 해당하는 소년은 소년부의 보호사건으로 심리한다(법 제4조 제1항).

① 죄를 범한 소년(범죄소년)

② 형벌 법령에 저촉되는 행위를 한 10세 이상 14세 미만인 소년(촉법소년)

③ 다음에 해당하는 사유가 있고 그의 성격이나 환경에 비추어 앞으로 형벌 법령에 저촉되는 행위를 할 우려가 있는 10세 이상인 소년(우범소년)

가. 집단적으로 몰려다니며 주위 사람들에게 불안감을 조성하는 성벽(性癖)이 있는 것

나. 정당한 이유 없이 가출하는 것

다. 술을 마시고 소란을 피우거나 유해환경에 접하는 성벽이 있는 것

한편 촉법소년과 우범소년에 해당하는 소년이 있을 때에는 경찰서장은 직접 관할 소년부에 송치(送致)하여야 하며, 보호의 대상 중 어느 하나에 해당하는 소년을 발견한 보호자 또는 학교·사회복리시설·보호관찰소(보호관찰지소를 포함)의 장은 이를 관할 소년부에 통고할 수 있다(법 제4조 제2~3항).

소년 보호사건을 송치하는 경우에는 송치서에 사건 본인의 주거·성명·생년월일 및 행위의 개요와 가정 상황을 적고, 그 밖의 참고자료를 첨부하여야 하며(법 제5조), 보호사건을 송치받은 소년부는 보호의 적정을 기하기 위하여 필요하다고 인정하면 결정(決定)으로써 사건을 다른 관할 소년부에 이송할 수 있다(법 제6조 제1항). 소년부는 사건이 그 관할에 속하지 아니한다고 인정하면 결정으로써 그 사건을 관할 소년부에 이송하여야 한다(법 제6조 제2항).

소년부는 조사 또는 심리한 결과 금고 이상의 형에 해당하는 범죄 사실이 발견된 경우 그 동기와 죄질이 형사처분을 할 필요가 있다고 인정하면 결정으로써 사건을 관할 지방법원에 대응한 검찰청 검사에게 송치하여야 한다(법 제7조 제1항). 또한 조사 또는 심리한 결과 사건의 본인이 19세 이상인 것으로 밝혀진 경우에는 결정으로써 사건을 관할 지방법원에 대응하는 검찰청 검사에게 송치하여야 하며(다만, 제51조에 따라 법원에 이송하여야 할 경우에는 그러하지 아니하다)(법 제7조 제2항), 이송이나 형사처분 등을 위한 관할 검찰청으로의 송치 결정을 하였을 때에는 지체 없이 그 사유를 사건 본인과 그 보호자에게 알려야 한다(법 제8조).

3. 조사와 심리

1) 조 사

조사는 의학·심리학·교육학·사회학이나 그 밖의 전문적인 지식을 활용하여 소년과 보호자 또는 참고인의 품행, 경력, 가정 상황, 그 밖의 환경 등을 밝히도록 노력하여야 하며(법 제9조), 소년부 또는 조사관이 범죄사실에 관하여 소년을 조사할 때에는 미리 소년에게 불리한 진술을 거부할 수 있음을 알려야 한다(법 제10조).

소년부 판사는 조사관에게 사건 본인, 보호자 또는 참고인의 심문이나 그 밖에 필요한 사항을 조사하도록 명할 수 있으며, 제4조 제3항에 따라 통고된 소년[범죄소년, 촉법소년 그리고 우범소년 등을 발견한 보호자 또는 학교·사회복리시설·보호관찰소(지소 포함)의 장의 통고]을 심리할 필요가 있다고 인정하면 그 사건을 조사하여야 한다(법 제11조 제2항).

소년부는 조사 또는 심리를 할 때에 정신건강의학과의사·심리학자·사회사업가·교육자나 그 밖의 전문가의 진단, 소년 분류심사원의 분류심사 결과와 의견, 보호관찰소의 조사결과와 의견 등을 고려하여야 한다(법 제12조).

2) 심 리

(1) 심리 개시 및 방식

소년부 판사는 송치서와 조사관의 조사보고에 따라 사건을 심리할 필요가 있다고 인정하면 심리 개시 결정을 하여야 한다(법 제20조 제1항). 이 결정은 사건 본인과 보호자에게 알려야 하며, 이 경우 심리 개시 사유의 요지와 보조인을 선임할 수 있다는 취지를 아울러 알려야 한다(법 제20조 제2항).

소년부 판사는 심리 기일을 지정하고 본인과 보호자를 소환하여야 하며(다만, 필요가 없다고 인정한 경우에는 보호자는 소환하지 아니할 수 있다)(법 제21조 제1항), 보조인이 선정된 경우에는 보조인에게 심리 기일을 알려야 한다(법 제21조 제2항). 소년부 판사는 직권에 의하거나 사건 본인, 보호자 또는 보조인의 청구에 의하여 심리 기일을 변경할 수 있으며, 기일을 변경한 경우에는 이를 사건 본인, 보호자 또는 보조인에게 알려야 한다(법 제22조). 심리 기일에는 소년부 판사와 서기가 참석하여야 하며 조사관, 보호자 및 보조인은 심리 기일에 출석할 수 있다(법 제23조).

심리는 친절하고 온화하게 하여야 하며 공개하지 아니한다(다만, 소년부 판사는 적당하다고 인정하는 자에게 참석을 허가할 수 있다)(법 제24조). 조사관, 보호자 및 보조인은 심리에 관하여 의견을 진술할 수 있으며, 이 경우에 소년부 판사는 필요하다고 인정하면 사건 본인의 퇴장을 명할 수 있다(법 제25조). 소년부 판사는 피해자 또는 그 법정대리인 · 변호인 · 배우자 · 직계친족 · 형제자매(이하 "대리인 등")가 의견진술을 신청할 때에는 피해자나 그 대리인 등에게 심리 기일에 의견을 진술할 기회를 주어야 한다(다만, 신청인이 이미 심리절차에서 충분히 진술하여 다시 진술할 필요가 없다고 인정되는 경우, 신청인의 진술로 심리절차가 현저하게 지연될 우려가 있는 경우에는 그러하지 아니하다)(법 제25조의2).

소년부 판사는 소년의 품행을 교정하고 피해자를 보호하기 위하여 필요하다고 인정하면 소년에게 피해 변상 등 피해자와의 화해를 권고할 수 있으며, 화해를 위하여 필요하다고 인정하면 기일을 지정하여 소년, 보호자 또는 참고인을 소환할 수 있으며, 이러한 경우 소년부 판사는 소년이 권고에 따라 피해자와 화해하였을 경우에는 보호처분을 결정할 때 이를 고려할 수 있다(법 제25조의3 제1~3항).

(2) 기록물의 관리

소년부 법원서기관·법원사무관·법원주사 또는 법원주사보는 보호사건의 조사 및 심리에 대한 기록을 작성하여 조사 및 심리의 내용과 모든 결정을 명확히 하고 그 밖에 필요한 사항을 적어야 한다(법 제30조 제1항). 조사 기록에는 조사관 및 소년부 법원서기관·법원사무관·법원주사 또는 법원주사보가, 심리기록에는 소년부 판사 및 법원서기관·법원사무관·법원주사 또는 법원주사보가 서명날인하여야 한다(법 제30조 제2항).

소년 보호사건의 기록과 증거물은 소년부 판사의 허가를 받은 경우에만 열람하거나 등사할 수 있다. 다만, 보조인이 심리 개시 결정 후에 소년 보호사건의 기록과 증거물을 열람하는 경우에는 소년부 판사의 허가를 받지 아니하여도 된다(법 제30조의2).

(3) 심리 불개시의 결정

소년부 판사는 송치서와 조사관의 조사보고에 따라 사건의 심리를 개시(開始)할 수 없거나 개시할 필요가 없다고 인정하면 심리를 개시하지 아니한다는 결정을 하여야 한다. 이 결정은 사건 본인과 보호자에게 알려야 한다(법 제19조 제1항). 이 경우 제18조의 임시조치는 취소된 것으로 본다(법 제19조 제3항).

사안이 가볍다는 이유로 심리를 개시하지 아니한다는 결정을 할 때에는 소년에게 훈계하거나 보호자에게 소년을 엄격히 관리하거나 교육하도록 고지할 수 있다(법 제19조 제2항).

3) 소환 및 동행영장

소년부 판사는 사건의 조사 또는 심리에 필요하다고 인정하면 기일을 지정하여 사건 본인이나 보호자 또는 참고인을 소환할 수 있으며, 사건 본인이나 보호자가 정당한 이유 없이 소환에 응하지 아니하면 소년부 판사는 동행영장을 발부할 수 있다(법 제13조 제1~2항).

동행영장에는 소년이나 보호자의 성명, 나이, 주거, 행위의 개요, 인치(引致)하거나 수용할 장소, 유효기간 및 그 기간이 지나면 집행에 착수하지 못하며 영장을 반환하여야 한다는 취지, 발부연월일 등의 사항을 적고 소년부 판사가 서명날인하여야 한다(법 제15조). 동행영장은 조사관이 집행하고 소년부 판사는 소년부 법원서기관·법원사무관·법원주사·법원주사보나 보호관찰관 또는 사법경찰관리에게 동행영장을 집행하게 할 수 있으며, 동행영장을 집행하면 지체 없이 보호자나 보조인에게 알려야 한다(법 제16조 제1~3항). 소년부 판사는 사건 본인을 보호하기 위하여 긴급조치가 필요하다고 인정하면 제13조 제1항에 따른 소환 없이 동행영장을 발부할 수 있다(법 제14조).

4) 보조인 선임

사건 본인이나 보호자는 소년부 판사의 허가를 받아 보조인을 선임할 수 있다. 보호자나 변호사를 보조인으로 선임하는 경우에는 허가를 받지 아니하여도 된다(법 제17조 제1~2항).

보조인을 선임함에 있어서는 보조인과 연명날인한 서면을 제출하여야 한다. 이 경우 변호사가 아닌 사람을 보조인으로 선임할 경우에는 위 서면에 소년과 보조인과의 관계를 기재하여야 한다(법 제17조 제3항). 소년부 판사는 보조인이 심리절차를 고의로 지연시키는 등 심리진행을 방해하거나 소년의 이익에 반하는 행위를 할 우려가 있다고 판단하는 경우에는 보조인 선임의 허가를 취소할 수 있다(법 제17조 제4항). 보조인의 선임은 심급마다 하여야 한다(법 제17조 제5항).

형사소송법 중 변호인의 권리의무에 관한 규정은 소년 보호사건의 성질에 위배되지 아니하는 한 보조인에 대하여 준용하며(법 제17조 제6항), 소년이 소년분류심사원[4]에 위탁된 경우 보조인이 없을 때에는 법원은 변호사 등 적정한 자를 보조인으로 선정하여야 하며, 소년이 소년분류심사원에 위탁되지 아니하였을 때에도 소년에게 신체적 · 정신적 장애가 의심되는 경우, 빈곤이나 그 밖의 사유로 보조인을 선임할 수 없는 경우, 그 밖에 소년부 판사가 보조인이 필요하다고 인정하는 경우에 법원은 직권에 의하거나 소년 또는 보호자의 신청에 따라 보조인을 선정할 수 있다(제17조의2 제1~2항).

4. 임시조치 및 보호처분

1) 임시조치

소년부 판사는 사건을 조사 또는 심리하는 데에 필요하다고 인정하면 소년의 감호에 관하여 결정으로써 다음의 어느 하나에 해당하는 조치를 할 수 있다(법 제18조 제1항).

① 보호자, 소년을 보호할 수 있는 적당한 자 또는 시설에 위탁

② 병원이나 그 밖의 요양소에 위탁

③ 소년분류심사원에 위탁

동행된 소년 또는 제52조 제1항에 따라 인도된 소년(검찰이나 법원에 의해 소년부에 송치된 소년)에 대하여는 도착한 때로부터 24시간 이내에 소년감호에 관한 조치를 하여야 하며(법 제18조 제2항), 법 제18조 제1항의 ①과 ②의 위탁기간은 3개월을, ③의 위탁기간은 1개월을 초과하지 못한다(다만, 특별히 계속 조치할 필요가 있을 때에는 한 번에 한하여 결정으로써 연장할 수 있다)(법 제18조 제3항). 또한 임시조치를 할 때에는 보호자 또는 위탁받은 자에게 소년의 감호에 관한 필요 사항을 지시할 수 있다(법 제18조 제4항).

---

4) 법원소년부(가정법원소년부 또는 지방법원소년부)가 결정으로써 위탁한 소년을 수용하여 그 자질(資質)을 분류심사하는 시설이다. 법원소년부에서 소년보호사건을 조사 · 심리할 때는 소년분류심사원의 분류심사결과와 의견을 참작하도록 하고 있다.

소년부 판사는 소년감호에 관한 임시조치를 결정하였을 때에는 소년부 법원서기관·법원사무관·법원주사·법원주사보, 소년분류심사원 소속 공무원, 교도소 또는 구치소 소속 공무원, 보호관찰관 또는 사법경찰관리에게 그 결정을 집행하게 할 수 있으며 조치는 언제든지 결정으로써 취소하거나 변경할 수 있다(법 제18조 제5~6항).

2) 보호처분

(1) 보호처분의 결정

소년부 판사는 심리 결과 보호처분을 할 필요가 있다고 인정하면 결정으로써 다음의 어느 하나에 해당하는 처분을 하여야 한다(법 제32조 제1항).

① 보호자 또는 보호자를 대신하여 소년을 보호할 수 있는 자에게 감호위탁
② 수강명령(12세 이상의 소년에게만 할 수 있다)
③ 사회봉사명령(14세 이상의 소년에게만 할 수 있다)
④ 보호관찰관의 단기(短期) 보호관찰
⑤ 보호관찰관의 장기(長期) 보호관찰
⑥ 아동복지법에 따른 아동복지시설이나 그 밖의 소년보호시설에 감호위탁
⑦ 병원, 요양소 또는 보호소년 등의 처우에 관한 법률에 따른 소년의료보호시설에 위탁
⑧ 1개월 이내의 소년원 송치
⑨ 단기 소년원 송치
⑩ 장기 소년원 송치(12세 이상의 소년에게만 할 수 있다)

위의 어느 하나에 해당하는 처분을 한 경우 소년부는 소년을 인도하면서 소년의 교정에 필요한 참고자료를 위탁받는 자나 처분을 집행하는 자에게 넘겨야 하며(법 제32조 제5항), 소년의 보호처분은 그 소년의 장래 신상에 어떠한 영향도 미치지 아니한다(법 제32조 제6항).

(2) 보호처분 간 병과

다음의 처분 상호 간에는 그 전부 또는 일부를 병합할 수 있다.

① 보호자 또는 보호자를 대신하여 소년을 보호할 수 있는 자에게 감호위탁, 수강명령, 사회봉사명령, 보호관찰관의 단기(短期) 보호관찰처분

② 보호자 또는 보호자를 대신하여 소년을 보호할 수 있는 자에게 감호위탁, 수강명령, 사회봉사명령, 보호관찰관의 장기(長期) 보호관찰처분

③ 보호관찰관의 단기(短期) 보호관찰, 아동복지법에 따른 아동복지시설이나 그 밖의 소년보호시설에 감호위탁 처분

④ 보호관찰관의 장기(長期) 보호관찰, 아동복지법에 따른 아동복지시설이나 그 밖의 소년보호시설에 감호위탁 처분

⑤ 보호관찰관의 장기(長期) 보호관찰, 1개월 이내의 소년원 송치

(3) 보호관찰처분에 따른 부가처분 등

보호관찰관의 단기 보호관찰과 보호관찰관의 장기 보호관찰 처분을 할 때에 3개월 이내의 기간을 정하여 보호소년 등의 처우에 관한 법률에 따른 대안교육 또는 소년의 상담·선도·교화와 관련된 단체나 시설에서의 상담·교육을 받을 것을 동시에 명할 수 있으며, 단기 보호관찰과 장기 보호관찰의 처분을 할 때에 1년 이내의 기간을 정하여 야간 등 특정 시간대의 외출을 제한하는 명령을 보호관찰대상자의 준수사항으로 부과할 수 있다(법 제32조의2 제1~2항).

소년부 판사는 가정 상황 등을 고려하여 필요하다고 판단되면 보호자에게 소년원·소년분류심사원 또는 보호관찰소 등에서 실시하는 소년의 보호를 위한 특별교육을 받을 것을 명할 수 있다(법 제32조의2 제3항).

(4) 보호처분의 기간

보호자 또는 보호자를 대신하여 소년을 보호할 수 있는 자에게 감호위탁, 아동복지법에 따른 아동복지시설이나 그 밖의 소년보호시설에 감호위탁, 병원, 요양소 또는 보호소년 등의 처우에 관한 법률에 따른 소년의료보호시설에

위탁의 기간은 6개월로 하되, 소년부 판사는 결정으로써 6개월의 범위에서 한 번에 한하여 그 기간을 연장할 수 있다(다만, 소년부 판사는 필요한 경우에는 언제든지 결정으로써 그 위탁을 종료시킬 수 있다)(법 제33조 제1항).

단기 보호관찰기간은 1년으로 하고, 장기 보호관찰기간은 2년으로 한다(다만, 소년부 판사는 보호관찰관의 신청에 따라 결정으로써 1년의 범위에서 한 번에 한하여 그 기간을 연장할 수 있다)(법 제33조 제2~3항). 수강명령은 100시간을, 사회봉사명령은 200시간을 초과할 수 없으며, 보호관찰관이 그 명령을 집행할 때에는 사건 본인의 정상적인 생활을 방해하지 아니하도록 하여야 한다(법 제33조 제4항). 단기로 소년원에 송치된 소년의 보호기간은 6개월을 초과하지 못하고, 장기로 소년원에 송치된 소년의 보호기간은 2년을 초과하지 못한다(법 제33조 제5~6항).

(5) 결정의 집행

소년부 판사는 보호처분의 결정(제32조 제1항) 또는 보호관찰처분에 따른 부가처분(제32조의2)에 따른 처분 결정을 하였을 때에는 조사관, 소년부 법원서기관·법원사무관·법원주사·법원주사보, 보호관찰관, 소년원 또는 소년분류심사원 소속 공무원, 그 밖에 위탁 또는 송치받을 기관 소속의 직원에게 그 결정을 집행하게 할 수 있다(법 제35조).

(6) 보고와 의견 제출

소년부 판사는 보호자 또는 보호자를 대신하여 소년을 보호할 수 있는 자에게 감호위탁, 아동복지법에 따른 아동복지시설이나 그 밖의 소년보호시설에 감호위탁 그리고 병원, 요양소 또는 보호소년 등의 처우에 관한 법률에 따른 소년의료보호시설에 위탁 처분을 한 경우에는 위탁받은 자에게 소년에 관한 보고서나 의견서를 제출하도록 요구할 수 있으며, 이들 처분에 관하여 조사관에게 집행상황을 보고하게 할 수 있고, 필요하다고 인정되면 위탁받은 자에게 그 집행과 관련된 사항을 지시할 수 있다(법 제36조).

(7) 처분의 변경 및 취소

소년부 판사는 위탁받은 자나 보호처분을 집행하는 자의 신청에 따라 결정으로써 제32조의 보호처분과 제32조의2의 부가처분을 변경할 수 있다[다만, 보호자 또는 보호자를 대신하여 소년을 보호할 수 있는 자에게 감호위탁, 아동복지법에 따른 아동복지시설이나 그 밖의 소년보호시설에 감호위탁 그리고 병원, 요양소 또는 보호소년 등의 처우에 관한 법률에 따른 소년의료보호시설에 위탁 처분과 제32조의2 제1항의 부가처분(단기 보호관찰과 장기 보호관찰 처분을 할 때에 3개월 이내의 기간을 정하여 보호소년 등의 처우에 관한 법률에 따른 대안교육 또는 소년의 상담·선도·교화와 관련된 단체나 시설에서의 상담·교육을 받을 것을 동시에 명할 수 있다)은 직권으로 변경할 수 있다](법 제37조 제1항). 이에 대한 결정은 지체 없이 사건 본인과 보호자에게 알리고 그 취지를 위탁받은 자나 보호처분을 집행하는 자에게 알려야 한다(법 제37조 제3항).

보호처분이 계속 중일 때에 사건 본인이 처분 당시 19세 이상인 것으로 밝혀진 경우에는 소년부 판사는 결정으로써 그 보호처분을 취소하고 다음의 구분에 따라 처리하여야 한다(법 제38조 제1항).

① 검사·경찰서장의 송치 또는 제4조 제3항의 통고에 의한 사건인 경우에는 관할 지방법원에 대응하는 검찰청 검사에게 송치한다.

② 제50조에 따라 법원이 송치한 사건인 경우에는 송치한 법원에 이송한다.

죄를 범한 소년과 형벌 법령에 저촉되는 행위를 한 10세 이상 14세 미만인 소년에 대한 보호처분이 계속 중일 때에 사건 본인이 행위 당시 10세 미만으로 밝혀진 경우 또는 제4조 제1항 제3호의 우범소년에 대한 보호처분이 계속 중일 때에 사건 본인이 처분 당시 10세 미만으로 밝혀진 경우에는 소년부 판사는 결정으로써 그 보호처분을 취소하여야 한다(법 제38조 제2항).

5. 항 고

1) 항고의 제기

법 제32조에 따른 보호처분의 결정 및 제32조의2에 따른 부가처분 등의 결정 또는 제37조의 보호처분・부가처분 변경 결정이 다음의 어느 하나에 해당하면 사건 본인・보호자・보조인 또는 그 법정대리인은 관할 가정법원 또는 지방법원 본원 합의부에 항고[5]할 수 있으며, 항고를 제기할 수 있는 기간은 7일로 한다(법 제43조).

항고 사유는 해당 결정에 영향을 미칠 법령 위반이 있거나 중대한 사실 오인(誤認)이 있는 경우, 처분이 현저히 부당한 경우가 해당된다. 그러나 항고는 결정의 집행을 정지시키는 효력이 없다(법 제46조). 항고를 할 때에는 항고장을 원심(原審) 소년부에 제출하여야 하며 항고장을 받은 소년부는 3일 이내에 의견서를 첨부하여 항고법원에 송부하여야 한다(법 제44조).

2) 항고의 재판

항고법원은 항고 절차가 법률에 위반되거나 항고가 이유 없다고 인정한 경우에는 결정으로써 항고를 기각하여야 한다. 그러나 항고가 이유가 있다고 인정한 경우에는 항고법원은 원결정(原決定)을 취소하고 사건을 원소년부에 환송(還送)하거나 다른 소년부에 이송하여야 한다. 다만, 환송 또는 이송할 여유가 없이 급하거나 그 밖에 필요하다고 인정한 경우에는 원결정을 파기하고 불처분 또는 보호처분의 결정을 할 수 있다(법 제45조 제1~2항). 이에 따라 항고가 이유가 있다고 인정되어 보호처분의 결정을 다시 하는 경우에는 원결정에 따른 보호처분의 집행 기간은 그 전부를 항고에 따른 보호처분의 집행 기간에 산입(제32조 제1항 제8호・제9호・제10호 처분 상호 간에만 해당)한다(법 제45조 제3항).

---

5) 항고는 법원의 결정에 대하여 불복하여 하는 상소이다.

항고를 기각하는 결정에 대하여는 그 결정이 법령에 위반되는 경우에만 대법원에 재항고를 할 수 있다(법 제47조).

6. 형사사건

1) 검 사

소년에 대한 형사사건에 관하여는 이 법에 특별한 규정이 없으면 일반 형사사건의 예에 따른다(법 제48조).

검사는 소년에 대한 피의사건을 수사한 결과 보호처분에 해당하는 사유가 있다고 인정한 경우에는 사건을 관할 소년부에 송치하여야 한다(법 제49조 제1항). 소년부는 송치된 사건을 조사 또는 심리한 결과 그 동기와 죄질이 금고 이상의 형사처분을 할 필요가 있다고 인정할 때에는 결정으로써 해당 검찰청 검사에게 송치할 수 있으며 이에 따라 송치한 사건은 다시 소년부에 송치할 수 없다(법 제49조 제2~3항).

검사는 소년 피의사건에 대하여 소년부 송치, 공소제기, 기소유예 등의 처분을 결정하기 위하여 필요하다고 인정하면 피의자의 주거지 또는 검찰청 소재지를 관할하는 보호관찰소의 장, 소년분류심사원장 또는 소년원장(이하 "보호관찰소장 등")에게 피의자의 품행, 경력, 생활환경이나 그 밖에 필요한 사항에 관한 조사를 요구할 수 있다(법 제49조의2 제1항).

요구를 받은 보호관찰소장 등은 지체 없이 이를 조사하여 서면으로 해당 검사에게 통보하여야 하며, 조사를 위하여 필요한 경우에는 소속 보호관찰관·분류심사관 등에게 피의자 또는 관계인을 출석하게 하여 진술요구를 하는 등의 방법으로 필요한 사항을 조사하게 할 수 있다(법 제49조의2 제2항). 이에 따른 조사를 할 때에는 미리 피의자 또는 관계인에게 조사의 취지를 설명하여야 하고, 피의자 또는 관계인의 인권을 존중하며, 직무상 비밀을 엄수하여야 한다(법 제49조의2 제3항).

검사는 보호관찰소장 등으로부터 통보받은 조사결과를 참고하여 소년피의자를 교화·개선하는 데에 가장 적합한 처분을 결정하여야 한다(법 제49조의2 제4항).

검사는 피의자에 대하여 범죄예방자원봉사위원의 선도, 소년의 선도·교육과 관련된 단체·시설에서의 상담·교육·활동 등에 해당하는 선도(善導) 등을 받게 하고, 피의사건에 대한 공소를 제기하지 아니할 수 있다. 이 경우 소년과 소년의 친권자·후견인 등 법정대리인의 동의를 받아야 한다(법 제49조의3).

2) 법원의 송치 및 이송

법원은 소년에 대한 피고사건을 심리한 결과 보호처분에 해당할 사유가 있다고 인정하면 결정으로써 사건을 관할 소년부에 송치하여야 하며(법 제50조), 송치받은 사건을 조사 또는 심리한 결과 사건의 본인이 19세 이상인 것으로 밝혀지면 결정으로써 송치한 법원에 사건을 다시 이송하여야 한다(법 제51조).

검사나 법원의 송치에 따른 소년부 송치결정이 있는 경우에는 소년을 구금하고 있는 시설의 장은 검사의 이송 지휘를 받은 때로부터 법원 소년부가 있는 시·군에서는 24시간 이내에, 그 밖의 시·군에서는 48시간 이내에 소년을 소년부에 인도하여야 한다. 이 경우 구속영장의 효력은 소년부 판사가 제18조 제1항에 따른 소년의 감호에 관한 결정을 한 때에 상실한다(법 제52조 제1항). 그리고 소년의 인도와 소년의 감호에 관한 결정은 구속영장의 효력기간 내에 이루어져야 한다(법 제52조 제2항).

한편 법 제32조의 보호처분을 받은 소년에 대하여는 그 심리가 결정된 사건은 다시 공소를 제기하거나 소년부에 송치할 수 없다[다만, 제38조 제1항 제1호의 경우(보호처분이 계속 중일 때에 사건 본인이 처분 당시 19세 이상인 것으로 밝혀진 경우에는 소년부 판사는 결정으로써 그 보호처분을 취소하고 검사·경찰서장의 송치 또는 제4조 제3항의 통고에 의한 사건인 경우에는 관할 지방법원에 대응하는 검찰청 검사에게 송치한다)에는 공소를 제기할 수 있다](법 제53조).

3) 공소시효의 정지 및 구속영장의 제한

법 제20조에 따른 심리 개시 결정이 있었던 때로부터 그 사건에 대한 보호처분의 결정이 확정될 때까지 공소시효는 그 진행이 정지되고(법 제54조), 소년에 대한 구속영장은 부득이한 경우가 아니면 발부하지 못하며 소년을 구속하는 경우에는 특별한 사정이 없으면 다른 피의자나 피인과 분리하여 수용하여야 한다(법 제55조).

7. 심판 및 벌칙

1) 심 판

법원은 소년에 대한 형사사건에 관하여 필요한 사항을 조사하도록 조사관에게 위촉할 수 있으며(법 제56조), 소년에 대한 형사사건의 심리는 다른 피의사건과 관련된 경우에도 심리에 지장이 없으면 그 절차를 분리하여야 한다(법 제57조).

심리의 방침에 있어 소년에 대한 형사사건의 심리는 친절하고 온화하게 하여야 한다. 그리고 심리에는 소년의 심신상태, 품행, 경력, 가정 상황, 그 밖의 환경 등에 대하여 정확한 사실을 밝힐 수 있도록 특별히 유의하여야 한다(법 제58조).

한편 소년범죄에 대해서는 사형 및 무기형의 완화에 있어 죄를 범할 당시 18세 미만인 소년에 대하여 사형 또는 무기형(無期刑)으로 처할 경우에는 15년의 유기징역으로 한다(법 제59조). 특히 소년이 법정형으로 장기 2년 이상의 유기형(有期刑)에 해당하는 죄를 범한 경우에는 그 형의 범위에서 장기와 단기를 정하여 선고하며(다만, 장기는 10년, 단기는 5년을 초과하지 못한다)(법 제60조 제1항), 소년의 특성에 비추어 상당하다고 인정되는 때에는 그 형을 감경할 수 있다(법 제60조 제2항). 또한 형의 집행유예나 선고유예를 선고할 때에는 제1항의 부정기형을 적용하지 아니한다(법 제60조 제3항). 소년에 대한 부정기형을 집행하는 기관의 장은 형의 단기가 지난 소년범의 행형(行刑) 성적이 양호하고 교정의 목적을 달성하였다고 인정되는 경우에는 관찰 검찰청 검사의 지휘에 따라 그 형의 집행을 종료시킬 수 있다(법 제60조 제4항).

법 제18조 제1항 제3호(소년분류심사원에 위탁)의 조치가 있었을 때에는 그 위탁기간은 형법 제57조 제1항의 판결 선고 전 구금일수(拘禁日數)로 본다(법 제61조). 징역 또는 금고를 선고받은 소년에 대하여는 특별히 설치된 교도소 또는 일반 교도소 안에 특별히 분리된 장소에서 그 형을 집행하며(다만, 소년이 형의 집행 중에 23세가 되면 일반 교도소에서 집행할 수 있다)(법 제63조), 보호처분이 계속 중일 때에 징역, 금고 또는 구류를 선고받은 소년에 대하여는 먼저 그 형을 집행한다(법 제64조). 징역 또는 금고를 선고받은 소년에 대하여는 다음 각 호의 기간이 지나면 가석방(假釋放)을 허가할 수 있다(법 제65조).

① 무기형의 경우에는 5년

② 15년 유기형의 경우에는 3년

③ 부정기형의 경우에는 단기의 3분의 1

징역 또는 금고를 선고받은 소년이 가석방된 후 그 처분이 취소되지 아니하고 가석방 전에 집행을 받은 기간과 같은 기간이 지난 경우에는 형의 집행을 종료한 것으로 한다. 다만, 제59조의 형기[죄를 범할 당시 18세 미만인 소년에 대하여 사형 또는 무기형(無期刑)으로 처할 경우에는 15년의 유기징역으로 한다] 또는 제60조 제1항[소년이 법정형으로 장기 2년 이상의 유기형(有期刑)에 해당하는 죄를 범한 경우에는 그 형의 범위에서 장기와 단기를 정하여 선고한다. 다만, 장기는 10년, 단기는 5년을 초과하지 못한다]에 따른 장기의 기간이 먼저 지난 경우에는 그 때에 형의 집행을 종료한 것으로 한다(법 제66조).

2) 비행 예방 및 벌칙

(1) 비행 예방

법무부장관은 제4조 제1항에 해당하는 자(이하 "비행소년")가 건전하게 성장하도록 돕기 위하여 다음의 사항에 대한 필요한 조치를 취하여야 한다(법 제67조의2).

① 비행소년이 건전하게 성장하도록 돕기 위한 조사 · 연구 · 교육 · 홍보 및 관련 정책의 수립 · 시행

② 비행소년의 선도 · 교육과 관련된 중앙행정기관 · 공공기관 및 사회단체와의 협조체계의 구축 및 운영

(2) 벌칙

소년법에 따라 조사 또는 심리 중에 있는 보호사건이나 형사사건에 대하여는 성명 · 연령 · 직업 · 용모 등으로 비추어 볼 때 그 자가 당해 사건의 당사자라고 미루어 짐작할 수 있는 정도의 사실이나 사진을 신문이나 그 밖의 출판물에 싣거나 방송할 수 없으며, 이를 위반한 다음 각 호의 자는 1년 이하의 징역 또는 1천만 원 이하의 벌금에 처한다(법 제68조 제1~2항).

① **신문** : 편집인 및 발행인

② **그 밖의 출판물** : 저작자 및 발행자

③ **방송** : 방송편집인 및 방송인

소년 보호사건과 관계있는 기관은 그 사건 내용에 관하여 재판, 수사 또는 군사상 필요한 경우 외의 어떠한 조회에도 응하여서는 아니 된다. 이를 위반한 자는 1년 이하의 징역 또는 1천만 원 이하의 벌금에 처한다(법 제70조).

소환의 불응 및 보호자 특별교육명령 불응에 있어 다음의 어느 하나에 해당하는 자에게는 300만 원 이하의 과태료를 부과한다(법 제71조).

① 제13조 제1항(소년부 판사는 사건의 조사 또는 심리에 필요하다고 인정하면 기일을 지정하여 사건 본인이나 보호자 또는 참고인을 소환할 수 있다)에 따른 소

환에 정당한 이유 없이 응하지 아니한 자

② 제32조의2 제3항(소년부 판사는 가정 상황 등을 고려하여 필요하다고 판단되면 보호자에게 소년원·소년분류심사원 또는 보호관찰소 등에서 실시하는 소년의 보호를 위한 특별교육을 받을 것을 명할 수 있다)의 특별교육명령에 정당한 이유 없이 응하지 아니한 자

학 습 문 제

1. 소년법상 (　)에 들어갈 내용으로 옳은 것은? 제28회 기출문제

죄를 범할 당시 18세 미만인 소년에 대하여 사형 또는 무기형(無期刑)으로 처할 경우에는 ( )의 유기징역으로 한다.

① 5년　② 10년
③ 15년　④ 20년
⑤ 25년

2. 소년법상 보호처분에 관한 내용이다. (　)에 들어갈 숫자는? 제30회 기출문제

사회봉사명령은 (　)세 이상의 소년에게만 할 수 있다.

① 10　② 11
③ 12　④ 13
⑤ 14

3. 소년법상 명시된 내용으로 옳지 못한 것은?

① 소년은 14세 미만의 자를 말한다.
② 보호관찰관의 단기 보호관찰기간은 1년으로 한다.
③ 보호사건의 심리와 처분 결정은 단독판사가 한다.
④ 보호사건의 관할은 소년의 행위지, 거주지 또는 현재지로 한다.
⑤ 보호자란 법률상 감호교육을 할 의무가 있는 자 또는 현재 감호하는 자를 말한다.

4. 소년법상 보호처분에 관한 내용으로 옳지 않은 것은? 제26회 기출문제

① 사회봉사명령은 10세 이상의 소년에게만 할 수 있다.
② 사회봉사명령은 20시간을 초과할 수 없다.
③ 단기 보호관찰기간은 1년으로 한다.
④ 단기로 소년원에 송치된 소년의 보호기간은 6개월을 초과하지 못한다.
⑤ 장기로 소년원에 송치된 소년의 보호기간은 2년을 초과하지 못한다.

5. 소년법상 보호처분이 아닌 것은? 제31회 기출문제

① 수강명령
② 사회봉사명령
③ 보호관찰관의 단기 보호관찰
④ 장기 소년원 송치
⑤ 소년분류심사원 송치

6. 소년법상 보호처분의 내용이다. (　　)에 들어갈 숫자는? 제32회 기출문제

> 수강명령은 (　　)세 이상의 소년에게만 할 수 있다.

① 9　　② 10
③ 11　　④ 12
⑤ 13

정답	1. ①	2. ⑤	3. ②	4. ①	5. ⑤	6. ④

참고문헌

강영배 · 하중래 · 조미영 · 정효진 · 윤여승(2025). **청소년육성제도론**. 서울 : 학지사.

고숙희(2006). 충북 정책리더집단의 교육수준 분석을 통한 정책 잠재능력 제고방안. **한국인사행정학보**, 5(1), 1-19.

관계부처합동(2010). 제4차 청소년정책(수정 · 보완) 기본계획(2008~2012). 서울 : 여성가족부.

__________(2023). 제7차 청소년정책 기본계획(2023~2027). 서울 : 여성가족부.

교육부(2020). 교육통계서비스. 학업중단 현황.

______(2025). 제5차 학교폭력예방 및 대책 기본계획(2025~2029).

김광웅 외(2009), "한국 청소년정책 발전 개관". 한국청소년정책 20년사-한국청소년정책의 성과와 전망-. 서울 : 한국청소년정책연구원, 7-51.

김만오(2001). "한국청소년정책의 역사". **청소년정책연구**, 2, 94-104.

김성이 · 조학래 · 노충래 · 신효진(2010). **청소년복지학**. 경기 : 양서원.

김애숙(2010). 청소년건전육성을 위한 청소년정책 효과에 관한 연구. 성산효대학원대학교 박사학위논문.

김윤나(2014). **청소년육성제도론**. 서울 : 신정.

문화관광부(1998). 청소년육성 5개년 계획. 서울 : 문화관광부.

박병현(2003). **사회복지정책론**. 경기 : 학현사.

백지숙 · 김혜원 · 김영순 · 방은령 · 임형택(2009). **청소년상담**. 서울 : 신정.

송근원 · 김태성(1995). **사회복지정책론**. 서울 : 나남.

송은미(2005). 청소년 문화축제 참여가 자아정체성과 사회공존지수에 미치는 영향. 조선대학교 대학원 박사학위논문.

양석호(1991). 청소년 건전 육성을 위한 지역사회의 역할. 밝은 사회 건전한 청소년. 체육청소년부.

여성가족부(2016). 2016 청소년백서.

_________(2017). 2017 청소년백서.

_________(2019). 2018 청소년백서.

_________(2020). 2020 청소년백서.

_________(2024). 2023 청소년백서.

_________(2025). 2025년 청소년사업안내.

오윤선 · 황인숙(2019). **청소년지도방법론**. 경기 : 공동체.

원석조(2006). **사회복지정책론**. 경기 : 공동체.

유진이(2016). **청소년심리 및 상담**. 경기 : 양서원.

윤철경(2008). 세계 청소년장관회의 자료집. 한국청소년정책연구원.

이광호(2005), "새로운 통합적 청소년정책－청소년 '육성과 보호'패러다임에서 '성장과 참여' 패러다임으로의 전환". 한국청소년시설환경학회 국제심포지엄 자료집, 193－205.

이명숙(2013). **청소년 문제와 보호**. 서울 : 학지사.

이민희 · 주동범 · 김홍주 · 임지연(2005). 청소년정책과 학교교육정책의 연계협력 방안 연구. 서울 : 한국청소년개발원.

이봉철(1992). 인권, 청소년 그리고 청소년권, 청소년의 권리와 사회적 불평등. 한국청소년연구원.

이채식 · 전경숙(2012). **청소년복지론**. 서울 : 신정.

일본문화원(2008). **일본의 교육제도**. 서울 : 일본문화원.

임영식 · 한상철(2000). **청소년 심리의 이해**. 서울 : 학문사.

전명기(2006). 청소년활동론 정립을 위한 시론. **미래청소년학회지**, 3(2), 89－118.

정경은 · 조규필 · 조성희(2023). 청소년정책기본계획 비교·분석과 시사점 : 복지정책을 중심으로. **청소년복지연구**, 25(3), 119－139.

조영승(2000). 청소년정책을 담당할 정부조직의 바람직한 구조에 관한 연구. **한국청소년연구**, 31, 5－39.

조원탁 · 김형수 · 이형하 · 조 준(2011). **사회복지법제론**. 경기 : 양서원.

천정웅 · 김 민 · 김진호 · 박선영(2011). **차세대 청소년학 총론**. 경기 : 양서원.

최윤진(2000). 아동의 권리와 청소년의 권리. **청소년학연구**, 7(2), 277－300.

한국청소년개발원(1993). **청소년심리학**. 서울 : 교육과학사.

______________(2003). **청소년환경론**. 서울 : 교육과학사.

______________(2025). www.kyci.or.kr

한국청소년활동진흥원(2020). 청소년수련활동인증제 인증신청 매뉴얼.

허혜경 · 김혜수(2002). **청년발달심리학**. 서울 : 학지사.

홍봉선 · 남미애(2010). **청소년복지론**. 경기 : 공동체.

Conger. J. J., & Galambos, N. L.(1997). *Adolescence and Youth : Psychological Development in a Changing World*. New York : Longman.

Davis, S. F., & Palladino, J. H.(1997). *Psychology*(2nd ed.). Englewood Cliffs, NJ : Prentice Hall, Inc.

Hall, G. S.(1904). *Adolescence : Its Psychology and its Relations to Physiology, Anthropology, Sociology, Sex, Crime, Religion, and Education.* New York, NY : D. Appleton & Company.

Kohlberg, L.(1969). Stage and sequence : The cognitive developmental approach to socialization. In D. A. Goslin(Ed.), *Handbook of Socialization Theory and Research.* Chicago : Rand McNally.

Perkins, D., & Miller, T.(2001). Presenting key concepts on youth development.

[참고 및 인용 법령]

청소년 기본법(법률 제20953호)

청소년활동 진흥법(법률 제20953호)

청소년복지 지원법(법률 제19841호)

청소년 보호법(법률 제20935호)

아동·청소년의 성보호에 관한 법률(법률 제17689호)

아동복지법(법률 제20885호)

아동학대범죄의 처벌 등에 관한 특례법(법률 제20576호)

학교폭력예방 및 대책에 관한 법률(법률 제20724호)

학교 밖 청소년 지원에 관한 법률(법률 제20422호)

소년법(법률 제17505호)

찾아보기

저/자/약/력

- **임동호**
  사단법인 사회문제연구회 사람사랑 상임이사
- **김제원**
  구미대학교 사회복지과
- **류동수**
  청암대학교 사회복지과
- **이연수**
  극동대학교 사회복지학과
- **장은석**
  세경대학교 사회복지과
- **조민식**
  서정대학교 휴먼케어서비스과

제2판
청소년육성제도론

|공저자| 임동호 · 김제원 · 류동수 · 이연수 · 장은석 · 조민식

|1판 1쇄| 발행 2021년 8월 30일
|2판 1쇄| 발행 2025년 8월 30일

|발행인| 김 동 훈
|발행처| 공 동 체

|주소| 경기도 고양시 일산동구 호수로 358-39, 동문타워 I 905호(백석동)
|전화| 031) 814-3000(대표)
|팩스| 031) 814-3100
|홈페이지| http://www.compub.co.kr
|전자우편| compub@naver.com
|출판등록| 2005년 10월 6일
|등록번호| 제396-2005-36호

|ISBN| 979-11-6725-980-6
정가 21,000원